교양 있는 우리 아이를 위한
세계 역사 이야기 1
고대편

글_ 수잔 와이즈 바우어

수잔 와이즈 바우어는 미국의 소설가이자 교육자입니다. 자신의 어머니와 함께 홈스쿨링 책의 표준이 된 『잘 훈련된 정신(The Well-Trained Mind: A Guide to Classical education at Home)』이라는 책을 쓰기도 했습니다. 수잔 바우어는 버지니아에 있는 윌리엄&메리 대학에서 강의를 하고 있습니다. 수잔 바우어도 학교가 아니라 가정에서 교육을 받았습니다. 현재 그녀는 남편과 함께 집에서 4명의 자녀를 가르치고 있습니다. 수잔 바우어의 홈페이지는 다음과 같습니다.
http://www.susanwisebauer.com

옮긴이_ 이계정

상명대학교 불어불문학과를 졸업하고 국민대학교 대학원에서 영문학과 문학 석사를 받았습니다. 번역한 책으로는 『블랙선데이』, 『사랑의 용기』, 『아이들의 7가지 비밀』, 『엘유아제』 등이 있습니다. 현재 전문 번역가로 활동 중입니다.

세밀화_ 정병수

전북 남원에서 태어났고 원광대 서양화과를 졸업했습니다. 『병팔이의 일기』, 『인디언 숲으로 가다』, 『행복한 세상 : 함께 나누는 우리 창작동화 10』, 『어린이 파브르 곤충기』 시리즈 등에 그림을 그렸고, 《생각쟁이》 등 어린이 잡지에도 그림을 그리고 있습니다.

교양 있는 우리 아이를 위한 세계 역사 이야기 1

글_ 수잔 와이즈 바우어 | 옮긴이_ 이계정 | 세밀화_ 정병수 | 초판 펴낸날 2004년 2월 5일 | 개정판 1쇄 펴낸날 2005년 12월 30일 | 개정판 27쇄 펴낸날 2024년 9월 5일 | 펴낸곳 이론과실천 | 펴낸이 최금옥 | 등록 제10-1291호 | 주소 (07207) 서울시 영등포구 양평로21가길 19(우림라이온스밸리 B동) 512호 | 전화 02) 714-9800 | 팩스 02) 702-6655

THE STORY OF THE WORLD VOL.1: Ancient Times
by Susan Wise Bauer
Copyright ⓒ 2002 Peace Hill Press
Korean Translation Copyright ⓒ 2004 by Theory & Praxis Publishing Co., Korean translation rights published by arrangement with Theory & Praxis Publishing Co. through Corea Literary Agency, Seoul
이 책의 한국어판 저작권은 Corea 에이전시를 통한 Peace Hill Press c/o Richard Henshaw Group과의 독점 계약으로 도서출판 이론과 실천에 있습니다. 신저작권법에 의해 한국 내에서 보호를 받는 저작물이므로 무단 전재와 복제를 금합니다.

*값은 뒷표지에 있습니다.
*잘못된 책은 바꾸어 드립니다.

ISBN 978-89-313-8008-8 74900
       978-89-313-8007-1(전5권)

교양 있는 우리 아이를 위한
세계 역사 이야기 1
고대편

수잔 와이즈 바우어 지음 | 이계정 옮김

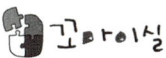

추천사

세계 역사와 문화에 대한 이해는 어린이의 필수 교양

세계화 시대를 맞아 세계를 상대하며 살아가야 할 우리 아이들에게 세계 역사와 문화에 대한 이해는 외국어 못지않은 필수 교양이다. 호기심 많은 아이들에게 세계사는 매우 흥미진진한 과목이지만 아이들은 이구동성으로 세계사가 너무 배우기 어렵다고 한다. 그 결과 고등학교에서 세계사를 선택하는 학생이 나날이 줄어들고 있는 형편이다. 이웃 나라 일본에서 세계사가 필수 과목이 되어 있는 것은 우리가 눈여겨보아야 할 대목이다.

수잔 바우어가 자신의 자녀에게 재미있는 이야기를 들려주듯이 쓴 이 책을 우리 아이들의 손에 들려 준다면 누가 세계사를 어렵다고 할까.

역사적 사실과 신화, 전설, 민담 사이를 종횡무진 오가며 인류 역사를 흥미진진하게 재구성해 놓은 이 책은, 단순한 세계사 지식을 보여 주고 있는 것이 아니라 역사를 해석하고 통찰할 수 있는 눈을 열어 주는 재미있는 안내서다. 쉽고도 기초적인 설명으로 세계사에 관심을 가진 아이들이라면 누구나 품기 마련인 의문들을 친절하고 흥미롭게 풀어 주고 있다. 또한 동서양의 고대 문명에 대한 아이들의 지적 호기심을 채워 주는 데서 한 걸음 더 나아가 새로운 탐구심을 끊임없이 불러일으킨다. 이 책 시리즈를 읽어 가노라면 아이들은 어느새 세계 문명과 역사에 대해 풍부한 교양을 갖춘 세계인이 되어 있는 자신을 발견하게 될 것이다.

영양 많고 맛있는 음식은 아이 어른 할 것 없이 누구나 즐기듯, 수잔 바우어의 책은 세계사에 대한 지적 호기심에 가득한 10대는 물론이고 그때의 지적 욕구를 채우지 못한 채 살아가고 있는 10년, 20년, 30년 전의 10대들에게도 더없이 반가운 선물이다.

2004년 1월
서원대학교 사회교육학부 교수 · 한국교육자료박물관장
허 원

추천사

어린이 역사 교육은 어린이의 눈높이에 맞추어야

초등학생인 내 아이가 다니는 학교에서 고학년 학생들을 대상으로 한 '역사 교실'을 1년 동안 지도한 적이 있다. 그러고 나서 깊이 깨달은 것은, 초등학생을 대상으로 한 역사 교육은 대학에서 고고학을 가르치는 것과는 전혀 다른 차원의 일로서, 대학 교수가 아닌 전혀 다른 전문가와 전문 도서 및 자료를 필요로 하는 일이라는 사실이었다.

어린이에게 인류의 역사를 쉽게 가르친다는 것은 매우 어려운 일이다. 그것은 과거의 역사가 현재를 사는 우리들에게 지니는 의미를 아이들의 눈높이에 맞추어 이야기해 주는 일이 쉬운 일이 아니기 때문이다. 그러나 이보다 더 어려운 일은 과거에 있었던 일들을 '쉽고도 재미있게 간추려 말해 준다'는 것이다. 사람들이 어떻게 해서 지금과 같은 문명사회를 이루고 살았으며, 유적이나 유물로 남아 있는 고대인의 생활이 어떠하였는가를 아이들의 언어와 사고방식으로 말해 준다는 것은 아무나 할 수 있는 일이 아니기 때문이다.

역사 교육의 목표, 특히 자라나는 아이들을 대상으로 한 역사 교육의 목표는 과거에 있었던 일을 이해하며 스스로 그 교훈을 깨우쳐 나가는 데 있다고 하겠다. 즉, 어린이를 위한 역사 교육은 교육이고 공부이기보다 우선 재미있는 역사 이야기 읽히기 혹은 들려주기가 되어야 한다는 것이다. 그런 점에서 수잔 바우어가 쓴 이 ≪교양 있는 우리 아이를 위한 세계 역사 이야기≫ 시리즈는 유익한 책이다. 이 책은 농경 사회의 등장에서 시작하여 역사상의 중요한 사건들을 어린이의 눈높이에 맞추어 알기 쉽고 재미있게 써 내려갔다는 점에서 보기 드문 책이다.

유사한 종류의 아동 도서에서는 흔히 출처 불명의 부정확한 정보가 눈에 띄기 마련이나, 이 책은 상당히 높은 수준의 지식과 정확한 정보를 쉽게 전달하고 있다. 고고학자이고 대학교수이기 이전에 초등학생 자녀를 둔 학부모의 입장에서, 이 책이 자라나는 자녀의 지적 성장에 도움이 될 것이라 믿으며 추천하는 바이다.

2004년 1월
서울대학교 인문대학 교수
이선복

* 일러두기

≪교양 있는 우리 아이를 위한 세계 역사 이야기≫는 수잔 와이즈 바우어 교수가 어린이가 세계 역사에 흥미를 가질 수 있도록 재미있게 엮은 이야기 책입니다. 그래서 어린이에게 쉽고 친숙한 용어와 단어를 선택하여 역사를 설명하고 있는데 대부분 그대로 따랐습니다. 또 역사 사실이나 연대 등도 수잔 교수의 서술을 그대로 따랐습니다. 그런데 중국 역사의 경우 수잔 교수가 약간 잘못 알고 있는 부분이 있어서 번역과 편집 과정을 거치면서 작가의 의도를 벗어나지 않는 범위 내에서 수정하였습니다.

* 본문의 삽화 중 세밀화로 된 그림은 새로 그려 넣은 것으로, 원서에는 없는 것임을 밝혀 둡니다.

먼 옛날의 일을 어떻게 알 수 있을까?

'역사'가 뭐지?

너는 네가 어디에서 태어났는지 알고 있니? 병원에서 태어났는지 아니면 집에서 태어났는지, 태어날 때 몸무게는 몇 킬로그램이었는지, 첫돌을 맞을 때까지 무엇을 먹고 살았는지 기억하니? 물론 넌 태어날 당시를 기억하지 못할 거야. 돌잔치를 어떻게 보냈는지 기억하지 못하는 것 또한 당연한 일이지. 그렇다면 이런 질문에 대한 답을 어떻게 알 수 있을까? 그래, 부모님께 물어보면 간단히 알 수 있을 거야. 부모님이라면 네가 기억하지 못하는 어린 시절의 일들은 물론 갓난아기였을 때의 이야기도 들려줄 수 있을 거야.

이런 이야기들이 바로 너의 '역사'가 되는 거란다. 너의 '역사'는 태어난 그 순간부터 시작해서 현재에 이르기까지 너에게 일어난 모든 일들을 말하는 것이지. 너는 부모님의 이야기를 통해서 너 자신의 역사를 알 수 있어. 부모님은 네가 태어날 때 어떤 일이 있었는지 세세하게 기억하고 있을 테니 말이야. 게다가 네가 아기였을 때의 모습을 사진으로 간직하고 있을 거야. 그 사진을 통해 너는 많은 것을 알 수 있지. 머리카락이 얼마나 있었는지, 통통했는지 아니면 말라깽이였는지, 잘 웃는 아이였는지 아니면 찡그리고 있는 아이였는지, 어떤 옷을 입고 있었는지도 알 수 있어.

너에게 역사가 있듯이 너의 부모님에게도 역사가 있어. 그렇다면 네 부모님은 어디에서 태어났을까? 집에서? 아니면 병원에서? 부모님은 어떤 학교를 다녔고, 어떤 음식을 좋아했을까? 부모님의 가장 친한 친구는 누구였을까? 넌 이런 질문에 대한 답을 어떻게 알 수 있을까? 물론 부모님께 물어보면 되지. 만약 부모님이 기억하지 못하신다면 부모님의 부모님, 즉 할머니나 할아버지께 물어보면 될 거야. 이제 좀 더 어려운 질문을 해 볼까. 너의 할머니도 한때는 어린 소녀였을 거야. 할머니의 역사는 어떠했을까? 너는 할머니가 몇 킬로그램의 몸무게로 태어났는지, 얼마나 많이 울었는지 알고 있니? 할머니의 배냇니가 언제 처음 빠졌는지, 가장 좋아하는 음식이 무엇이었는지는 알고 있니? 이런 것들을 알기 위해서는 할머니의 엄마인 증조할머니에게 물어봐야 할 거야. 어쩌면 할머니의 아기 때 사진을 볼 수도 있을지 몰라. 하지만 증조할머니에게 물어볼 수 없고, 할머니의 아기 때 사진도 볼 수 없다면 어떻게 해야 할까? 할머니의 역사를 알아낼 수 있는 다른 방법은 없을까?

잘 생각해 보면 그 방법을 생각해 낼 수 있을 거야. 어쩌면 할머니의 엄마, 다시 말해 증조할머니가 할머니가 태어났을 때 친구에게 편지를 보냈을지도 모르지. "보고 싶은 친구에게, 9월 13일에 내 아기가 태어났단다. 몸무게는 3킬로그램이고 검은 머리카락이 솜털처럼 보송거린단다. 어쩜 그리도 울어 대는지! 아기가 밤새 깨지 않고 잠을 자는 날이 하루빨리 왔으면 좋겠어."라고 썼을 수도 있어.

이제 세월이 흐른 뒤에 네가 이 편지를 찾아냈다고 생각해 봐. 증조할머니의 이야기를 듣지 않더라도 너는 이 편지를 통해서 할머니의 역사를 알 수 있는 거야. 또

서문

는 중조할머니가 오래전에 할머니에게 일어난 일들을 기록해 둔 일기나 메모가 남겨져 있다면 그것 역시 할머니의 역사를 알 수 있는 단서가 되는 거지.

이 책을 통해서 우리는 아주 오래전에 우리와 전혀 다른 나라에서 살았던 사람들의 역사를 알게 될 거야. 그 사람들에 관한 이야기, 즉 그들이 싸웠던 전투와 생활 방식, 무엇을 먹고 마셨는지, 어떤 옷을 입었는지에 이르기까지 많은 것을 알게 될 거란다. 그런데 우리는 아주 먼 옛날에 살았던 사람들의 일을 어떻게 알 수 있을까? 우리가 직접 그 사람들에게 물어볼 수도 없잖아!

오래전에 살았던 사람들의 역사를 알 수 있는 방법에는 두 가지가 있단다. 하나는 편지나 일기를 통해서이고, 다른 하나는 그 사람들이 남겨 놓은 기록을 통해서야. 고대에 살았던 한 여자가 다른 마을에 살고 있는 친구에게 편지를 썼다고 생각해 봐. 그 여인은 이렇게 썼을지도 몰라.

"이곳은 요새 비가 통 오지 않아서 곡식들이 죽어 가고 있단다. 밀은 특히 더 심해. 조만간에 비가 오지 않으면 우리는 다른 마을로 이사를 가야 할지도 몰라!"

그리고 수백 년이 흐른 뒤 우리가 이 편지를 발견했다고 쳐. 우리는 이 편지를 통해서 고대 역사의 어떤 부분을 알 수 있을까? 고대 사람들이 식량으로 밀을 재배했다는 사실과 밀을 키우기 위해 비에 의존하고 있었다는 사실을 알 수 있어. 그리고 비가 충분히 내리지 않았을 때는 다른 곳으로 이사를 갔다는 사실 또한 짐작할 수 있지.

고대의 왕과 군대가 무슨 일을 했는지 말해 주는 또 다른 종류의 기록이 있어. 고대의 어떤 왕은 전쟁에서 큰 승리를 거두면 그것을 기념할 수 있는 무엇인가를 짓

도록 명령했어. 그리고 그 기념물에 있는 석판에 자신의 승리에 대한 이야기를 문자로 새겨 놓았지. 또 어떤 왕은 자신이 얼마나 강력한 왕이었는지 모든 사람이 알 수 있도록 자신의 통치에 관한 이야기를 기록으로 남겨 놓기도 했어. 수천 년이 흐른 뒤 우리는 그 석판의 문자나 기록을 읽고 그 왕에 대해 더 많은 것들을 알 수 있게 되지.

과거에 일어난 일을 알아내기 위해 편지나 일기, 또 그 밖의 문서나 기념물을 연구하는 사람들을 역사학자라고 한단다. 그리고 역사학자들이 과거에 대해 쓴 이야기를 바로 '역사'라고 하지.

'고고학'이 뭐지?

우리는 고대의 사람들이 남겨 놓은 편지나 글을 살펴봄으로써 그들이 어떻게 살았는지 알아낼 수 있어. 그러나 이것은 역사를 연구하는 방법 중 하나에 불과하단다. 아주 오래전에 살았던 사람들은 글 쓰는 법을 몰랐어. 그러니 그 사람들은 서로에게 편지를 쓰는 일도 없었을 것이고, 왕들은 기념물에 자신의 업적을 새기지도 못했을 거야. 그렇다면 역사학자들은 어떻게 글을 쓰지 못했던 옛날 사람들의 이야기를 알 수 있을까?

옛날에 한 무리의 사람들이 강가에 모여 마을을 이루고 살고 있었다고 상상해 보자. 사람들은 글 쓰는 법 따위는 알지 못했어. 당연히 그들은 친구에게 편지를 보내지도, 매일 매일의 생활을 일기로 쓰지도 못했지. 하지만 그들은 하루하루를 열심히 일하며 살아갔단다.

서문

우리가 흔히 실수하는 것처럼 그들 또한 때로는 실수하여 땅바닥에 무언가를 떨어뜨리는 일이 있었지. 하루는 농부가 밀 밭에서 일을 하다가 밀을 베는 데 쓰던 쇠로 된 칼날을 잃어버렸어. 농부는 칼날을 찾으려 했지만 도무지 찾을 수가 없었지. 그래서 잃어버린 칼날을 그냥 내버려 둔 채 다른 칼날을 가지러 집으로 갔어. 마을로 돌아와 집에 들어서는데 뒷마당에서 무언가 깨지는 소리가 들려왔어. 그의 아내가 뒷마당에서 일을 하다가 진흙으로 만든 항아리를 떨어뜨려 항아리가 박살나 버렸던 거야. 아내는 한숨을 내쉬며 그 조각들을 한쪽으로 던져 버렸어. 그녀 옆에서는 어린 아들이 흙장난을 하고 있었단다. 아이는 진흙으로, 수레를 끌고 가는 소를 만들고 있었어. 아이는 수레를 끌면서 "이랴! 이랴!" 소리치며 놀고 있는데 엄마가 그만 집으로 들어오라고 불렀지. 엄마가 부르자 아이는 수레를 그 자리에 놓아둔 채 집 안으로 뛰어 들어갔어. 엄마는 아이에게 새로운 장난감을 마련해 주었고, 아이는 너무 기쁜 나머지 진흙으로 만든 소와 수레 따위는 금세 잊어버리고 말았지. 다음 날 농부는 뒷마당을 거닐다가 진흙으로 만든 소와 수레를 발견하고는 흙 더미 속으로 걷어차 버렸어. 아이의 장난감은 마당에 버려진 채 먼지가 쌓이게 되었지.

유난히 더웠던 그해 여름, 마을에는 가뭄이 들어 비 한 방울 내리지 않았단다. 밀은 죽어 가기 시작했고, 마을 사람들은 먹을 것이 점점 부족하게 되었어. 결국 그들은 살림살이를 정리해서 비가 많이 오는 다른 지역으로 이사를 가기로 결정했어. 사람들은 짐을 싸서 살고 있던 강가를 떠나기 시작했지. 그들은 금이 간 항아리나 무뎌진 칼, 너무 딱딱하게 말라서 먹을 수 없게 된 밀의 낱알과 같이 더 이상

필요 없는 물건들은 그대로 내버려 둔 채 떠났단다.
버려진 마을은 몇 년간 강가에 그대로 남아 있었어. 하지만 건물들이 서서히 무너지고 먼지가 날아와 폐허가 된 마을을 뒤덮기 시작했어. 그러던 어느 해엔가는 강이 범람하여 진흙이 밀려왔고, 먼지가 쌓인 마을을 온통 뒤덮고 말았어. 시간이 지나 진흙 속에서 풀이 자라기 시작했고, 마침내 그 마을은 누구의 눈에도 띄지 않게 되었지. 먼지와 풀로 뒤덮인 폐허에서는 더 이상 아무것도 볼 수가 없었단다. 버려진 마을은 강가에 펼쳐진 빈 벌판으로 변해 버린 거야.
세월이 흐른 어느 날, 우연히 그곳을 지나던 사람이 풀 속에서 삐죽 나와 있는 작은 나무토막을 발견했어. 그는 엎드려서 나무토막의 먼지를 털어 내기 시작했지. 그것은 오래전 진흙 속에 묻혀 버린 건물의 한 모퉁이였어. 그는 추측했지.
"아! 이곳에 사람들이 살았었구나!"
다음 날 그는 작은 삽과 솔, 칼과 같은 발굴에 필요한 연장을 가지고 이곳에 다시 나타났어. 그는 주위의 땅을 파기 시작했지. 집의 잔해나 연장 같은 유물들이 나오면 쌓인 먼지를 털어 냈어. 그는 유물을 발견한 장소를 정확히 기록하면서 그것들을 조심스럽게 살펴보았어. 그는 이 마을에 살았던 사람들에 대해 더 많은 것을 알고 싶었지.
그러던 차에 그는 아주 옛날에 농부가 들판에서 잃어버렸던 쇠로 된 칼날을 발견했어. 그는 이제 이런 생각을 하게 되었지.
"이 사람들은 쇠를 다루는 법을 알고 있었어! 또 식량으로 밀을 재배하고 수확할 줄 알았고! 그리고 곡식을 수확하기 위해 쇠로 된 연장을 사용했고 말이지!"

서문

얼마 뒤 그는 농부의 아내가 깨뜨렸던 진흙으로 빚은 항아리를 발견해. 이제 그는 마을 사람들이 진흙으로 그릇 만드는 법을 알고 있었다는 사실 또한 알게 되지. 만약 그가 농부의 아들이 마당에서 가지고 놀다 버린 장난감 소와 수레를 발견하게 된다면, 마을 사람들이 소를 이용하여 짐을 끌기도 하고 농사일에 이용하기도 했다는 사실을 알게 될 거야.

결국 그는 비가 오지 않아서 사람들이 이 마을을 떠났다는 사실까지 알게 될 것이고, 딱딱하게 말라 버린 밀 낟알의 흔적을 발견하고는 비가 오지 않아서 마을이 폐허가 되었다는 사실도 짐작하게 될 거야. 그리고 그는 이렇게 생각하게 되지.

"이 사람들은 분명히 건기(乾期)에 마을을 떠났군. 아마 비가 오는 곳을 찾아간 것일 거야."

이 사람은 글로 씌어진 편지나 다른 기록 없이도 역사를 알 수 있었어. 그는 마을 사람들이 버린 물건을 통해서 그 마을 사람들의 역사를 발견한 거야. 이런 형태의 역사를 '고고학'이라고 해. 땅을 파서 유물을 찾아내고, 그것을 통해 역사를 알아내는 역사학자들을 고고학자라고 한단다.

추천사   세계 역사와 문화에 대한 이해는 어린이의 필수 교양   허 원
추천사   어린이 역사 교육은 어린이의 눈높이에 맞추어야   이선복
서 문   먼 옛날의 일을 어떻게 알 수 있을까?
       '역사'가 뭐지? | '고고학'이 뭐지?

제1장   초기 유목민의 생활
       떠돌이 유목민 21 | 강가에 정착한 유목민 24

제2장   나일 강가의 이집트
       두 개의 왕국이 하나로 31 | 고대 이집트의 신들 33

제3장   인류 최초의 기록 39

제4장   이집트 고(古)왕국 시대
       미라 만들기 45 | 피라미드와 스핑크스 48

제5장   메소포타미아를 통일한 사르곤 55

제6장   유대 민족
       신의 계시를 받은 아브라함 59 | 이집트에 노예로 팔려 간 요셉 64

제7장   함무라비와 바빌로니아 73

제8장   아시리아

차례

　　　아시리아를 세운 샴시아다드 79 ｜ 길가메시 서사시 82

제9장 **인도의 고대 도시 모헨조다로**
　　　무역은 물길을 따라서 89 ｜ 모헨조다로의 수수께끼 92

제10장 **고대의 중국**
　　　비단 만들기 97 ｜ 은나라의 상형 문자 101
　　　황허 강의 범람과 벼농사 104

제11장 **고대 아프리카**
　　　초원에서 사막이 된 사하라 109 ｜ 아난시와 거북 114
　　　아난시와 상상 속의 음식 118

제12장 **이집트 중(中)왕국 시대**
　　　중(中)왕국 시대를 연 아메네메트 125 ｜ 힉소스 족의 침입 127

제13장 **이집트 신(新)왕국 시대**
　　　전쟁을 좋아한 장군과 여자 파라오 131 ｜ 아멘호테프와 투트 왕 135

제14장 **유대 민족이 이집트를 떠나다**
　　　아기 모세 145 ｜ 영광의 탈출 149

제15장 **페니키아**
　　　장사와 유리 제조를 잘한 페니키아 인 155 ｜ 황소 가죽 만큼의 땅 157

제16장 **아시리아의 중흥**
    정복 왕 아슈르바니팔 161 | 니네베 도서관 165

제17장 **신(新)바빌로니아**
    네부카드네자르의 광기―내가 곧 신이다! 173 | 바빌론의 공중 정원 177

제18장 **크레타 문명**
    황소 뛰어넘기 선수 181 | 테세우스와 미노타우로스 186
    미노아 인들의 불가사의한 종말 191

제19장 **초기의 그리스**
    미케네 문명 195 | 그리스의 암흑 시대 197

제20장 **그리스 문명의 부활**
    그리스 문자와 알파벳의 기원 201 | 호메로스 이야기 205
    남자들만의 경기 올림픽 213

제21장 **페르시아 제국**
    양치기가 된 왕의 손자 219 | 키루스 대왕의 정복 활동 223

제22장 **스파르타와 아테네**
    전사를 키우는 스파르타 227 | 민주주의가 꽃핀 아테네 230

제23장 **그리스의 신들** 235

차례

제24장 **쇠퇴하는 그리스**
그리스와 페르시아의 전쟁 245 | 스파르타와 아테네의 전쟁 248

제25장 **알렉산더 대왕**
마케도니아의 지배자 253 | 멈추지 않는 정복 활동 256
알렉산더의 갑작스런 죽음 258

제26장 **아메리카**
신비한 나스카 그림 261 | 올메크 족의 머리 264
토끼가 태양을 쏘다 267

제27장 **로마의 기원**
늑대가 키운 로물루스와 레무스 273 | 로마의 권력자 집정관 278

제28장 **로마 제국**
로마의 신이 된 그리스 신 283 | 콘크리트를 처음 사용한 로마 인 287
로마의 검투사 291 | 검투사 학교 295

제29장 **로마와 카르타고의 전쟁** 303

제30장 **인도의 아리아 인들**
갠지스 강의 여신 309 | 고대 인도의 카스트 제도 312
왕이 되기를 포기한 싯다르타 315

제31장 　인도의 마우리아 제국
　　　　자비로운 왕 아소카　321　｜　자카타 이야기　323

제32장 　중국—서예와 진시황
　　　　한자를 쓰는 방법　329　｜　중국 최초의 통일　335
　　　　시황제와 만리장성　337　｜　궁전 같은 시황제의 무덤　341

제33장 　공자　347

제34장 　줄리어스 시저의 성장
　　　　해적에게 유괴된 시저　351　｜　집정관이 된 시저　355
　　　　원로원의 걱정거리 시저　357

제35장 　영웅 시저
　　　　켈트 족과 싸우는 시저　363　｜　루비콘 강을 건넌 시저　366
　　　　클레오파트라와 사랑에 빠진 시저　368　｜　윽, 브루투스 너마저　371

제36장 　로마의 제1시민　375

제37장 　기독교의 발생
　　　　예수의 탄생　381　｜　십자가에 못 박힌 예수의 부활　384

제38장 　고향을 잃은 유대 민족　389

제39장 　로마와 기독교도

기독교도를 박해하는 네로 황제 393 | 지하로 쫓겨 간 기독교도 396
기독교도가 된 황제 398

제40장 **기울어 가는 로마**
브리튼의 반란 403 | 둘로 나뉜 로마 406

제41장 **이민족의 로마 침입**
훈 족의 왕 아틸라 409
로마 인과 야만족 사이에서 태어난 스틸리코 411
서고트 족의 침입 415

제42장 **로마의 멸망**
로마의 마지막 황제 419 | 로마가 남겨 준 선물 423

연표 425

찾아보기 429

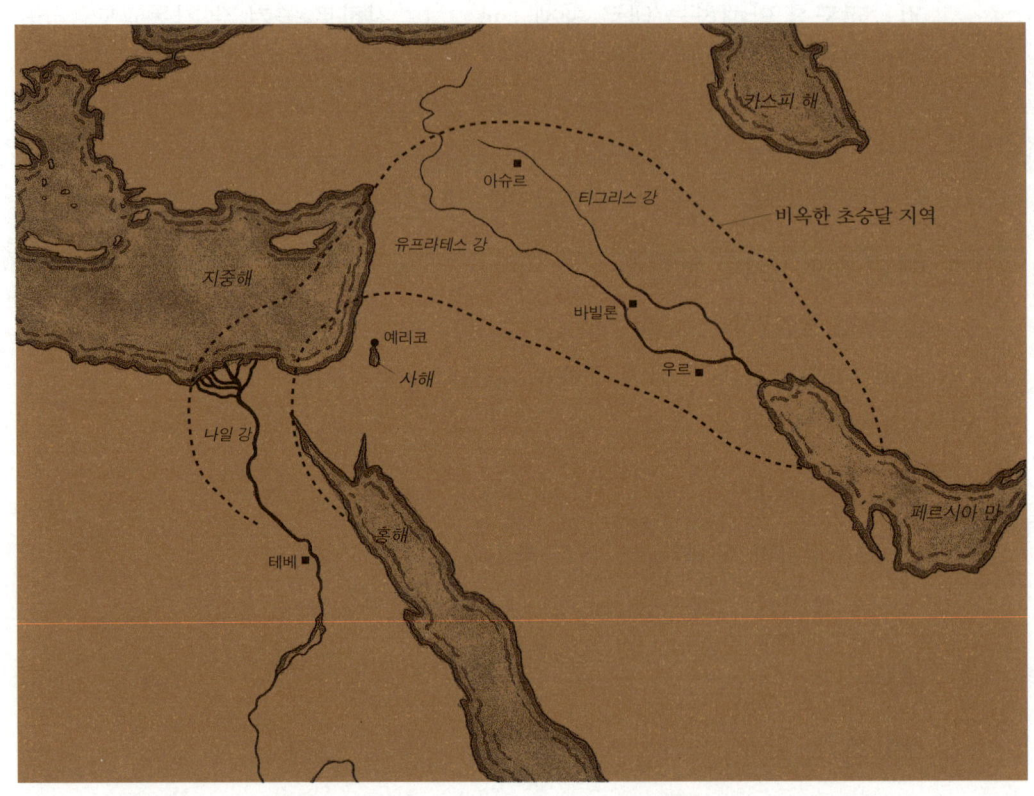

'비옥한 초승달 지역'의 인류 첫 도시들과 초기 문명 / B.C. 6000년경

제1장 초기 유목민의 생활

떠돌이 유목민

너는 어디에서 살며 어디에서 잠을 자니? 매일 밤 같은 자리에서 잠을 자니? 아니면 매주 이 집 저 집으로 옮겨 다니며 자니?

오래전, 그러니까 약 7천 년 전에 살았던 사람들은 집을 짓지 않았고, 물건을 사러 가게에 가는 일도 없었단다. 그들은 천막이나 동굴 속에서 잠을 자면서 먹을 것을 찾아 이곳저곳으로 떠돌아다녔어. 이런 식으로 살던 고대인들을 '유목민'이라고 부른단다. 유목민이란 '일정한 거처가 없이 떠돌아다니거나 방랑하는 사람들'을 일컫는 말이야.

유목민은 자신의 주변에서 먹을 것을 구했어. 그들은 땅 위에서 주운 식물이나 땅 속에서 파낸 뿌리, 그리고 덤불이나 나무에서 딴 열매를 먹고 살았지. 그들은 그곳에 있는 먹을 것을 모두 먹고 나면, 또다시 먹을 것을 구하기 위해 다른 곳으로 옮겨 갔단다. 여자와 아이들은 식물의 뿌리를 캐거나 딸기와 같은 열매를 따는 일을 했어. 그 외에 동물의 알이나 야생 꿀, 심지어는 도마뱀이나 뱀과 같은 식량을 구하는 일도 했지. 남자들은 창과 활을 이용해 동물을 사냥했어. 강이나 호수 근처에 자리 잡은 유목민은 사냥 대신 낚시를 했을 거야. 유목민이 한 장소에서 오랫동안 사냥을 하면 그곳에 살고 있던 동물들은 모두 도망가. 그러면 유목민은 또다시 짐을 꾸려 사냥감을 찾아 나서는 거야.

따뜻한 곳에 자리 잡은 유목민은 나무로 틀을 짜고, 그 위에 동물 가죽을 덮어 천막을 지어 그 안에서 살았어. 그들은 옮겨 다닐 때마다 천막을 가지고 다녔지. 그리고 땅이 바위투성이인 추운 지역에서 살았던 유목민은 동굴을 은신처로 사용하기도 했어. 오늘날 우리는 그 당시 유목민이 동굴 벽에 그려 놓은 동물 그림을 통해서 그들이 동굴에서 살았다는 것을 알 수 있지.

약 7천 년 전, 일곱 살 된 유목민 타락은 가족과 함께 살고 있었다. 타락은 따뜻한 날씨를 좋아했다. 야외에서 별을 보며 잠이 들 수 있었기 때문이었다. 어느 따뜻한 날 아침, 타락은 해가 솟아오를 무렵 자리에서 일어났다. 그날도 밖에서 별을 보며 잠을 잤기 때문에 그녀가 할 일이라고는 깔고 잔 동물 가죽을 걷어서 엄마에게 갖다 주는 일뿐이었다. 타락은 언제나 똑같은 옷을 입고 있었기 때문에 잠옷을 갈아입을 필요도 없었.

유목민 야영지의 한가운데에는 전날 밤 피워 놓았던 불이 아직도 타오르고 있었다. 타락의 삼촌을 비롯한 어른들 몇몇이 밤새 불이 꺼지지 않도록 지켜보기 위해 돌아가면서 불침번을 섰다. 밤새 들고양이의 울음소리가 들려왔고, 어른들은 야생 짐승들이 야영지 가까이 어슬렁대지 못하도록 경계했다. 타락의 삼촌은 들고양이가 그들이 사냥하는 사슴들을 멀리 쫓아 버렸다고 투덜댔다. 이 말은 당장 오늘 아침에 먹을 것이 없다는 것을 뜻했다. 사냥 나간 사람들이 오늘 사슴을 잡아오지 못하면, 유목민은 천막과 가죽을 모두 챙겨서 사냥감이 있는 다른 장소로 옮겨 가야 했다.

타락은 엄마가 아침밥으로 준 곡식을 별로 좋아하지 않았다. 그래서 사람들이 다른 먹을거리를 찾아올 때까지 기다리기로 했다. 매일 아침 타락과 동생은 엄마와 함께 곡식이나 나무 열매를 구하러 나갔다. 그러나 이곳에서 먹을 것을 구한 지도 꽤 오래되어 이미 먹을 만한 풀들은 죄다 먹어 버린 상태였다. 얼마 전 타락의 남동생이 바위틈에서 찾아낸 야생 벌집에 들어 있는 꿀도 이미 모조리 긁어 먹어 버렸고, 기어 올라갈 수 있는 둥지 안에 들어 있는 알이란 알도 모두 꺼내 먹었다.

타락과 남동생은 사냥감을 담는 작은 가죽 주머니를 메고 먹을 것을 찾아 나섰다.

"내가 다시 한 번 벌집을 찾아낼 테야." 남동생이 큰소리를 쳤다. "그러면 다시 맛있는 꿀을 먹을 수 있을 거야!"

"난 우리 집 최고의 도마뱀 사냥꾼이잖아. 그러니까 네가 벌집을 찾기 전에 내가 먼저 도마뱀을 잡을걸." 타락도 지지 않고 대꾸했다.

그들이 숲을 막 빠져나왔을 때, 타락은 자신이 한 말처럼 통나무 틈 속으로 달아나는 도마뱀 한 마리를 발견했다. 그녀가 통나무로 달려들어 휙 뒤집자, 그 안에는 도마뱀이 세 마리나 들어 있었다. 타락은 순식간에 도마뱀들을 붙잡아 주머니 속에 집어넣었다. 도마뱀에서 나오는 고기는 양이 많은 편이 못 되었다. 그런데 타락의 엄마는 훌륭한 요리사였다. 고기 조각들이 뼈에서 떨어져 나올 때까지 물에 푹 끓인 다음, 풀과 뿌리를 집어넣어 아주 맛있는 스튜(고기와 야채를 넣어 끓인 국물 있는 서양 음식)를 만들었다. 그리고 엄마는 야영지에 있는 사람들 모두가 배불리 먹을 수 있도록 맛있는 도마뱀 스튜를 나누어 주었다. 그런데 유목민 야영지로 돌아오는 내내 도마뱀들이 주머니 안에서 꿈틀거렸다. 그걸 보자 타락은 더 허기졌다. 타락은 엄마가 해 주는 스튜를 먹을 때까지 도저히 기다릴 수가 없었다!

강가에 정착한 유목민

유목민이 살기에 가장 좋은 장소 중 하나가 '비옥한 초승달Fertile Crescent'이라고 불리는 지역이었단다. 이 지역의 생김새가 마치 초승달 모양을 닮았다고 해서 붙여진 이름이지.

이곳에는 각종 식물과 야생 보리, 야생 밀이 풍부하게 자라고 있어서 '비옥한 땅'이라고 불렀단다. 유목민은 비옥한 초승달 지역을 돌아다니며 먹을 것을 넉넉하게 얻을 수 있었어. 그들은 들판에서 풀을 뜯고 있는 동물들을 볼 수 있었고, 강에서는 물고기를 잡고 신선한 물을 마실 수 있었지. 먹을 것을 구하기가 쉬웠기 때문에 이곳을 떠났던 유목민도 다시 비옥한 초승달 지역으로 돌아오곤 했단다. 유목민은 곧 먹을 것을 찾아 이곳저곳을 떠돌아다니는 대신 비옥한 초승달 지역에 정착해 살기 시작했어.

비옥한 초승달 지역에 정착한 유목민은 야생 식물이나 나무 열매를 찾아 떠돌아다니지 않고도 먹고 살 수 있는 방법을 찾아야만 했어. 그리고 그들은 오래지 않아 씨앗이 땅바닥에 떨어지면 새로운 밀과 보리로 자라난다는 사실을 알게 되었어. 또한 이것들을 잘 자라게 하기 위해서는 여분의 물이 필요하다는 사실도 알게 되었지. 강 근처의 땅은 곡식을 키울 수 있을 만큼 물이 충분했지만, 강에서 멀리 떨어진 땅은 건조한 날이 많았어. 그래서 처음으로 농사를 짓기 시작한 농부들은 강에서부터 농사짓는 땅까지 수로를 파는 법을 생각해 냈어. 그들은 그런 방법으로 비가 오지 않더라도 농작물에 물을 줄 수 있게 되었단다.

오늘날에는 집 한 채 높이보다 더 높고, 소형 트럭 서너 개를 합한 것보다 더 큰 금속 스프링클러(밭이나 정원 같은 데 세워 놓고 자동으로 물을 흩뿌리는 장치)를 쓰지. 스프링클러로 호수에서 물을 퍼내어 경작지 전체에 뿌려 주는 거야. 그런데 옛날에 살았던 농부들은 더 단순한 장치를 이용해 수로에서 물을 퍼내어 농작지에 물을

강가에 정착한 유목민

댈 수 있었단다. 이 장치를 '샤더프shaduf' 라고 해. 샤더프란, 물을 논밭으로 끌어 올리기 위한 방아두레박의 일종이야. 농부들은 기둥을 세우고 그 꼭대기에 긴 막대기를 바로 세운 뒤 막대의 한쪽 끝에 무거운 것을 달아 놓고, 다른 쪽 끝에는 가죽 바구니를 매달았어. 그리고 그 바구니를 수로에 담가 물을 채운 뒤 무거운 쪽을 끌어 내림으로써 바구니를 들어 올려 물이 농작물에 쏟아지도록 했지. 샤더프는 인간이 생각해 낸 최초의 농기구 중 하나야.

농부들은 몇 달 동안 매일같이 농작물을 돌봐야만 했어. 그래서 그들은 쉽게 이동할 수 있는 천막 대신 한곳에서 오래 머무는 데 적합한 집을 짓기 시작했지. 집을 짓는 데 필요한 재료는 주변에 있는 것들을 모두 사용했어. 강 근처에서 살고 있던 농부는 갈대나 햇빛에 잘 말린 진흙 벽돌을 이용해 집을 짓기도 했단다.

얼마 되지 않아 농부들은 가까이 모여 사는 게 유리하다는 것을 알게 되었어. 그래야 물이나 경작지를 돌보는 일을 서로 도울 수 있으니 말이야. 이렇게 해서 최초의 마을이 생겨났단다. 농부들은 또한 양이나 염소 같은 동물들을 길들여서 먹을 것을 주고 키운 뒤 고기로 이용할 수 있다는 사실도 알게 되었지. 이것이 야생 동물을 사냥하는 것보다 훨씬 더 쉬웠다! 그래서 길들인 동물들을 가두어 두는 중앙 축사나 목초지 주변으로 마을이 생겨나기 시작했어.

곡식을 재배하고 양이나 염소를 키우는 데 성공하는 마을이 생겨났단다. 그들은 곡식이나 양털 또는 동물 가죽을 금속이나 그릇, 나무 등의 물건을 가진 마을로 가져가 교환해서 점점 더 잘살게 되었다. 하지만 그들은 도둑으로부터 공격을 받거나 강도를 당할까 몹시 두려워하여 마을 주변에 돌로 벽을 쌓기 시작했어. 이것이 최초의 도시란다. 초기의 도시 중에는 '예리코Jericho(성서 이름은 여리고)' 라는 도시가 있었어. 예리코는 고대에서 가장 두껍고 튼튼한 벽을 가진 도시였어. 3미터 두께에 4미터 높이의 돌 벽에는 적이 쳐들어오는지 감시할 수 있도록 한쪽에 원형 탑을 세워 놓기도 했단다.

타락이 도마뱀 세 마리를 잡아 요리해 먹었던 그날로부터 얼마 지나지 않아, 타락과 가족은 먹을 것을 찾아 비옥한 초승달 지역으로 옮겨 왔다. 이곳은 먹을 수 있는 식물 뿌리와 나무 열매가 풍족했다. 삼촌은 말과 작은 사슴 무리를 보고는 사냥감이 많다며 흥분했다.
그러나 타락에게 가장 신 나는 일은 커다란 강이 가까이 흐르고 있다는 사실이었다. 타락은 태어나서 그렇게 큰 강은 한 번도 본 적이 없었다! 그녀의 가족은 물론이고 다른 유목민도 작은 물 웅덩이나 바위틈으로 졸졸 흐르는 작은 시냇물을 본 것이 전부였다. 때로는 마실 물조차 부족하곤 했었으니까. 그래서 타락은 수영이라는 것을 해 본 적도, 사실 목욕이라는 것도 해 본 적이 없었다. 그런데 이제 타락은 턱까지 차 오르는 물속으로 들어갈 수 있게 되었다.
처음에 타락과 남동생은 물속으로 들어가는 게 겁났다. 그래서 강가에 쭈그리고 앉아 서로에게 물만 튀기고 있었다. 하지만 그들은 이내 조심스럽게 한 발을 물속으로 들여놓은 뒤 다른 발도 마저 들여놓았다. 타락은 자신이 얼마나 용감한지 동생에게 보여 주고 싶었다. 그래서 무릎이 잠길 정도까지 물속으로 걸어 들어갔다. 곧 동생도 뒤따라 들어오는 소리가 들렸다. 동생은 누나에게 마구 물을 끼얹었다. 타락도 질세라 뒤돌아서서 동생의 머리를 물속으로 내리눌렀다. 동생은 깜짝 놀라 소리를 꽥 질렀다. 동생은 물속에 들어가 본 적이 한 번도 없었다. 타락과 동생은 아침 내내 강에서 시간을 보냈다. 물에서 나올 때쯤, 타락은 동생에게서 전보다 훨씬 더 좋은 냄새가 난다는 사실을 알게 되었다.

그날 저녁 식사는 말고기였다. 타락의 삼촌이 저녁을 먹으며 말했다.

"강을 따라 좀 더 아래로 내려가니 다른 부족이 살고 있었어요. 그런데 그 부족은 사냥을 하지 않고 땅에다 씨를 뿌리고 있더군요. 그 부족 사람들이 말하기를, 우리도 이곳에다 씨를 뿌리면 곡식을 얻을 수 있다는 거예요. 그게 사실이라면 먹을 것을 구하러 새로운 땅을 찾아다닐 필요가 없지 않을까요? 그러니 얼마 동안 이곳에 머물면서 그 사람들이 어떻게 하는지 지켜보는 것이 좋을 것 같은데요."

타락은 동생을 보고 씩 웃었다. 타락도 강 옆에서 살고 싶었기 때문이다. 매일 먹을 것을 찾아다닐 필요가 없다는 것이 좋았고, 도마뱀 대신 말고기를 먹을 수 있어서 좋았다. 그리고 무엇보다 강에서 수영할 수 있다는 것이 마음에 들었다.

고대 이집트

제2장 나일 강가의 이집트

두 개의 왕국이 하나로

이제 타락은 하고 싶을 때면 언제나 수영을 할 수 있었어. 티그리스 강Tigris River은 1년 내내 물이 풍부했기 때문이지. 하지만 나일 강Nile River 가에 살고 있는 농부들에게 나일 강은 그리 호락호락한 상대가 아니었단다. 어떤 때는 물의 깊이가 너무 얕아서 바닥이 훤히 보이기도 했고, 또 어떤 때는 물이 너무 많아서 농지로 넘쳐흐르기도 했지.

나일 강은 아프리카에 있는, 세계에서 가장 긴 강이란다. 하류에서 여러 갈래의 작은 강으로 갈라져서 지중해로 흘러 들어가지. 이 지역을 '나일 델타Nile delta'라고 부르는데, 이 지역이 삼각형을 거꾸로 뒤집어 놓은 것처럼 생겼다고 해서 붙여진 이름이란다. '델타'란 그리스 문자 중 알파벳 D에 해당하는 문자인 '델타(⊿)'를 가리키는데, 문자의 모양이 그 지역과 닮았기 때문에 사용한 거야. 다시 말하면 델타란 이름은 그리스 문자에서 따온 것이지. 우리말로는 '삼각주'라고 부른단다.

나일 강은 매년 범람했어. 우기(雨期)에 나일 강 근처의 산에 비가 쏟아지면 빗물은 고스란히 나일 강으로 흘러 들었단다. 나일 강으로 쏟아져 들어가는 물의 양이 너무 많아서 강둑을 넘어 경작지를 온통 잠기게 만들었어. 물이 가장 많이 넘쳐흐르던 곳이 바로 나일 델타라고 불렸던 곳이었단다. 작은 강들의 둑이 모두 넘쳐 델타 지역 전체가 물에 잠겼던 거야. 너라면 이런 나일 강가에서 살고 싶겠니? 아마 그곳은 집을 짓기에 적당한 곳이 아니라는 생각이 들 거야. 만약 그곳에 집을 지었다면 어떻게 되었을 것 같니?

오늘날 강이 넘쳐 농작물이 모두 물에 잠겨 버렸다면 농부들은 재난을 당했다고 할 거야. 농작물이 다 씻겨 가 버렸으니 말이야. 하지만 나일 강 근처에서 살았던 농부들은 그렇게 생각하지 않았어. 해마다 비슷한 시기에 강이 범람했기 때문에 농부들은 미리 대비할 수가 있었던 거지. 그리고 강물이 넘쳐흐르면서 강바닥에 있던 진흙도 함께 넘쳐흘렀어. 이 진흙을 충적토라고 하는데, 충적토에는 식물이 자라는 데 좋은 비타민과 무기질이 풍부하게 들어 있단다. 강물은 범람하면서 강 주변 사방에 충적토를 날라다 놓았고, 다음 해 그 시기가 될 때까지 다시 범람하는 일은 없었지.

농부들은 자신의 집이 홍수의 피해를 입지 않도록 강둑에서 좀 떨어진 곳에 살면서 충적토가 풍부한 땅에 농작물을 심었어. 그리고 범람한 물이 수로를 따라 흐르도록 강과 이어지는 수로를 팠지. 그리고 나서 수로의 끝을 막아 물이 강으로 되돌아가지 못하게 하는 방법으로 비가 내리지 않는 건기 동안에 필요한 물을 사용할 수 있었단다.

이렇게 나일 강을 따라 살았던 사람들을 '이집트 사람'이라고 불렀어. 초기 이집트 사람들은 두 개의 부족으로 나뉘어 나일 강을 따라 살고 있었단다. 나일 강 하류의 델타 지역은 '하이집트Lower Egypt'라고 불렀고 하이집트 사람들은 붉은 왕관을 쓴 왕의 통치를 받았어. 나일 강의 상류 지역은 '상이집트Upper Egypt'라 불렀고 상이집트 사람들은 흰색 왕관을 쓴 왕의 통치를 받았지. 그러던 어느 날, 흰색 왕관을 쓴 왕과 붉은색 왕관을 쓴 왕 사이에 싸움이 일어났어. 그래서 하이집트 사람들과 상이집트 사람들은 나일 강을 오르내리며 서로 싸우게 되었지. 마침내 누가 이집트를 통치할 것인가를 놓고 두 왕 사이에서 커다란 전투가 벌어졌어. 흰색 왕관을 쓴 상이집트의 왕인 나르메르King Narmer는 붉은색 왕관의 하이집트 왕을 쳐부수고 그의 왕관을 빼앗았어. 그러고 나서 자신의 흰 왕관 위에 붉은 왕관을 겹쳐 쓰고는 자신이 이집트 전체의 왕이라고 선포했단다. 이때부터 이집트의 왕은 원추형의 끝이 뾰족한 흰색의 왕관과 위가 납작하고 뒤가 길게 솟은 붉은색 왕관이 결합된 이집트 왕관을 쓰기 시작했어. 이것은 자신이 나라 전체의 통치자라는 뜻이었단다.

나르메르 왕은 '메네스 왕King Menes'이라는 이름으로도 불린단다.

고대 이집트의 신들

이집트가 하나의 나라로 통일되자 이집트 사람들은 자신들의 왕을 '파라오pharaoh'라고 불렀어. 파라오는 양치기의 지팡이를 가지고 다녔단다. 그것은 양치기가 자신의 양을 돌보고 먹이를 주듯이 이집트의 백성들을 이끌고 돌본다는 뜻이었어. 곧 이집트 사람들은 파라오를 살아 있는 신이라고 생각하게 되었단다. 그들은 자신들이 농작물을 기를 수 있도록 매년 나일 강이 범람하게 만드는 것도 왕의 능력이라고 믿었지. 파라오의 힘은 더욱 강력해졌어. 이제 신을 거역할 자는 아무도 없었지!

하지만 파라오가 이집트 사람들이 숭배하는 유일한 신은 아니었어. 태양신으로 라Ra가 있었지. 이집트 사람들은 라를 최고의 신이라 믿었고, 다른 신은 그의 가족이라고 생각했어. 오시리스Osiris는 사람이 착하게 살았는지 악하게 살았는지를 결정하고 죽은 자를 심판하는 신이었지. 이시스Isis는 오시리스의 아내이자 하늘의 신인 호루스Horus의 어머니였단다.

이집트의 신화를 보면 왜 매년 나일 강이 범람하는지 그 이유가 종종 나와. 그 중에서도 오시리스와 그의 동생 세트Set에 관한 이야기가 대표적이란다. 아주아주 오래전에 이집트의 한 아이가 엄마에게서 전해 들었을 오시리스 신화는 바로 이런 이야기야.

옛날, 위대한 신 오시리스와 그의 아내 이시스가 이집트 전체를 다스리고 있던 때였다. 어느 날, 오시리스가 세계 여행을 떠나자 이시스가 왕국을 대신 다스리게 되었다. 하지만 탐욕스러운 오시리스의 동생 세트는 이 기회를 틈타 자신이 왕이 되기로 결심했다. 오시리스가 여행에서 돌아왔을 때,

세트는 성대한 잔치를 벌이고 다른 모든 신들과 함께 형을 초대했다. "사랑하는 형님이시여, 형님의 안전한 귀환을 축하하고 싶으니 내 집으로 와 주십시오."

모든 상황을 짐작하고 있던 이시스는 세트가 오시리스를 해칠까 몹시 두려웠다. 하지만 오시리스는 아내의 걱정을 무시했다. "그는 내 동생이오! 내 동생이 왜 내게 해를 입히고 싶어 하겠소?"

그들은 함께 세트의 잔치에 갔다. 신들이 배부르게 음식을 먹고 나자 세트가 말했다. "내가 무엇을 찾아냈는지 보시오!" 그는 금과 그림으로 장식된 아름다운 관 하나를 가져왔다. 신들이 모두 감탄의 눈길로 관을 바라보자 세트가 다시 말했다. "이 아름다운 관이 몸에 딱 맞는 신에게 이 관을 주겠소."

그런데 신들은 이 관이 오시리스에게만 딱 맞도록 만들어졌다는 사실을 아무도 몰랐다. 신들은 차례차례 관 속에 누워 보았지만 그들에게 관은 너무 크거나 너무 작았다. 그런데 오시리스가 들어가자 관은 자로 잰 듯 딱 맞았다. 오시리스는 너무 기뻐서 관 속에 누운 채 이렇게 외쳤다. "보시오! 이 관은 내 것이오!" 그러나 그가 눕자마자 세트는 관 뚜껑을 닫아 나일 강에 던져 버렸다. 관은 나일 강을 따라 둥둥 떠내려갔다. "오시리스가 물에 빠져 죽었으니 이제 내가 신들의 왕이다." 하고 세트가 선포했다. 그는 왕위에 올라 이집트를 다스리기 시작했다.

고대 이집트의 신들

오시리스
이시스 덕분에 되살아난 오시리스는 죽은 자의 수호신, 지하 세계의 왕, 부활의 신이 되어 사람들의 숭배를 받았단다.

한편, 이시스는 남편의 관을 찾아 나일 강 주변을 헤매고 다녔다. 그리고 마침내 갈대 사이에 걸려 있는 관을 찾아냈다. 이시스가 부리나케 관 뚜껑을 열었지만 오시리스는 이미 죽은 뒤였다. 이시스는 슬픔에 젖어서 주저앉아 울고 또 울었다. 나일 강조차 오시리스의 죽음을 슬퍼했다. 그래서 강이 말라 버렸고 이집트 사람들은 물이 부족하게 되었다.

이시스는 오시리스의 시신을 천으로 잘 감쌌다. 첫 번째 미라(mirra)가 된 것이었다. 그런데 이시스가 오시리스의 시신을 천으로 감싸자 믿을 수 없는 일이 벌어졌다. 오시리스가 다시 살아난 것이었다. 오시리스가 다시 살아난 것을 보고 온 세상이 기뻐했다. 나일 강도 다시 범람해 강물이 둑을 넘쳐 흘렀고, 이집트 사람들은 먹을 물을 얻게 되었으며, 농작물도 다시 자라기 시작했다.

이처럼 나일 강이 매년 범람하는 이유는 오시리스가 다시 살아난 것을 기념하기 위해서라고 전해지고 있단다.

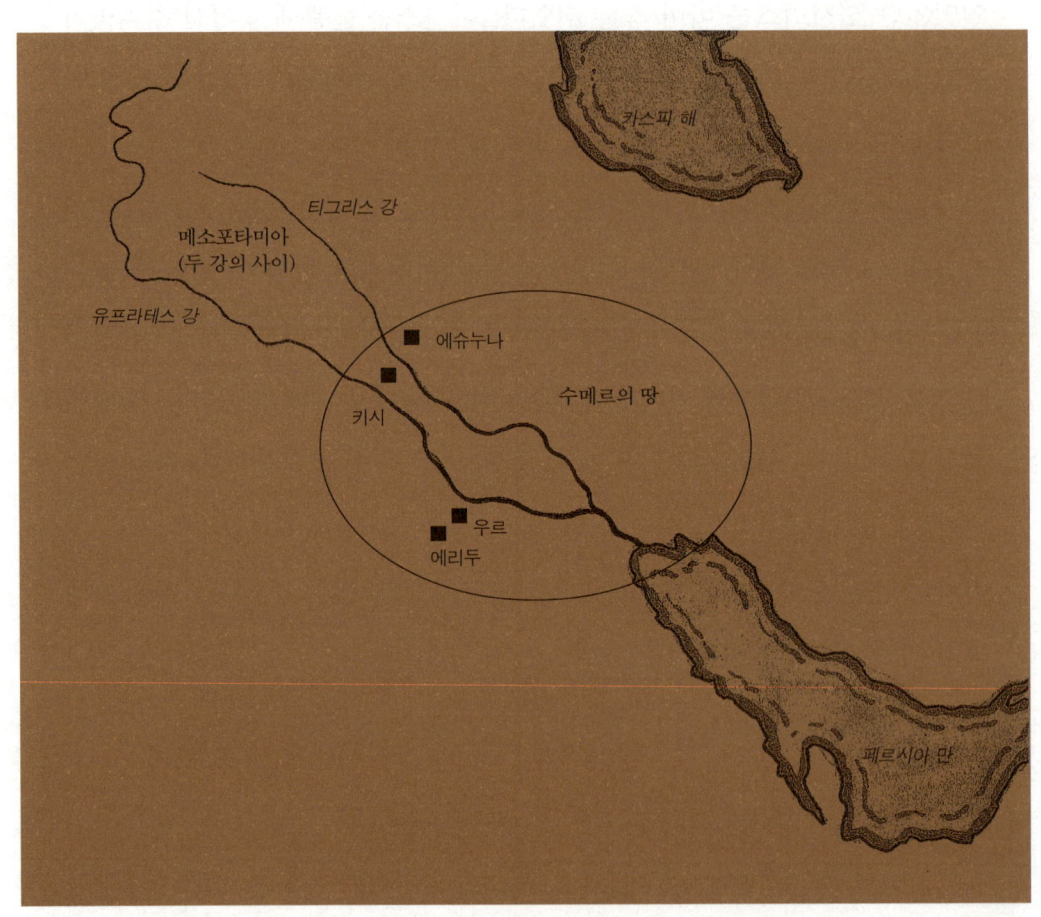

수메르 사람들이 남긴 유적

제3장 인류 최초의 기록

이집트 사람은 '기록'이라는 것을 하기 시작한 최초의 사람들이었단다. 사건을 기록하는 일이 왜 그렇게 중요한 일일까? 누군가 네게 하고 싶은 말을 종이에 적어서 탁자 위에 놓아두었다고 가정해 봐. 그리고 나서 그 사람은 방을 나왔어. 나중에 네가 그 종이를 보았다면 그곳에 아무도 없다고 하더라도 그 사람이 너에게 하려고 했던 말을 알게 될 거야.

이것이 바로 기록이 중요한 이유 중의 하나야. 이집트 사람들은 사건을 기록하는 법을 알게 되자 왕국의 여러 지방으로 소식을 보낼 수 있게 되었지. 그들은 어떤 일이 일어났는지 기록할 수 있게 되었고, 그 기록을 후손들이 읽을 수 있도록 남겨 놓았단다.

이집트 사람들이 사용한 문자는 그림이었어. 그 그림을 '상형 문자hieroglyphics'라고 해. 그림을 통해 말을 전달하는 거지. 이집트 사람들은 이 상형 문자를 돌로 만든 판에 새겼단다. 돌로 된 판은 아주 오랫동안 보존할 수 있었지. 하지만 돌로 된 판은 가지고 다니기에 너무 무거웠고, 그림을 새기는 데에도 시간이 많이 걸렸어.

그러던 차에 이집트 근처에 있던 다른 나라에서 좋은 생각을 해냈어. 바로 수메르 Sumer라고 하는 나라였단다. 그들은 젖은 진흙판에 그림을 새겼지.

수메르는 티그리스 강과 유프라테스 강Euphrates river 사이에 있는 비옥한 초승달 지역에 있었단다. 두 강 사이의 지역은 '메소포타미아'라고 불렀단다. 메소포타미아라는 말은 '두 강 사이에 있다'라는 뜻이야.

하마의 영어 단어인 'hippopotamus'의 뜻을 아니? 'hippo'는 말(馬)이란 뜻의 'horse'를 가리키고, 'potamus'는 강이란 뜻을 가진 'river'를 의미하는 말이야. 즉 hippopotamus는 'river-horse', 다시 말해서 '강에서 사는 말'을 뜻해. 메소포타미아(Mesopotamia)라는 말에서 끝이 다르기는 하지만 'potamus'라는 단어를 다시 볼 수 있어. 'potamia'는 potamus의 복수형으로 'rivers'를 의미하고, 'meso'는 ~사이라는 뜻의 'between'을 의미하는 말이란다.

수메르 사람들은 두 강 사이에 살고 있었기 때문에 축축한 진흙이 풍부했어. 그래서 돌에 그림을 새기는 대신 진흙으로 사각형의 판을 만들었단다. 그리고 진흙이 다 마르기 전에 진흙판에 날카로운 칼이나 막대로 그림 문자를 새겨 넣었지. 전할 말을 다 새기고 나면 진흙판이 딱딱해지도록 잘 말렸어. 수메르 사람의 이 그림 문자를 설형 문자cuneiform (또는 쐐기 문자)라고 한단다.

진흙에 글을 새기는 일은 돌에 글을 새기는 일보다 훨씬 쉬운 일이었지! 하지만 진흙판도 무겁기는 마찬가지였어. 게다가 진흙판은 두꺼워서 전부 보관하려면 많은 장소가 필요할 거야. 몇 백 년이 지난 뒤, 이집트 사람은 진흙판보다 훨씬

로제타 석

이집트 북쪽의 로제타라는 곳에서 발견된 이 돌에는 같은 내용의 글이 이집트 상형 문자, 이집트 민중 문자, 그리스 문자의 세 가지 언어로 쓰여 있단다. 프랑스의 샹폴리옹이라는 사람이 이 글을 해석하여 이집트 상형 문자를 해석하는 길을 얻게 되었지. 글의 내용은 프톨레마이오스라는 이집트 왕을 칭송하는 것이란다. 이렇게 돌에 남아 있는 기록은 지금까지 전해질 수 있었지만, 종이에 기록된 것은 모두 먼지가 되고 말았어.

더 좋은 생각을 해냈단다. 그들은 인류 최초로 종이와 잉크 만드는 법을 알게 되었지.

이집트 사람은 나일 강둑에서 자라는 갈대로 종이를 만들었단다. 그들은 갈대를 부드럽게 짓이겨서 펄프로 만들었지. 그리고 나서 이 펄프를 넓게 펴서 얇은 판을 만들었어. 이 판이 갈대 종이가 되었으며, 이집트 사람은 이것을 '파피루스 papyrus'라고 불렀단다. 찰흙이나 돌에 글을 쓰는 것보다 종이에 글을 쓰는 것이 훨씬 더 쉬웠어.

종이는 접어서 주머니에 넣을 수도 있고 두루마리처럼 말 수도 있었기 때문에 가지고 다니기에도 아주 편했지. 게다가 종이는 보관하는 데 많은 공간이 필요하지도 않았어. 이집트 사람은 종이를 사용하게 되면서 기록을 할 수 있는 가장 좋은 방법을 발견해 냈다고 생각했지.

하지만 종이도 문제는 있었어. 물에 젖으면 잉크가 번졌고 쉽게 잘 찢어졌던 거야. 게다가 오랜 시간이 지나면 부서져 버리기도 했단다. 종이는 시간이 지날수록 부스러져서 결국 먼지로 변하지. 우리는 이집트 사람이 돌에 글을 새기던 시대의 역사에 대해서는 많은 것을 알고 있단다. 돌에 새겨진 기록은 이집트 때부터 지금까지 수천 년 동안 유지될 수 있었기 때문이야. 또한 수메르 사람의 역사에 대해서도 상당히 많은 부분을 알고 있지. 진흙판도 딱딱하게 구워졌기 때문에 오랫동안 보존될 수 있었기 때문이야. 하지만 이집트 사람이 종이에 기록을 하기 시작한 이후로는 그들에게 무슨 일이 일어났는지 거의 모른단다. 왜냐하면 이집트 사람이 종이에 기록한 것들은 수천 년이 흐르는 동안 부서지고 사라져 버렸기 때문이지.

제4장 이집트 고(古) 왕국 시대

미라 만들기

나르메르 왕이 상이집트와 하이집트를 하나의 나라로 통일한 뒤, 이집트는 부유하고 강력한 나라로 성장했단다. 이집트 역사에서는 이 시기를 이집트 고(古) 왕국 Old Kingdom of Egypt이라고 해.

이집트 사람은 고(古) 왕국 시대에 처음으로 미라를 만들기 시작했어. 미라는 죽은 사람의 육체야. 죽은 사람이 썩지 않도록 시신을 향료와 소금으로 처리한 뒤 리넨(세마포)으로 감싸는 거지. 이집트 사람은 사람이 죽으면 내세(죽은 뒤에 영혼이 다시 태어나 산다는 미래의 세상)에서 또 다른 삶을 살아간다고 믿었어. 하지만 죽은 자의 시신이 그대로 보존되어야만 내세로 들어갈 수 있다고 믿었지. 그래서 시신을 미라로 만들었던 거야.

미라를 만드는 과정은 매우 복잡했단다. 신을 숭배하는 일을 맡고 있던 제사장들만 미라를 만들 수 있었지. 미라를 만드는 데는 보통 2개월 이상이 걸렸어.

우리가 이집트 고(古) 왕국의 쿠푸Khufu 왕조 시대로 되돌아갔다고 상상해 보자. 쿠푸(케오프스Cheops라고도 함)는 몇 년 동안 파라오의 자리에 있으면서 이집트의 군대를 강하게 만들었고, 적으로부터 이집트를 안전하게 지켜 냈어. 그런데 한밤중에 쿠푸가 죽었다는 소식이 궁전에서 전해져 왔어.

제사장들은 미라를 만들 준비를 시작해. 그들은 쿠푸의 몸을 미라로 만드는 데 필요한 소금과 향료, 기름과 리넨을 준비하고 기다린단다. 쿠푸의 시신이 궁전에서 사원으로 옮겨져 오면, 제사장들은 사원 안의 성스러운 곳으로 시신을 옮겨. 그리고 시신을 포도주와 향료로 씻고 간과 위, 허파, 창자와 같은 쿠푸의 내장을 꺼내. 내장은 보존을 위해 특별한 향료를 바른단다.

쿠푸의 심장은 아주 특별하게 다루어져. 대제사장이 쿠푸의 심장을 꺼내서 씻은 뒤 리넨 붕대로 감싸 다시 가슴에 집어넣지. 이집트 사람은 쿠푸가 내세에서 심장이 필요할 것이라고 믿었단다. 쿠푸가 내세에 도착하면 오시리스가 특별한 저울로 쿠푸의 심장 무게를 달게 될 것이라고 생각했어. 그가 선한 사람이라면 심장이 가벼워 또 다른 행복한 삶을 살게 될 것이지만, 반대로 그의 심장이 죄로 가득 차 무겁다면 괴물이 심장을 먹어 치우는 거야!

심장의 처리가 끝나면 제사장들은 소금과 더 많은 향료를 파라오의 시신에 바르고 40일간 그대로 둔단다. 이 기간 동안 이집트 사람은 왕의 죽음을 슬퍼하는 거야.

40일이 지나면 제사장들이 시신과 내장을 다시 살펴봐. 그리고 시신과 내장을 다시 씻고 기름과 더 많은 향료를 바른단다. 그리고 제사장들은 간, 위, 허파와 창자를 카노푸스 단지canopic jar라고 하는 4개의 특별한 단지에 넣어 두지. 각 단지의 위쪽에는 신의 얼굴이 그려져 있어. 이 신들이 쿠푸의 각 내장을 지켜 줄 거라고 생각했지.

그러고 나서 제사장들은 리넨 붕대로 쿠푸의 시신을 감싼 뒤, 붕대 사이에 보석 같은 것을 끼워 넣었단다. 그 보석이 내세로 가는 길에 쿠푸를 지켜 줄 거라고 생각했어. 부적처럼 말이야. 그 다음에 제사장들은 쿠푸의 얼굴과 닮은 황금 마스크를 만들어서 미라의 얼굴에 씌웠어. 그렇게 하면 쿠푸가 내세에 도착했을 때 신들이 미라가 누구인지 알아볼 수 있을 거라 여겼지. 마지막으로 대제사장이 특별 의식을 거행해. 그가 특별한 도구를 미라의 입에 갖다 대는 걸로 모든 의식이 끝난단다. 이 의식을 통해 쿠푸가 내세에서도 보고 듣고 말할 수 있을 거라고 생각했지.

이제 미라를 만드는 작업은 끝났어. 하지만 쿠푸를 묻기 전에 세 개의 관에 넣어야 해. 첫 번째 관은 황금 관인데 쿠푸의 얼굴 윤곽이 나타나도록 만들어졌어. 황금으로 된 이 관을 보호하기 위해 나무로 만든 두 번째 관에 넣는다. 다음으로 이 나무 관은 거대한 장례식 행렬을 이루면서 그의 무덤인 피라미드로 향하지.

피라미드 안에는 미라를 놓아두는 특별한 방이 있어. 이 방에는 석관이라고 하는 돌로 만들어진 커다란 관이 있단다. 나무로 된 관을 이 세 번째 석관 안에 넣는 거지. 돌로 만들어진 석관의 뚜껑은 너무 무거워서 네 명의 남자가 밀어야 제자리에 맞추어질 정도란다. 이로써 쿠푸의 미라는 안전하게 관에 안치된 거야. 이제 쿠푸의 영혼은 저승으로의 여행을 시작할 수 있게 된 것이지.

이집트 사람은 미라를 안치해 놓은 방을 나가기 전에 쿠푸가 내세에서 편하게 지내는 데 필요한 모든 것들이 제대로 갖추어졌는지 확인한단다. 그 방은 쿠푸가 사용했던 가구와 보석, 옷과 음식들로 채워 놓았지. 쿠푸가 가지고 놀 오락거리와 그가 읽을 만한 두루마리로 된 책도 넣어 둔단다. 또 쿠푸가 내세로 항해할 수 있도록 피라미드 옆에 진짜 크기의 배를 같이 묻어 두었지. 이 모든 절차가 끝나면 미라를 안치해 놓은 방에서 나와 문을 밀폐하는 거야. 이제 쿠푸의 시신은 수년 동안 아무런 방해도 받지 않고 누워 있게 될 거야. 도굴범들이 그의 무덤에 보물이 가득하다는 것을 알아낼 때까지는 말이야!

피라미드와 스핑크스

이집트에 묻힌 모든 왕과 중요한 사람의 무덤에는 금과 보석이 들어 있단다. 이집트 사람은 무덤이 보물로 꽉 차 있다는 사실을 알고 있었지. 그렇다면 이제 어떤 일이 벌어질까?

처음에 고대 왕국의 이집트 사람은 미라를 묻기 위해 사막의 땅 밑에 방을 만들었단다. 하지만 도굴범은 보석과 보물이 미라와 함께 묻힌다는 사실을 알고 있었지. 그들은 땅 밑의 방에 침입해서 보물을 훔쳐갔어. 그러자 이집트 사람은 돌로 무덤을 만들기 시작했지. 거대한 돌덩이의 한가운데를 파서 방을 만든 뒤, 미라와 옷, 가구, 보석을 방의 구멍으로 떨어뜨렸어. 그리고 나서 사람이 들어가지 못하도록 구멍을 돌로 막아 버렸지. 이런 무덤을 석실묘라고 한단다.

하지만 석실묘는 파라오에게는 성이 차지 않았단다! 파라오는 피라미드라고 하는 거대한 무덤에 묻혔지. 피라미드는 파라오와 그의 보물을 안전하게 지킬 수 있는 거대한 성채였단다. 그리고 피라미드가 파라오의 무덤이 된 중요한 이유가 또 하나 있어. 피라미드는 뾰족하게 하늘을 향하고 있지. 이집트 사람은 파라오가 신이라고 생각했기 때문에 죽은 뒤에는 하늘로 올라가 다른 신들과 함께 지낸다고 믿었어. 그래서 죽은 파라오가 계단처럼 생긴 피라미드의 옆면을 이용해 하늘로 올라간다고 생각했지.

쿠푸는 죽기 전에 20년에 걸쳐서 자신의 피라미드를 지었단다. 그는 자신이 죽으면 그 피라미드에 묻힐 것이라는 사실을 알고 있었어. 그래서 그 어떤 피라미드보다 자신의 피라미드를 크게 만들고 싶어 했지. 그의 피라미드는 오늘날 이집트의 수도인 카이로Cairo 근처 기자Giza라는 곳의 사막에 아직까지 세워져 있어. 이집트 사람이 파라오를 위해 만들었던 35개의 피라미드 중에서 이 쿠푸의 피라미드가 가장 크기 때문에 대(大) 피라미드Great Pyramid라고 부른단다.

대 피라미드는 4천여 년 동안 세계에서 가장 높은 건축물이었어. 그것은 2백만 개 이상의 돌덩이로 만들어졌으며, 돌덩이 한 개의 무게만 해도 거의 3톤에 달하지. 이것은 코끼리 한 마리의 무게와 맞먹는 무게란다. 그런데 이집트 사람에게는 오늘날의 크레인이나 불도저 같은 기계가 없었어. 대신 그들은 돌과 구리로 된 연장을 가지고 손으로 돌덩이를 잘라 냈지. 그러고는 바윗덩이에 경사진 부분을 만들어 피라미드의 옆면을 세우고, 돌덩이를 밧줄로 묶어서 경사진 바윗덩이 위로 끌어 올렸어. 가장 큰 돌을 움직이기 위해서는 수백 명의 사람이 함께 당겼지. 수천 명의 이집트 사람이 몇 년에 걸쳐 대 피라미드를 만드는 일에 동원되었단다. 드디

스핑크스와 피라미드

스핑크스는 사람의 머리와 사자의 몸을 가진 괴물의 이름으로 왕의 권력을 상징한단다. 이집트나 아시리아의 신전이나 왕궁, 무덤에 그 조각상을 많이 세워 놓았지.

이 스핑크스는 카프레 왕의 피라미드(쿠푸 왕의 피라미드 옆에 있음)를 지키고 있는데, 그 얼굴이 왕이 살아 있었을 때의 얼굴이라고 해.

어 피라미드가 완성되었지. 마지막으로 이집트 사람은 경사진 바윗덩이들 위에 흰 석회암 판을 덮어씌웠어. 고고학자들은 대 피라미드 맨 꼭대기에 있는 뾰족한 돌에는 금이 씌워져 있었을 거라고 생각한단다. 흰 석회암과 금으로 된 꼭대기는 지금은 볼 수 없지만, 대 피라미드가 처음 지어졌을 때는 그 꼭대기가 햇빛을 받아 찬란하게 빛났을 거라고 생각하는 거지.

대 피라미드의 내부에는 쿠푸의 미라를 안치하기 위한 방이 있었어. 또 텅 빈 방도 있고, 채 완성되지 않은 방과 죽음으로 이어지는 통로도 있었지. 쿠푸는 피라미드에 침입하는 도둑들이 보물을 찾아내기 전에 미로의 방 속에 빠지도록 만든 거야. 피라미드가 완성된 뒤 기술자들은 밖으로 이어지는 문을 밀폐했어. 또한 피라미드로 들어가는 길을 차단하기 위해 통로에 커다란 돌 마개 장치도 해 놓았단다. 일을 마친 기술자들은 땅을 파서 만들어 놓은 작은 피난 통로를 통해서 사막의 밖으로 나왔지.

대 피라미드에는 그것을 지키는 개가 있어. 이집트 사람은 대 피라미드 바로 옆에 머리는 사람이고 몸은 사자였다는 상상 속의 동물 스핑크스처럼 생긴 신기한 기념물을 만들어 놓았단다. 오늘날 우리는 이 거대한 석회암 동물을 대(大)스핑크스 Great Sphinx라고 부르고 있지. 대 스핑크스의 높이는 11명의 사람이 서로의 어깨를 밟고 올라 서 있는 것과 비슷한 높이야. 넓이는 축구장만 하고. 스핑크스는 쉽게 잘라지고 부서지는 석회암으로 만들어져 있어. 하지만 사막의 모래에 뒤덮여 있었기 때문에 지금까지 남아 있을 수 있었지. 비록 스핑크스의 코가 부서지기는 했지만, 거의 5천 년이 지난 지금도 우리는 사람의 얼굴을 하고 있는 스핑크스를 여전히 볼 수 있어. 많은 사람이 피라미드를 지키기 위해 스핑크스가 만들어졌다고 생각하고 있단다.

하지만 어쨌든 도굴범들은 쿠푸의 미라를 안치해 놓은 방을 찾아냈어. 그들은 스핑크스를 지나서 대 피라미드 안에 있는 미로를 통과해 쿠푸의 보물은 물론 그의 미라까지 훔쳐갔지. 고고학자들이 피라미드로 들어가는 길을 찾아냈을 때는 쿠푸와 그의 보물이 영원히 사라진 뒤였단다.

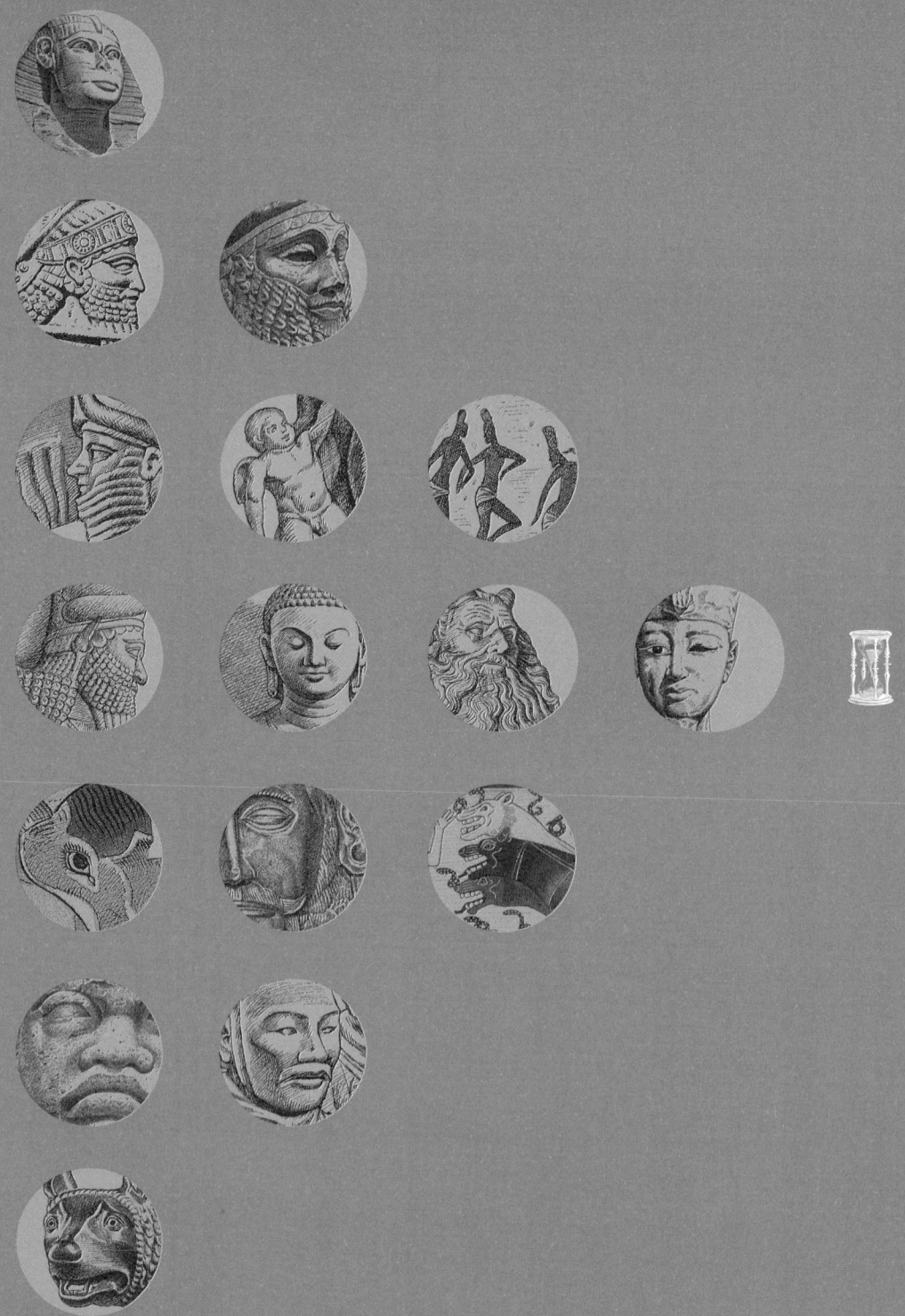

제5장 메소포타미아를 통일한 사르곤

이집트가 상이집트와 하이집트의 두 왕국으로 나뉘어 있었다는 사실 기억하지? 그들은 자신의 시간과 힘을 서로 싸우는 데 사용했어. 하지만 나르메르 왕이 하이집트를 정복해서 이집트를 하나의 왕국으로 통일하고 나자, 이집트 사람은 전쟁 대신 농사와 건물을 짓는 일에 시간을 보낼 수 있게 되었지. 싸움만 하던 이집트가 하나로 통일되자 이집트는 더 부유하고 더 강해졌단다.

티그리스 강과 유프라테스 강 사이에 자리 잡은 메소포타미아에서도 같은 일이 일어났어. 메소포타미아에 수메르 인이라고 불리는 사람이 살고 있었단다. 수메르 인에 대해서는 조금 알고 있을 거야. 진흙판에 쐐기 문자라고 하는 그림 문자를 썼던 사람들 말이야. 이 수메르 인들이 살고 있던 지역을 수메르라고 불렀어. 하지만 실제로 수메르는 하나의 나라가 아니었어. 그저 농사짓는 사람의 마을들로 이루어져 있었지. 그런데 이 마을들이 점점 커져서 도시가 되었단다. 각각의 도시는 스스로를 지키기 위해 두꺼운 벽과 높은 탑을 쌓았어. 또 자체의 왕과 군대도 가지게 되었지. 이 도시들은 서로 싸움만 일삼았단다! 이런 형태를 '도시 국가city state'라고 한단다. 모든 도시가 각각의 분리된 나라와 같기 때문이야. 도시들은 다른 도시로부터 자기 도시를 지키는 데 온 힘을 기울였단다.

하지만 모든 도시를 하나의 나라로 만들고 싶어 했던 사람이 있었어. 마치 나르메르 왕이 이집트를 하나의 나라로 만들었던 것처럼 말이야. 이 사람이 바로 사르곤 Sargon이었어.

사르곤에 대해서는 많은 이야기가 전해지고 있단다. 가장 오래된 이야기 중 하나는 그에게 부모가 없다는 거야. 그는 아기였을 때 바구니에 담겨 유프라테스 강을 떠 내려왔다고 해. 바구니는 키시Kish라고 하는 도시 국가의 갈대밭에 걸려 멈췄어. 그런데 키시 왕의 하인 중 하나가 물을 길으러 강으로 내려왔다가 이상한 소리를 듣게 되었어. '어디서 나는 소리일까?' 하인은 곧 바구니를 발견했어. 안을 들여다보니 한 아기가 울고 있는 것 아니겠니! 그 아기가 바로 사르곤이었단다.

하인은 바구니를 키시 왕의 궁전으로 가지고 왔어. 왕은 그 하인이 아기를 키울 수 있도록 허락해 주었지. 그래서 사르곤은 궁전 안에서 자랐단다. 그는 힘도 세고 잘생겨서 모든 사람들이 그를 좋아했어. 그는 왕의 술시중을 드는 일을 했어. 식사 때마다 금으로 된 왕의 잔에 포도주를 따라 주었지. 왕에게 술을 따르는 일은 왕이 가장 믿는 사람에게만 맡겨졌어. 마음만 먹으면 손쉽게 왕의 포도주에 독을 넣을 수 있었기 때문이지. 키시 왕은 사르곤을 믿었어. 하지만 그것이 실수였지.

사르곤은 군대의 우두머리는 물론이고 궁전에서 가장 권력 있는 사람들과 친분을 쌓아 갔어. 사람들이 자기를 너무 좋아해서 군대가 왕보다 자신을 더 따르고 있다고 확신했지. 그래서 사르곤은 군대를 설득해 왕을 죽이고 자신이 통치자가 되었

사르곤 대왕

메소포타미아에 최초의 통일 국가를 건설한 사르곤 대왕의 얼굴 조각이란다. 메소포타미아 지역은 현재의 이라크 지방이야. 전쟁 때문에 사르곤 대왕의 사원을 비롯하여 많은 고대의 유적과 유물들이 파괴되고 약탈되었지.
사르곤 대왕은 자신이 남긴 것들이 이렇게 현대에 들어와서 파괴될 줄 정말 몰랐을 거야.

단다.

하지만 사르곤은 그것만으로 만족할 수 없었어. 그는 한 도시 국가의 왕이 아닌 메소포타미아 전체의 왕이 되고 싶었지. 그는 주변 도시들을 공격하기 시작했고 메소포타미아를 정복하기 위해 50회 이상의 전쟁을 치렀단다! 마침내 사르곤은 티그리스 강과 유프라테스 강 사이에 있는 모든 나라를 지배하게 되었어. 사르곤은 아카드Akkad(아가데Agade라고도 함)라고 하는 새로운 수도를 건설하고, 자신의 새로운 제국을 아카드 제국Akkadia이라고 불렀어. 이제 수메르는 한 명의 지배자를 둔 하나의 나라로 통일된 거야.

하지만 사르곤이 정복한 많은 도시들은 아카드 제국의 일부가 되는 것을 원치 않았어. 그들은 스스로 법을 만들어 자기들 일을 처리했지. 사르곤은 정복한 도시들을 통치하기 위해서는 모든 도시들이 자신이 만든 법에 복종하도록 만들어야 한다는 걸 알았지.

그래서 그는 군대의 힘을 이용해 아카드의 모든 도시들이 그의 법을 따르도록 명령했어. 그는 아카드 군대의 병사들을, 정복한 각각의 도시에 주둔시켜 그곳의 사람들이 그들의 법이 아닌 사르곤의 법을 따르게 했지. 만약 복종하지 않으면 병사들이 사람들을 처벌했어. 이것을 '군사 독재'라고 한단다. 군사란 '군대를 가지고 일을 한다'는 뜻이야. 그리고 독재란, '사람들이 무조건 정부에 복종해야 한다'는 말이야. 사르곤은 오직 군대의 힘만을 이용해 도시들을 지배했기 때문에 그의 제국은 겨우 몇 년밖에 유지되지 못했단다.

제6장 유대 민족

신의 계시를 받은 아브라함

사르곤 대왕이 메소포타미아에 있는 많은 도시들을 지배하고 있었어. 그 도시 중에 우르Ur라고 불리는 도시가 있었단다. 성경의 창세기를 보면 아브람Abram에 대한 이야기가 나오는데, 여기에 우르가 나온단다.

옛날에 아브람이라는 사람이 우르라는 도시에서 아버지 데라Terah와 함께 살고 있었다. 아브람은 상인인 아버지를 도와 장사를 했다. 그들은 구리와 금, 자주색과 주홍색의 천, 계피와 소금을 사고팔았다. 그는 우르에서 장사에 성공하여 부자가 되었다.

데라는 행복했음에 틀림없다. 우르는 상인이 살기에 더없이 좋은 곳이었다. 도시가 유프라테스 강둑 바로 옆에 자리 잡고 있어서 상인들은 배에 짐을 싣고 다른 도시로 운반할 수 있었다. 그런데 데라는 이웃 도시인 바빌론Babylon에 대해 떠도는 무서운 소문을 듣게 되었다. 바빌론은 자체의 군대를 가지고 있으며, 바빌론의 왕이 자신의 왕국을 건설하고 싶어 한다는 것이었다. 다시 말해 바빌론이 우르를 공격해 점령할지도 모른다는 것이었다. 그런 일이 생긴다면 데라는 전쟁 통에 재산을 모두 잃을지도 모르는 일이었다.

데라는 걱정이 태산 같았다. 그는 어떻게 하면 좋을지 고대 메소포타미아 신들에게 물었다. 그는 특별히 우르를 지켜 주는 달의 신에게 제물을 바쳤다. 데라는 우르에서 가장 큰 지구라트ziggurat로 가서 달의 신에게 악으로부터 자신을 지켜 달라고 기도했다. 지구라트는 바빌론의 신전으로, 제사장이 꼭대기에 올라가 신에게 제물을 바칠 수 있도록 사방이 계단으로 이루어진 독특한 피라미드를 말한다.

결국 데라는 바빌론이 우르를 공격하기 전에 가족을 데리고 떠나기로 결심했다. 그는 아브람과 아브람의 아내인 사래Sarai를 데리고 더 살기 좋은 곳을

찾아 떠났다. 그들은 정착할 도시를 찾아 유프라테스 강둑을 돌아다니다 마침내 메소포타미아 북쪽에 위치한 하란Haran이라는 도시에 도착했다. 데라는 그곳이 마음에 들었다. 하란은 장사하는 사람들이 모이는 부유한 도시였다. 게다가 하란에 살고 있는 사람들도 달의 신을 숭배하고 있어서 데라는 그곳이 안성맞춤이라고 생각했다.

데라와 아브람과 사래는 하란에 정착해 다시 장사를 시작했다. 아브람은 데라가 번 돈으로 양과 염소, 소를 사서 키웠다. 가족 모두가 잘 꾸려 나갔다. 하지만 나이가 많은 데라는 하란으로 온 지 몇 년 되지 않아 세상을 떠나고 말았다. 그래서 아브람이 가장이 되었다.

데라의 장례식을 치른 뒤 어느 날 밤, 아브람은 어둠 속에서 산책을 하고 있었다. 그는 울타리에 팔을 얹은 채 양과 염소의 울음소리를 듣고 있었다. 그는 농사일을 계속해야 할지 아니면 아버지처럼 상인이 되어야 할지 고민했다. 어쩌면 친척들이 남아 있는 우르로 다시 돌아가야 할지도 몰랐다. 그는 "어떻게 해야 할지 달의 신에게 물어볼까? 아니면 다른 신을 찾아가 볼까?" 하고 생각했다.

그때 갑자기 어떤 목소리가 들려왔다. "아브람아!"

그가 주변을 둘러보았지만 아무도 없었다.

"누구십니까? 당신은 어떤 신이시죠?" 그가 물었다.

"나는 유일신이다." 그 목소리가 말했다. "나 외에는 다른 어떤 신도 존재

신의 계시를 받은 아브라함 61

하지 않는다!"

아브람이 다시 물었다. "제가 어떻게 해야 할까요?"

"하란을 떠나서 내가 네게 지시할 땅으로 가거라. 그곳은 너와 네 아이들에게 내가 줄 땅이다. 내가 너로 하여금 위대한 나라를 이루도록 할 것이다! 네 친구들을 축복하고 네 적들에게는 저주를 내릴 것이다. 또한 이 땅 위에 있는 모든 사람들은 너로 인해 축복을 받게 될 것이다."

신은 아브람에게 가나안Canaan으로 가라고 했다. 아브람은 자신이 가나안으로 가게 되리라고는 생각해 본 적도 없었다. 무엇보다도 그곳에는 큰 상업 도시가 없고, 장사에 도움을 주는 강도 없었기 때문이다. 메소포타미아는 그가 알고 있는 단 하나의 문명화된 곳이었다. 그런 메소포타미아로부터 가나안은 너무 멀리 떨어진 곳이었다. 게다가 가나안에는 낯선 야만족이 살고 있었다. 그는 왜 그곳으로 가야 하는지 몰랐다.

하지만 아브람은 신의 말에 따르기로 결정했다. 그는 아내 사래와 하인들과 양, 염소, 젖소, 낙타를 모두 데리고 길을 떠났다. 하란이라는 안전한 도시를 떠나 황무지를 향해 출발한 것이다.

마침내 그들은 가나안에 도착했다. 가나안에 도착하자 신이 다시 아브람에게 나타났다.

"네게 약속하겠다." 신이 아브람에게 말했다. "내게 복종하고 나를 숭배하라. 너는 순수한 새 민족의 선조가 될 것이고, 가나안 땅 모두를 너와 네 아이들과 네 후손들에게 줄 것이다. 네 이름을 아브람에서 아브라함Abraham 으로 바꿀 것이다. 아브라함이란 '많은 아이들의 아버지' 라는 뜻이다. 또 사래라는 이름도 사라Sarah로 바꿀 것이다. 사라에는 '공주' 라는 뜻이 있다. 사라는 모든 백성의 어머니가 될 것이다!"

아브라함은 아주 재미있는 일이라고 생각했다. 왜냐하면 아브라함은 나이가 많은 노인이었기 때문이었다. 그는 신의 약속에 자꾸 웃음이 나왔다. "사라와 나는 나이가 많은데 어떻게 아이를 가질 수 있단 말입니까?" 그가 신에게 물었다.

"신에게 불가능한 일이란 없다!" 신이 말했다. 그런데 이듬해 사라는 정말 아기를 가졌다. 그때 그녀의 나이가 90살이었다. 아브라함과 사라는 아들에게 이삭Isaac이란 이름을 지어 주었다. 이삭이란 '웃음' 을 뜻한다. 신이 아이를 약속했을 때 그들이 웃었다고 해서 그렇게 지은 것이었다.

이삭은 야곱Jacob이라는 아들을 낳았다. 야곱은 다시 12명의 아들을 낳았다. 이 12명의 아들은 모두 자신의 가족을 이루고 가나안에서 살았다. 아브라함의 후손은 점점 더 늘어나 마침내 야곱의 아들들 하나하나의 이름을 딴 부족들이 생겨나게 되었다. 유다 부족은 야곱의 아들인 유다Judah의 이름을 딴 것이고, 베냐민 부족은 야곱의 막내아들인 베냐민Benjamin의 이름을 딴 것이다. 이 12부족들은 이스라엘 민족 또는 유대 민족으로 알려지게 되었다.

이집트에 노예로 팔려 간 요셉

야곱의 열두 아들이 항상 서로 사이좋게 지냈던 것은 아니야. 그들은 모두 아버지의 사랑을 받고 싶어 했어. 하지만 야곱은 11번째 아들 요셉Joseph을 가장 사랑했단다. 성경의 창세기를 보면 요셉과 그의 형제들에 대한 이야기가 나와.

어느 날 요셉이 형들과 함께 들판에 나가 아버지의 양을 돌보고 있을 때였다. 아버지 야곱이 "요셉아! 요셉아!" 하고 부르는 소리가 들려왔다.
"형님들, 내 양들을 좀 봐 주세요!" 요셉은 형들에게 양을 부탁하고 아버지에게 뛰어갔다. "아버지 왜 그러세요?" 하고 요셉이 물었다.
"요셉아! 너는 내게 아주 특별하단다. 그래서 네게 멋진 옷을 선물해 주고 싶구나." 야곱이 아름다운 옷을 꺼냈다. 꽃으로 가득한 들판처럼 화려하고 구름처럼 부드러운 그 옷은 가장자리가 자주색으로 꾸며져 있었다. 요셉은 자신의 눈을 믿을 수가 없었다. 그는 염소 가죽과 양털로 만들어진 평범한 옷을 입고 있었다. 요셉은 그 옷을 입어 보았다.
"고맙습니다, 아버지! 항상 이 옷을 입고 있을게요. 양을 돌보는 동안에도 말이에요!" 그리고 요셉은 양 떼들이 있는 곳으로 다시 뛰어갔다. "이것 봐요, 유다 형!" 요셉이 소리쳤다. "베냐민, 이것 봐! 형님들 이것 좀 보세요! 아버지가 내게 멋진 옷을 주셨어요!"

형들은 그 옷을 빤히 쳐다보았다. "왜 내게는 주시지 않지?" 하고 유다가 말했다. "내가 너보다 나이도 더 많은데 말이야! 아버지는 왜 네게만 멋진 옷을 주고 다른 형제들에게는 안 주시는 거지?" 형들은 모두 요셉의 옷을 보고 투덜투덜 불평을 했다.

다른 형제들의 그런 불만을 아는지 모르는지 요셉은 밤낮없이 그 옷을 입고 다니면서 아버지가 자기를 얼마나 사랑하는지 모른다고 자랑하고 다녔다. 마침내 다른 11명의 형제들은 더 이상 참을 수가 없었다.

어느 날 아침, 집에서 멀리 떨어진 들판으로 나간 형들은 요셉이 다가오는 소리를 들었다. "아버지의 사랑을 독차지하고 있는 녀석이 이리로 오고 있군!" 형들은 기분이 몹시 나빴다. "저 녀석이 옷을 자랑하고 다니는 소리를 더 이상 못 듣겠어. 그러니 저 녀석을 없애 버리자고!" 요셉이 다가왔을 때 형들은 그를 붙잡아서 옷을 빼앗고는 구덩이 속에 밀어 넣어 버렸다. 그때 마침 사막의 상인들이 근처를 지나가고 있었다. 형들은 구덩이에서 요셉을 끌어내어 상인들에게 노예로 팔아 버렸다. 그런 뒤 형들은 요셉의 옷에 염소 피를 묻혀서 아버지에게 가지고 갔다.

"이것 보세요." 형들은 피 묻은 옷을 내밀며 말했다. "사막에서 이것을 찾아냈어요. 사자가 요셉을 물어 죽였나 봐요!" 야곱은 요셉이 죽었다는 소식에 울고 또 울었다.

한편 사막의 상인들은 요셉을 이집트로 끌고 가 이집트의 파라오에게 노예

이집트에 노예로 팔려 간 요셉

로 팔았다. 이집트의 노예가 된 요셉은 파라오를 지키는 시위 대장인 보디발Potiphar의 집에서 살게 되었다. 그는 아버지가 보고 싶었다. 또 그는 형들이 자신에게 한 잔인한 짓을 생각하며 밤마다 눈물을 흘렸다. 하지만 요셉은 보디발의 집에서 열심히 일했다. 오래지 않아 보디발은 요셉을 눈여겨보게 되었다. 그는 점점 더 요셉을 믿게 되었고 중요한 일도 더 많이 맡겼다. 얼마 되지 않아 요셉은 보디발의 집안일을 전부 관리하게 되었다.

그런데 보디발의 아내가 보기에 남편의 집에서 요셉의 세력이 너무 커지는 것 같았다. 그래서 그녀는 보디발에게 요셉을 모함했다. 보디발은 아내의 말만 믿고 요셉을 감옥에 가두어 버렸다.

'도대체 어떻게 된 일이지?' 요셉은 곰곰이 생각했다. '풀려 나지 못하면 어떻게 하지? 처음엔 형들이 나를 노예로 팔더니, 이제는 파라오의 감옥에서 죽게 되었구나! 어떻게 한담?'

어느 날 아침, 어떤 죄수 하나가 걱정스런 표정으로 앉아 있었다. "무슨 일이 있나요?" 하고 요셉이 물었다.

죄수가 말했다. "이상한 꿈을 꿨소. 포도나무 한 그루가 바로 내 앞에서 막 자라는 게 아니겠소. 가지가 나오고 그 가지에서 포도가 마구 열리더군. 그리고 바로 내 눈앞에서 금세 포도들이 익어 버리는 게 아니겠소! 그래서 내가 그 포도의 즙을 짜서 잔에 담아 파라오에게 바쳤다오."

"무슨 꿈인지 알겠어요!" 요셉이 말했다. "파라오가 곧 당신을 감옥에서 풀어 주고, 당신의 죄를 용서해 주려는 꿈이랍니다!"

"자네가 그걸 어떻게 알지?" 꿈을 꾼 죄수는 믿을 수 없다는 듯 눈을 껌벅이며 물었다.

"어떤 꿈인지는 하나님만 알아요. 하나님이 당신 꿈에 대한 답을 내게 보여 주었어요."

그로부터 3일째 되는 날, 병사들이 감옥에 나타나더니 그 죄수를 데리고 나갔다. "너는 사면(죄를 용서하여 형벌을 면제함)되었다! 너는 파라오의 궁전으로 돌아가서 다시 그를 위해 일할 수 있게 되었다!"

꿈을 꾼 사람이 나가려고 할 때 요셉이 뒤에서 그를 불렀다. "나를 잊지 마세요! 파라오에게 내가 무죄라고 말해 주세요. 그러면 내가 감옥에서 풀려날 수 있을 테니까요!"

하지만 그 사람은 곧 요셉에 대해 까맣게 잊어버렸다. 그래서 요셉은 몇 달이 지나도록 감옥에 갇혀 있어야 했다.

그런데 어느 날 밤, 이번에는 파라오가 끔찍한 꿈을 꾸었다. 그가 사람들에게 물었다. "내 꿈이 무슨 뜻인지 누가 말해 보겠는가?"

그때 감옥에서 요셉에게서 꿈 풀이를 들었던 사람이 그를 기억해 냈다. "위대하신 파라오님! 당신의 감옥에 갇혀 있는 유대 인이 그 꿈의 뜻을 알고 있을 것입니다. 그의 신이 그에게 말해 준다고 합니다!"

"즉시 그자를 데려오너라!" 파라오가 말했다.

그렇게 해서 요셉은 감옥에서 나와 곧장 파라오의 방으로 끌려갔다. 파라오가 요셉에게 말했다. "내가 끔찍한 꿈을 꾸었느니라. 내가 나일 강둑에 서 있는데 크고 살찐 암소 7마리가 물에서 걸어 나와 강둑에서 자라고 있는 풀을 뜯어 먹기 시작했다. 그런데 다시 못생기고 비쩍 마른 암소 7마리가 물에서 나오더니 살찐 암소들을 모두 삼켜 버렸느니라. 무슨 꿈인지 말해 줄 수 있겠느냐?"

"나의 신이 내게 꿈을 알 수 있는 지혜를 주셨습니다." 요셉이 대답했다. "신이 말하기를, 7마리의 살찐 암소는 앞으로 7년 동안 풍년이 든다는 것을 말합니다. 나일 강이 범람하면 농작물이 잘 자랄 것이고, 이집트 백성은 먹을 것이 풍부해질 것입니다. 하지만 7마리의 비쩍 마른 암소는 7년 동안 기근(흉년으로 식량이 모자라서 굶주리는 상태)이 든다는 것을 나타냅니다. 나일 강은 범람하지 않을 것이며 농작물은 말라 죽게 될 것입니다. 파라오님, 당신은 풍년이 드는 7년 동안 곡식 모으는 일을 책임질 현명한 사람을 골라서 일을 맡겨야 할 것입니다. 곡식을 저장해 두면 이집트 백성은 기근이 드는 동안에도 먹을 것을 얻게 될 것입니다."

"현명한 사람을 구해야 한다고?" 파라오가 말했다. "요셉, 너보다 더 현명한 사람은 없을 것 같구나! 너에게 곡식 모으는 일을 맡기도록 하겠다. 내 명령에 따라 너는 두 번째로 힘을 가진 사람이 될 것이다."

파라오는 자신의 손가락에서 인장 반지를 빼내 요셉의 손가락에 끼워 주었다. 그리고 요셉에게 흰색 리넨으로 만든 옷을 내주고 금으로 된 목걸이를 목에 걸어 주었다. 또 요셉이 타고 다닐 수 있도록 마차를 내주었다. 요셉보다 앞서 달려가면서 '길을 비켜라!' 하고 소리치는 사람도 함께 주었다.

요셉은 이집트 곳곳을 돌아다니면서 곡식을 모아 저장했다. 그가 말한 대로 나일 강은 7년 동안 범람했고 농작물은 잘 자랐다. 그렇게 7년이 지나자 기근이 찾아왔다. 나일 강은 수심이 얕아졌고 땅은 말라서 갈라졌다. 태양은 강렬하게 내리쬐였고 농작물은 말라 죽었다. 이집트 백성은 굶주리기 시작했다.

그러자 요셉은 모아 놓은 곡식을 사람들에게 조금씩 나누어 주기 시작했다. 이집트 주변에 살고 있는 사람들은 흉년으로 굶주렸지만, 이집트 백성은 음식을 구할 수 있었다.

가나안에 살고 있는 야곱과 그의 가족도 굶주리고 있었다. 물이 없어서 농작물은 물론이거니와 양과 염소도 죽어 갔다. 결국 야곱은 아들들에게 말했다. "이집트에서는 먹을 것을 구할 수 있다는 말을 들었다. 그곳에 가서 먹을 것을 구해 보아라!"

요셉의 형들은 뜨거운 사막을 며칠 동안 걷고 또 걸어 마침내 이집트에 도착했다. 그들이 파라오의 궁전에 이르렀을 때는 지치고 목마르고 땀에 흠뻑 젖어 있었다. 그들은 길게 늘어선 굶주린 사람들의 줄에서 한참을 기다리고 나서야 곡식을 나눠 주는 요셉의 방으로 들어갈 수 있었다. 요셉의 방에 들어섰을 때 형들은 요셉을 전혀 알아보지 못했다. 그가 이집트에 온 지 오래되었고 어른이 되어 있었기 때문이었다. 게다가 그는 이집트 사람처럼 옷을 입고 있었다.

하지만 요셉은 형들을 알아보았다. 자신을 노예로 팔아 버렸던 그 형들이 지금 이곳에 와서 그에게 먹을 것을 구하고 있었던 것이다. 요셉은 몇 주 동안 형들에게 자신이 누구인지 말하지 않았다. 그러나 더 이상 자신을 감추고 있을 수는 없었다. 그는 형들을 훌륭한 저녁 식사에 초대했다. 그리고 저녁 식사가 끝나자 하인들을 모두 물러가게 한 뒤 형들에게 말했다.

"형님들, 내가 요셉입니다! 아버지는 아직 살아 계시나요?"

형들은 자신들의 눈을 믿을 수가 없었다. 그들은 너무 놀랐다. "이제 우리 목숨은 동생 손에 달린 거야!" 그들은 서로 속삭였다. "우릴 죽일 거야."

하지만 요셉이 말했다. "형들이 내게 했던 나쁜 일들은 다 용서해 줄게요! 이 기근 동안 형들이 내게 와서 먹을 것을 가져갈 수 있도록 하기 위해 하나님이 형들보다 먼저 나를 이곳에 보낸 거예요. 가나안으로 돌아가서 가족과 모든 것을 챙겨서 이집트에 와서 살도록 하세요. 여기는 먹을 것이 풍족하니까요!"

그래서 유대 인인 요셉의 아버지와 형들 그리고 그 가족은 이집트로 와서 나일 강둑 옆에서 살게 되었단다. 유대 민족은 점점 더 번성했어. 이집트 사람은 각자 다른 많은 신들을 믿었지만, 유대 인들은 자신들의 신 하나만을 숭배했어. 파라오는 요셉이 살아 있는 동안 유대 인들에게 우호적으로 대해 주었고, 유대 인들이 이집트의 땅에서 자유로이 살 수 있도록 허락해 주었지.

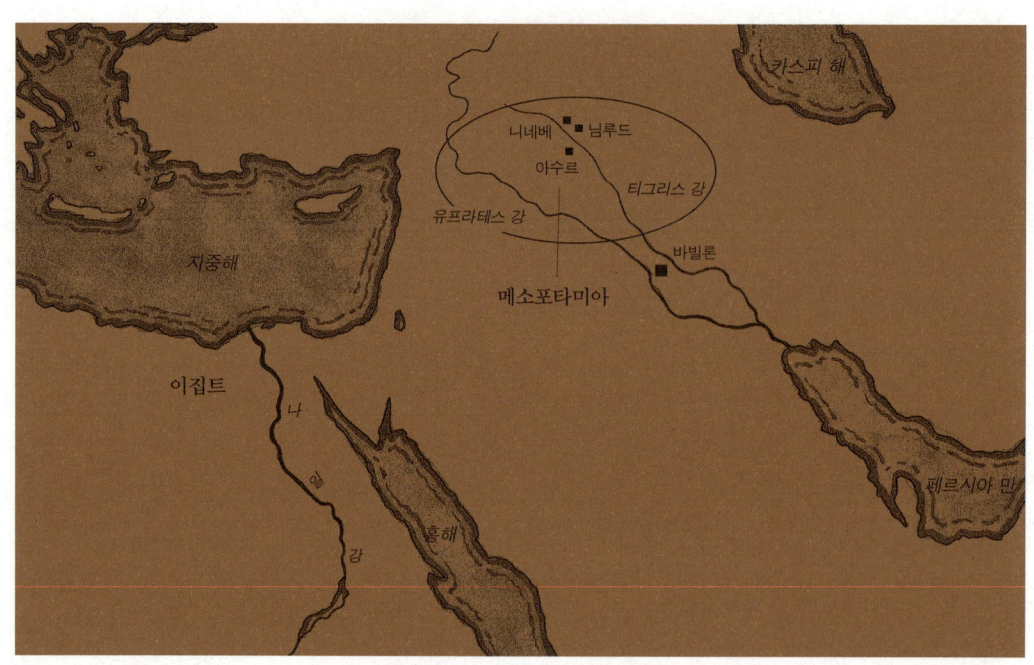

고대 아시리아의 유적

제7장 함무라비와 바빌로니아

어쩌면 너는 메소포타미아가 살기에 그리 평화로운 곳이 아니었다고 말할지도 몰라. 도시 국가들은 서로 자주 싸웠고, 강력한 지도자가 나타나 도시 국가를 정복하고 제국을 세우려고 했지. 이렇게 세워진 제국은 때로 오래 유지되기도 했어. 하지만 어떤 제국은 불과 몇 년 만에 무너져 버리기도 했지. 그리고 다른 강력한 지도자가 다시 점령하기도 했단다. 메소포타미아에 살고 있던 사람들은 항상 싸움이 끊일 날이 없었어. 그들은 자신들의 성 안에 머물면서 안전하게 지낼 수 있기를 바랐어. 하지만 피난을 가야 할 때도 있었단다. 그들은 고난을 겪지 않기를 바라면서 이곳저곳을 떠돌아다녔지.

앞에서 읽은 이야기에서 다른 도시가 우르를 공격하여 정복할지도 모른다는 두려움 때문에 데라가 우르를 떠난 것을 기억할 거야. 어떤 도시가 우르를 공격하려 한다고 했는지 기억 나니? 그래, 바로 바빌론이었지. 바빌론은 사르곤이 살았던 키시 근처에 있는 도시였잖아. 바빌론의 왕 함무라비Hammurabi는 메소포타미아에 있는 작은 땅을 통치하고 있었지만, 곧 주변의 작은 도시들을 정복하기 시작했단다. 그는 정복한 다른 도시의 왕들이 그에게 충성을 맹세할 것이라고 확신했어.

결국 그는 메소포타미아의 남쪽 지역 전체를 지배하게 되었지. 그는 이 지역을 바빌론의 이름을 따서 바빌로니아Babylonia라고 불렀단다.

함무라비는 자신의 군대가 강하다는 이유 하나 때문에 사람들이 그에게 복종하기를 바라지 않았어. 그는 자신의 제국을 법으로 다스리고 싶었지. 그는 바빌론 최고의 신인 마르두크Marduk가 자신을 왕으로 만들어 주었기 때문에 사람들에게 공정하게 대할 수 있었다고 믿었어. 그가 남긴 편지들을 보면, 함무라비는 스스로를 '신을 두려워하는 경건한 왕자'라고 불렀어. 그는 늘 왕이 해야 할 일은, '이 땅에 정의를 세우고 악과 사악함을 무찌르고 강한 사람이 약한 사람을 억누르지 않도록 하는 일'이라고 말했단다.

함무라비는 사람들이 군대의 힘 때문이 아니라 법이 옳기 때문에 그의 법을 따르기를 원했어. 또한 그는 자신의 제국 전체가 똑같은 법과 규칙을 따르기를 원했지. 그래서 함무라비는 자신이 공정하다고 생각하는 모든 법들을 써 내려갔단다. 그는 태양신이 그에게 내려 준 법과 규칙을 기념비에다 새겨 놓았어. 이 법을 '함무라비 법전Code of Hammurabi'이라고 불러. 이 법전은 우리에게 알려진 최초의 '성문법(문자로 표현되고 문서의 형식을 갖춘 법전)'이야. 부자든 가난한 사람이든, 병사든 농부든, 상인이든 왕이든 모든 사람들이 이 법전을 따랐기 때문에 이 법전은 매우 가치 있는 것이란다.

함무라비 법전에 기록되어 있는 몇 가지 법을 살펴보면 다음과 같아. 이 법이 공정한지 그렇지 않은지 한번 생각해 보겠니? 공정하다면, 혹은 공정하지 않다면 그

함무라비 법전
함무라비 법전은 종이가 아니라 높이 2.25미터의 돌기둥에 씌어 있단다. 현재 프랑스 루브르 박물관에 있지. 그림은 함무라비 왕이 신에게 '왕권'을 의미하는 왕홀을 받는 그림인데, 앉아 있는 이가 태양 신이고 공손하게 서 있는 사람이 함무라비 왕이야. 그런데 최근 수메르 왕 우르 남무Ur-Mammu가 만든 우르 남무 법전이 가장 오래된 성문법으로 새롭게 밝혀졌단다. 그건 함무라비 법전보다 300년 이상 앞선 것이라고 해.

이유에 대해서도 생각해 보렴.

─ 어떤 사람이 다른 사람의 땅에 있는 나무를 베었다면 그에 대해 변상해 주어야 한다.
─ 어떤 사람이 자신의 논에 물을 대려고 하다가 부주의한 사고로 다른 사람의 논에 물이 차게 만들었다면 그는 자신이 망가뜨린 곡식에 대해 변상해 주어야 한다.
─ 어떤 사람이 자신의 아들을 집에서 쫓아내고 싶다면 먼저 재판관 앞에 가서 "더 이상 내 아들과 함께 내 집에서 살 수 없습니다."라고 말해야 한다. 재판관이 그 이유를 살펴보고 합당하지 않다면 아들을 내쫓을 수 없다.
─ 아들이 아버지에게 못된 짓을 했다면 처음에는 아버지가 아들을 용서해 주어야 한다. 하지만 두 번째로 나쁜 짓을 하면 아버지는 아들을 내쫓을 수 있다.
─ 도둑이 소나 양, 당나귀, 돼지, 염소를 훔쳤다면 그 값의 열 배로 보상해 주어야 한다. 도둑이 보상해 줄 돈이 없다면 사형당할 것이다.
─ 눈에는 눈, 이에는 이. 어떤 사람이 다른 사람의 눈을 멀게 했다면 그 자신의 눈알을 뺄 것이다. 그가 다른 사람의 이를 부러뜨렸다면 그의 이도 부러뜨릴 것이다. 그가 다른 사람의 뼈를 부러뜨렸다면 그의 뼈도 부러뜨릴 것이다.

―의사가 환자를 수술하다가 환자가 죽게 되었다면 의사의 손은 잘릴 것이다.
―건축업자가 집을 지었는데 그 집이 무너져 주인이 죽음을 당했다면 건축업자는 사형에 처해질 것이다.
―강도가 어떤 집에 구멍을 뚫고 안으로 들어가 물건을 훔쳤다면 그는 그 구멍 앞에서 사형당할 것이다.

함무라비는 신앙심이 매우 깊은 사람이었단다. 그는 신들이 직접 함무라비 법전의 내용을 그에게 전해 준 것이라고 믿고 있었지. 그래서 그는 도시 국가끼리 싸우다 부서진 많은 신전과 사원을 다시 세웠어. 또 백성들이 신에게 제물을 바치고 신에 대해 더 많이 공부하도록 장려했어.

그 당시 바빌로니아에 살고 있던 사람들은 별의 움직임을 통해 신의 뜻을 알아낼 수 있다고 믿었어. 그래서 그들은 하늘을 연구하는 데 많은 시간을 들였단다. 그 결과 그들은 별자리의 위치를 알게 되었고, 태양처럼 한자리에 붙박여 움직이지 않는 별과 태양의 주변을 도는 별(행성)의 차이도 알게 되었지.

바빌로니아 사람은 하늘을 살펴봄으로써 지구가 태양의 주위를 돌고 있다는 사실을 알아낼 수 있었어. 그들은 지구가 태양의 주위를 한 바퀴 도는 데 걸리는 시간을 '1년'이라고 했지. 그러고 나서 1년을 12달로 나누었단다. 오늘날 우리가 사용하는 것처럼 1년을 12달로 나눈 최초의 사람이 바로 바빌로니아 사람이었던 거야.

하루를 24시간으로 나누고, 한 시간을 60분으로 나눈 최초의 사람들도 바빌로니아 사람이야. 그러므로 오늘날 몇 월 며칠인지 알기 위해 달력을 본다거나, 몇 시인지 알려고 시계를 들여다볼 때마다 우리는 바빌로니아 사람이 물려준 방법을 사용하고 있는 거지.

제8장 아시리아

아시리아를 세운 샴시아다드

함무라비는 메소포타미아 남쪽 지역에서 가장 강력한 왕이었어. 하지만 북쪽으로 올라가면 다른 왕이 또 하나의 제국을 건설하고 있었단다. 그의 이름은 샴시아다드Shamshi-Adad였어. 그는 좋은 법을 만드는 공정한 통치자가 되는 일 따위에는 관심이 없었어. 오직 전 세계의 지배자가 되고 싶었지.

바빌론은 유프라테스 강 옆 메소포타미아의 남쪽에 있었고, 아수르Assur는 티그리스 강 옆 메소포타미아 북쪽 지방에 있었지. 샴시아다드는 이 아수르라고 하는 도시에 살고 있었어.

샴시아다드는 아수르의 왕이 되자 아수르가 새로운 제국의 중심이 되어야 한다고 생각했어. 그래서 그는 자신이 숭배하는 바람과 태풍의 신을 위해 커다란 사원을 짓기 시작했지. 사원은 금과 은으로 덮어씌운 마호가니 통나무로 지어졌어. 그는 신을 기쁘게 하기 위해 기름과 꿀, 버터를 사원의 주춧돌에 바르기도 했단다. 샴시아다드는 바람과 태풍의 신이 자신의 편이 되어 주길 바랐어. 그렇게만 된다면 더 많은 힘을 갖게 될 것이고, 훨씬 쉽게 전쟁에서 이길 수 있기 때문이었지.

사원이 다 지어진 날 샴시아다드는 이렇게 선언했단다. "바람과 태풍의 신께서는 이 세상의 어떤 도시들보다 아수르를 더 사랑하신다! 그분은 내가 전 세계의 왕이 되기를 원하신다." 아수르 백성도 일제히 소리쳤어. "전 세계의 왕 샴시아다드 만세!"

그러고 나서 샴시아다드는 군대를 모아 메소포타미아 도시들을 정복하기 시작했어. 그의 두 아들도 함께 출전했지. 샴시아다드는 새로운 도시를 정복할 때마다 아들들을 그 도시의 새로운 통치자로 삼았어. 곧 아수르의 군대는 주변의 모든 도시를 정복하게 되었단다!

샴시아다드는 메소포타미아의 사람들이 자신을 두려워하기를 원했어. 그는 독재자였던 거야. 그는 자신의 왕국에서 살고 있는 그 누구도 그의 법과 명령을 거부하는 것을 허락지 않았어. 오직 자신에게 복종하기만을 원했단다.

그가 사람들을 어떻게 복종시켰을까? 그는 자신이 말한 대로 행동하지 않는 사람은 누구를 막론하고 죽여 버렸단다! 그는 도시를 정복하고 나면 그곳 관리들의 목을 베어 머리를 막대에 꽂아 세워 두었어. 그러고는 건물들을 불태우고 병사들로 하여금 눈에 띄는 것은 뭐든지 파괴하라고 명령했어.

메소포타미아에 살고 있는 사람들이 아수르 사람을 두려워하게 된 것은 당연했지. 이제 샴시아다드는 더 이상 도시를 정복하기 위해 싸움을 할 필요가 없었단다. 그가 도시의 성벽 가까이에 도착하면 그 즉시 도시의 관리들이 나와 항복해 버렸거든. 관리들은 목숨만 살려 준다면 돈을 바치고, 그를 자신들의 왕으로 삼겠

노라고 했단다. 샴시아다드는 그들의 목숨만은 살려 주겠다고 약속했어. 하지만 자기의 말을 반드시 행하고, 그의 명령은 무엇이든 따른다는 조건을 받아들일 때만 약속이 이루어졌지.

이제 메소포타미아 북쪽 지방 전체가 샴시아다드의 제국이 되었어. 그는 제국의 이름을 아수르의 이름을 따서 아시리아Assyria라고 불렀어. 그리고 자신을 전 세계의 왕이라고 선포했단다.

그러나 이것은 엄밀히 말하면 사실이 아니야. 메소포타미아의 남쪽 지역에 있는 바빌론을 기억하지? 그 즈음 바빌론이 제국으로 자리 잡고 있었거든. 그러나 샴시아다드는 바빌론을 정복하거나 바빌론의 도시들을 공격하려고 하지 않았어. 바빌론은 그가 대적하기에 너무 강하다는 것을 잘 알고 있었기 때문이지.

샴시아다드가 죽자 아시리아 제국은 그의 아들들이 통치하게 되었어. 하지만 형제는 서로 싸움만 했단다. 그들은 서로에게 욕설이 담긴 편지를 쓰거나, 상대방에 대한 불평만 늘어놓았지. 결국 그들은 강하고 통일된 아시리아를 지켜 내지 못했어.

이를 지켜보던 함무라비는 아시리아를 바빌로니아 제국의 땅으로 만들기로 결심했어. 그는 군대를 이끌고 메소포타미아 북쪽을 향해 나아가 마리Mari라는 도시를 파괴하고 아수르를 점령해 버렸지. 그러자 아시리아 사람들은 함무라비에게 공물을 바치고 그를 '전 세계의 왕'이라고 불렀단다.

그러나 함무라비는 샴시아다드처럼 잔인하지 않았어. 그는 아시리아의 관리들이

아시리아를 세운 샴시아다드

자신의 법전을 따르기만 한다면 그들의 도시를 그대로 관리하도록 했어. 그는 관리들의 목을 베지도, 그들의 집을 불태우지도 않았지. 아시리아 사람들은 함무라비에게 복종하기로 했어. 하지만 속으로는 이렇게 생각하고 있었단다. "언젠가 다시 자유를 찾을 날이 오겠지. 그러면 다시 한 번 세상을 정복하고 말리라!"

길가메시 서사시

바빌로니아 사람과 아시리아 사람은 길가메시Gilgamesh라고 하는 위대한 왕에 대한 전설을 공유하고 있단다. 길가메시 서사시는 세계에서 가장 오래된 이야기 중 하나야. 서사시(敍事詩)란 신화나 전설, 영웅의 업적을 있는 그대로 읊은 긴 시를 말해.

옛날에 길가메시라는 왕이 우루크Uruk라는 도시를 통치하고 있었다. 길가메시는 반은 신이고 반은 사람이었다. 그는 이 세상에서 가장 힘이 센 자였다. 큰 바위도 한 손으로 들어 올리고, 높은 담도 쉽사리 훌쩍 뛰어넘었다. 그는 젊고 건강했으며 누구나 갖길 원하는 돈과 권력도 가지고 있었다.

그러나 길가메시는 강한 만큼 잔인했다. 그는 우루크의 사람들을 밤낮으로 부려 먹었다. 또 돈과 음식을 빼앗고 아이들을 자신의 노예로 데려갔다. 그는 다른 사람에 대해서는 털끝만큼도 생각하지 않고 오직 자기 자신만을 생각했다.

우루크 사람들은 이 사악한 왕을 없애고 싶었다! 그래서 하늘의 신 아누Anu를 찾아가서 이렇게 외쳤다.

"우리를 도와주소서! 우리의 왕은 너무나 사악합니다. 하지만 그는 신의 힘을 가지고 있기 때문에 감히 맞설 수가 없습니다!"

하늘에서 내려다보고 있던 아누 신은 매우 슬퍼하며 이렇게 말했다. "길가메시 왕을 보아라! 그는 세상의 힘과 권력을 다 가지고 있구나. 하지만 약하고 힘없는 사람들에게 너무 잔인하게 구는구나! 이것은 옳지 못한 일이다. 그에게 교훈을 주기 위해 적을 보내도록 하겠다."

길가메시와 사자

그래서 아누는 엔키두Enkidu라는 괴물을 만들었다. 엔키두는 사자 열두 마리의 힘을 가진, 반은 사람이고 반은 동물인 괴물이었다. 아누는 엔키두에게 "길가메시와 싸우러 가거라!" 하고 명령을 내리고 우루크의 거친 황무지로 내려 보냈다.

그동안 길가메시는 악몽을 꾸고 있었다. 커다란 도끼가 그의 문 앞에 나타났는데, 그 도끼가 너무 크고 날카로워서 도저히 들어 올리지 못하는 꿈이

길가메시 서사시 **83**

었다. 그는 깨어나서 어머니에게 그 꿈이 무엇을 의미하는지 물었다. "너를 죽음으로 몰고 갈 수 있는 사람이 오려는 모양이구나! 너는 그자와 친구가 되거나 아니면 그를 죽여야 할 것이다!" 하고 어머니가 말했다.

엔키두는 우루크로 가는 도중에 도시를 둘러싼 벽 외곽에 있는 숲 속에서 덫을 놓는 사람의 아들을 만나게 되었다. 아들은 아버지가 놓은 덫을 확인하러 나오는 길이었다. 벌거벗은 괴물을 본 순간 아들은 겁에 질렸다. 하지만 괴물같이 생긴 사람이 벌거벗은 상태에 오랫동안 굶주린 듯 보이고, 말도 하지 못한다는 것을 안 아들은 엔키두에게 동정심을 느꼈다. 그는 엔키두를 집으로 데려와 성벽 밖에서 양 떼를 돌보고 있는 목동 친구들에게 소개해 주었다. 엔키두는 그 뒤로 오랫동안 그들과 함께 살았다. 그들은 엔키두에게 말을 가르쳐 주고 음식도 주고 옷 입는 법도 가르쳐 주었다.

어느 날 엔키두와 친구들은 도시에서 잔치를 베풀고 있는 귀족의 결혼식에 참석하기 위해 우루크로 갔다. 그런데 길가메시가 신부를 차지하기 위해 결혼식장에 나타나 아름다운 신부를 붙잡아 끌고 가려고 했다.

엔키두는 화가 났다. 그는 문 앞으로 펄쩍 뛰어가 "네가 왕이로구나!" 하고 말했다. "하지만 네 녀석이 나를 죽이기 전에는 이 여인을 신랑에게서 빼앗지 못할 것이다!"

지금까지 길가메시에게 명령을 했던 사람은 단 한 명도 없었다. 그는 엔키두에게 달려들어 맞붙어 싸웠다. 결혼식장은 순식간에 아수라장으로 변했다. 음식이 발밑에서 으깨어지고 두 사람은 피를 흘렸다. 길가메시는 이렇게 힘센 사람을 만난 적이 없었다. 하지만 끝내는 그가 이겼다. 그는 엔키두를 꼼짝 못하게 눕혀 놓고 그 위에 올라탔다. 그러나 길가메시는 싸우느라 너무 지쳐서 이제 손가락 하나 움직일 힘도 없었다. 그는 숨을 헐떡거리며 말했다. "이제부터 우리 친구 하세."

그때부터 엔키두와 길가메시는 친구가 되었다. 또 길가메시는 자신의 백성들을 따뜻하게 대했고 엔키두와 함께 많은 모험을 했다.

한번은 신들의 황소가 하늘에서 도망쳐 땅으로 내려왔다. 황소는 수백 명의 사람을 죽이면서 길가메시의 왕국을 향해 돌진해 왔다. 황소의 힘이 어찌나 세던지 숨을 쉴 때마다 땅에 커다란 구멍이 생길 정도였다. 사람들은 길가메시와 엔키두에게 도움을 요청했고, 엔키두는 황소를 죽여 온 나라를 구했다.

그러나 신들은 엔키두가 자신들의 황소를 죽인 데 대해 몹시 화가 났다. 그래서 그에게 끔찍한 병을 보냈다. 결국 엔키두는 12일 동안 고통으로 괴로워하다가 죽고 말았다.

길가메시는 친구의 죽음을 슬퍼했다. 그는 전 세계가 엔키두의 죽음을 슬퍼하고 눈물을 흘리도록 명령했다. 그 또한 목욕도 하지 않고 아무것도 먹지 않았다. 그는 죽음이 엔키두를 데려갔다는 생각에 참을 수가 없었다. 마침내 그는 영생(영원히 삶)의 비밀을 알아내어 죽음 자체를 정복하기로 결심했다.

길가메시는 이승에서 죽지 않는 유일한 사람인 우트나피시팀Utnapishtim을 찾아가기로 했다. 그는 꼬박 1년하고도 하루를 돌아다닌 끝에 우트나피시팀의 집에 도착했다.

"영생의 비밀이 무엇이오?" 길가메시가 우트나피시팀에게 물었다.

"6일 낮과 7일 밤을 깨어 있을 수 있다면 당신도 영생을 얻을 수 있을 것이오."라고 그는 말했다.

길가메시는 그렇게 하기로 했다. 하지만 어찌된 일인지 곧 잠이 들고 말았고, 7일이 지난 뒤에야 깨어났다. "기회를 한 번만 더 주시오!" 길가메시가 사정했다.

"그렇다면 기회를 한 번 더 주겠소. 바다 밑바닥으로 헤엄쳐 들어가면 바다 속에만 살고 있는 마법의 풀을 찾게 될 것이오. 그것을 찾아 먹으면 당신은 다시 젊어질 것이오."

길가메시는 벌떡 일어나서 자신의 발에 돌을 묶고 바다 속으로 뛰어들었다. 바다 속 깊숙이 들어가자 마법의 풀이 보였다. 그는 마법의 풀을 뜯어서 바다 위로 헤엄쳐 올라왔다. 그러고는 "집에 도착하면 이 풀을 먹어야겠다. 그러면 나는 영원히 살 수 있을 거야." 하고 생각하고 집으로 향하는 머나먼 길을 다시 떠났다.

그러나 어느 날 밤, 길가메시가 잠을 자고 있는 사이에 뱀 한 마리가 그에게 미끄러지듯 다가왔다. 그리고 그 풀을 발견했다. 향기가 너무나 좋아 뱀은 그 풀을 먹어 버렸다. 그러자 뱀에게 신기한 일이 일어났다. 다시 젊어졌던 것이다. 뱀이 허물을 벗는 이유가 바로 여기에 있는 것이다. 뱀은 나이가 들면 주름지고 늙은 피부를 벗고 다시 젊어진다.

그러나 길가메시는 아침이 되어서야 영생을 가져다 줄 마법의 풀이 사라진 것을 알았다. 그는 고향 우루크로 돌아와서 울고 또 울었다. 그는 다른 사람들과 마찬가지로 늙어서 죽었다.

하지만 그의 이야기는 우루크의 아이들에게 전해졌고, 그들의 아이들 또 그 아이들의 아이들에게 전해져 오늘날까지 전해 내려오고 있단다.

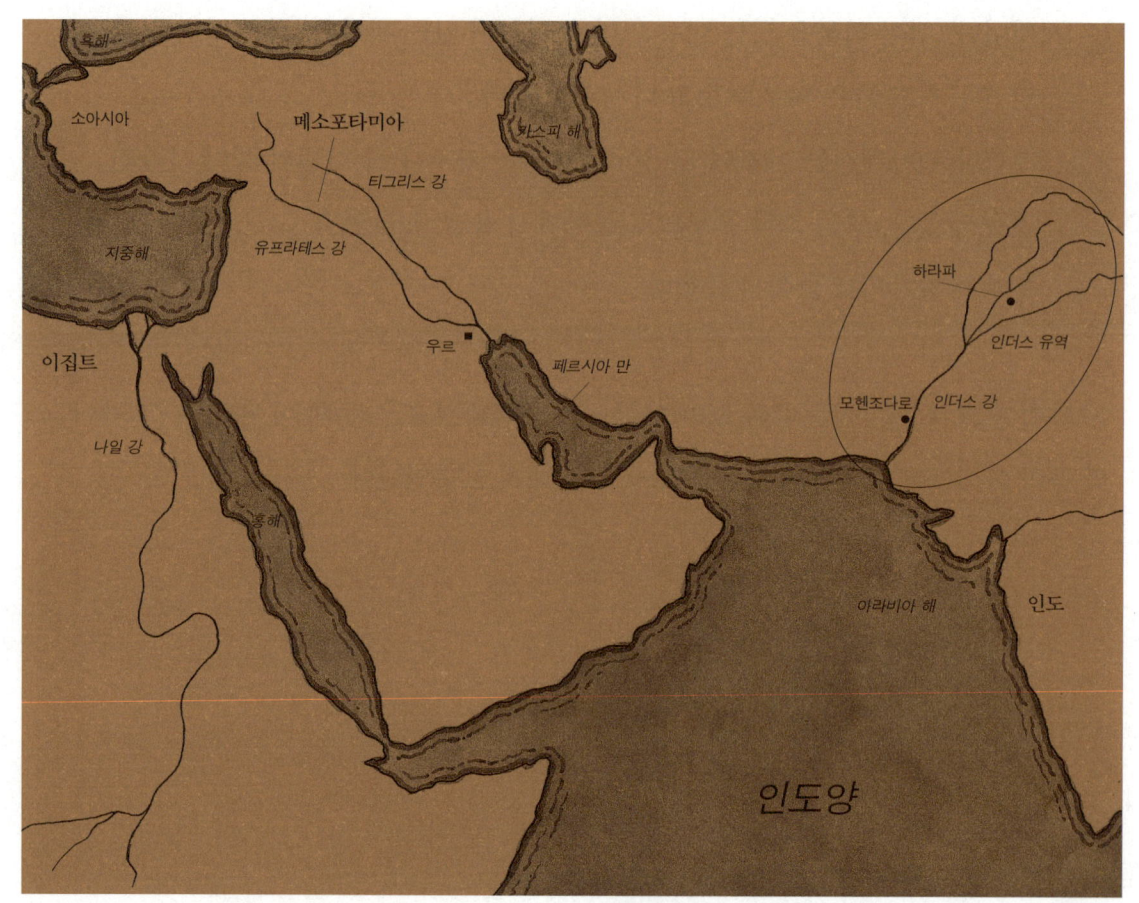

인도의 고대 도시들

제9장 인도의 고대 도시 모헨조다로

무역은 물길을 따라서

이집트 인들은 나일 강가에 터전을 잡고 살았어. 아시리아 인과 바빌로니아 인들은 메소포타미아에 있는 티그리스 강과 유프라테스 강가에 자리를 잡았지. 그런데 고대 사람들은 왜 강 근처에서 살고 싶어 했을까?

강과 가까이 살면 마실 물이나 농작물에 사용할 물을 충분히 얻을 수 있었기 때문이야. 그러나 고대 도시들이 강 가까이에 세워진 또 다른 이유가 있단다. 네가 우르 아래쪽의 고대 메소포타미아에서 살고 있다고 가정해 봐. 그리고 아브람의 이야기에 나왔던 데라처럼 네가 상인이라고 생각해 봐. 너의 올해 밀 수확은 풍년이었지. 그런데 아시리아의 밀은 홍수에 모두 휩쓸렸다는 소식이 들려왔어. 아시리아 사람들이 밀을 사려면 우르 사람들보다 두 배는 더 내야 할 거야. 우르에는 밀이 있지만 아시리아에는 밀이 없기 때문이지. 그래서 넌 아시리아 북쪽 지방을 돌아다니면서 그곳에서 밀을 팔아야겠다고 생각했지. 그렇게 하면 돈을 많이 벌 수 있을 테니까 말이야.

그러면 우르에서 아시리아까지 어떻게 갈 수 있을까? 당시에는 차나 트럭 따위는

무역은 물길을 따라서 **89**

없었어. 무거운 밀을 가져가야 하기 때문에 걸어갈 수도 없는 일이야. 네가 아시리아까지 가려고 한다면 소달구지를 이용해야만 할 거야. 그런데 달구지의 바퀴는 나무로 만들어졌어. 아직 고무가 발명되기 전이었으니까.

나무로 만든 바퀴가 얼마나 오래 버틸 수 있겠니? 우르에서 아시리아로 가는 도중 중간 중간 멈춰서 고치면서 가면 될까? 또 소가 얼마나 빨리 걸어갈 수 있을까? 소의 걸음 속도에 맞춰 아시리아까지 걸어간다면 과연 얼마나 걸릴까?

잠시 메소포타미아 지역에 대해 생각해 보자. 이 지역의 땅은 모래나 바위 천지야. 길을 포장하는 불도저나 도로 포장 기계는 물론 상상도 할 수 없는 때였고! 아시리아로 가는 도중 모랫길도 만나겠지. 모래 위를 걷는다는 게 얼마나 힘든 일이니! 바닷가 모래밭에 가 본 적 있지? 발이 모래 속으로 푹푹 빠지잖아. 나무 바퀴를 달고 무거운 짐을 실은 달구지를 끌고 그런 모랫길을 어떻게 갈 수 있겠어? 바퀴가 모래 속에 빠지고 말 거야. 바위투성이의 땅을 가는 것도 마찬가지지. 달구지가 바위가 많은 땅을 어떻게 갈 수 있겠어? 소달구지를 가지고 아시리아로 가는 일은 아무리 생각해도 쉬운 일은 아닌 것 같아!

우르에서 아시리아로 가는 또 다른 방법은 없을까? 한번 생각해 보자. 밀을 배에 싣고 가는 방법은 어떨까? 우르를 출발해서 유프라테스 강을 따라 페르시아 만에 이르기까지 항해할 수 있어. 그리고 돌아올 때는 티그리스 강을 따라 거슬러 올라오면 돼. 배로 항해를 하면 시간과 노력을 줄일 수 있고 아시리아에도 빨리 도착할 수 있을 거야.

강가에 도시가 생겨난 이유가 바로 이것이지. 먹을 것이나 금속, 나무나 다른 물건들을 강을 통해 배로 실어 나르기가 편했기 때문이야. 무거운 짐을 육지로 끌고 가는 것보다는 물을 통해 가는 것이 훨씬 더 쉬운 일이었어! 그래서 메소포타미아에 있는 도시들은 티그리스 강과 유프라테스 강을 이용해 서로 무역을 했단다.

그리고 그들은 자기들끼리는 물론이고 동쪽에 있는 나라들과도 무역을 했어. 그들이 무역을 했던 나라 중 하나가 인도야. 인도 사람도 강을 길처럼 이용하고 있었어. 그 강은 인더스 강Indus River이었고 인더스 강 주변의 땅을 인더스 유역 Indus Valley이라고 했단다. 인도 사람은 이곳에 정착했어. 그들은 강물을 마시기도 하고 낚시를 하기도 했으며, 농경지에 물을 대기도 했어. 또 배를 타고 인더스 강을 오르락내리락하면서 서로 무역을 할 수도 있었어.

마침내 인도 사람들은 아라비아 해Arabian Sea까지 배를 타고 나갔어. 아라비아 해는 인도 사람들이 한 번도 본 적이 없는 매우 넓은 수역(水域)이었어. 그 당시 사람은 바다는 해안도 없고 끝도 없다고 생각했단다. 하지만 그들은 용감했고 점점 멀리까지 모험을 계속했어. 그리고 마침내 메소포타미아에 있는 도시까지 항해해서 그들과 무역도 할 수 있게 되었지.

인도 사람들이 메소포타미아까지 육지를 가로질러 가려고 했다면 산맥을 넘어야 했을 거야. 하지만 배로 가는 항해는 전혀 어렵지 않았어. 그래서 메소포타미아 사람들처럼 인도 사람들도 인더스 강 근처에 대도시를 건설하고 다른 도시와의 무역을 통해 돈을 벌었단다.

무역은 물길을 따라서 91

모헨조다로의 수수께끼

인더스 유역에 살았던 사람들도 메소포타미아 사람들처럼 도시를 건설했단다. 하지만 인더스 유역에는 제국이라는 것이 없었어. 사르곤이나 함무라비, 샴시아다드처럼 인더스 유역을 하나의 왕국으로 통일하려고 한 위대한 전사가 없었던 거야. 도시들은 모두 독립되어 있었지.

인더스 유역에 살았던 농부는 이집트나 메소포타미아에 살았던 농부와는 다른 생활을 했어. 농부는 곡식을 재배하기도 했지만, 목화나 멜론과 같은 과일을 키우기도 했어. 게다가 농사를 짓는 데 물소와 코끼리를 이용하기도 했단다. 바빌로니아의 농부가, 코끼리를 이용해 목화와 멜론을 거두어들이는 인더스 강 유역의 농부를 보았다면 깜짝 놀랐을 거야.

인더스 유역의 도시들은 도시 외곽을 두르는 커다란 원형의 둑을 쌓았어. 이것을 '성채'라고 했지. 각 성채에는 적이 공격했을 때 피난할 수 있는 요새도 지었어. 성채 주위에 살고 있는 사람들은 딱딱하게 구워 낸 진흙 벽돌로 집을 짓고 살았단다. 매우 편안한 집이었어. 집에는 안마당과 우물 그리고 화장실과 배수구도 있었어. 집 안에서 생활하는 사람들은 물을 길으러 강으로 가는 대신 우물에서 물을 길어 올릴 수 있었지. 커다란 수영장처럼 생긴 큰 대중 목욕탕도 있었던 걸로 보아, 모든 사람들이 깨끗하고 꽤 수준 높은 생활을 했다는 것을 알 수 있어.

게다가 집 안에서 사용하고 버리는 생활 폐수는 하수구를 통해 거리를 지나는 깊은 배수구로 빠지게 했어. 그 도시들 중에는 세계에서 가장 큰 성채 도시들도 몇 개 있었지. 모헨조다로Mohenjo-Daro라는 도시에는 4만여 명의 사람들이 살고 있었단다.

그런데 인더스 유역의 도시에 무슨 일인가 벌어졌어. 사람들은 집과 하수구, 우물과 무너진 성채를 버려 둔 채 도시를 떠나 버렸단다. 모래와 먼지가 서서히 도시를 뒤덮었고, 수백 년이 지나자 그곳에 성채 도시가 존재했다는 사실을 아무도 모르게 되었지.

마침내 고고학자들이 인더스 강 유역의 땅을 파기 시작했어. 그들은 거대한 성채 도시의 유물들을 찾아냈어. 폐허가 된 벽과 성채도 찾아냈지. 그러나 그곳에 살던 사람들이 왜 죽었는지에 대해서는 어떤 실마리도 찾아내지 못했어. 인더스 유역의 사람들이 남겨 놓은 문서를 찾아내기는 했지만 해석할 수 없기 때문에 무슨 뜻인지 알 수가 없어. 그런데 고고학자들은 모헨조다로에서 거리에 누워 있는 해골을 발견했어. 마치 사람들이 길거리에서 죽어 묻히지도 못한 것 같았지.

도대체 성채 도시에 무슨 일이 있었던 것일까? 궁금한데 확실하게 알 수가 있어야 말이지! 하지만 인도 사람들 사이에는 수천 년 전부터 전해 내려오는 고대의 이야기가 있단다. 오래전 성채 도시들이 번성하던 때부터 전해져 내려오는 이야기야. 어쩌면 이 이야기가 실마리가 될지도 몰라. 바로 '사냥꾼과 메추라기' 라는 이야기란다.

옛날에 메추라기 한 무리가 강둑에서 살고 있었다. 그들은 먹고 마실 것이 풍부했지만, 밤마다 그들을 잡으러 나타나는 사냥꾼 때문에 항상 걱정이었다. 사냥꾼은 그물을 가지고 메추라기들 옆으로 살금살금 다가가서 수풀 속으로 뛰어들었다. 메추라기들이 재빨리 푸드덕 흩어지며 날아올랐지만, 가장 가까이 있던 한 마리가 사냥꾼의 그물에 그만 잡히고 말았다. 사냥꾼은 메추라기를 집으로 가져와 저녁 식사로 먹어 버렸다.

어느 날 가장 나이 많은 메추라기가 말했다. "사냥꾼이 와서 우리 중 한 마리만 잡아간다면 큰 문제가 아니다. 하지만 그가 우리 모두를 향해 그물을 던진다면 어찌되겠니? 우리는 도망갈 만큼 충분한 힘을 길러야 해!"

그래서 다음 날 저녁, 메추라기들은 한 무리로 떼를 지어 있었다. 사냥꾼이 수풀에 나타나 메추라기에게 그물을 던지자, 메추라기들은 다 같이 날아올라 사냥꾼의 손에서 그물을 뺏어 멀리 날려 버렸다. 하나로 뭉친 메추라기들은 사냥꾼을 이길 수 있었던 것이다.

메추라기들은 너무 기뻤다! 이제 두려울 게 아무것도 없었다. 메추라기들은 매일 밤 함께 모여서 사냥꾼의 그물을 뺏어 날려 버렸다.

그러나 곧 메추라기들은 그렇게 똘똘 뭉쳐 있는 동안 서로 밀고 찌르게 되었다. "네가 내 발톱을 밟고 있잖아!" 하고 한 마리가 소리치자, "네가 내 깃털을 헝클어 놓았잖아!" 하고 다른 놈이 소리쳤다. "네가 나를 누르고 있어서 숨을 못 쉬겠어!" 또 다른 놈이 불평을 늘어놓았다. 결국 그들은 흩어져 버렸고, 수풀 속에서 기다리고 있던 사냥꾼이 뛰어나와 하나씩 붙잡아 갔다. 집으로 돌아오면서 사냥꾼이 말했다. "뭉쳐 있으면 살지만 흩어지면 저녁거리란 말씀이야!"

이 이야기가 의미하는 것이 뭘까? 어쩌면 서로 떨어져서 독립적으로 지냈던 성채 도시들이 침입자의 공격에 패하고 말았다는 것을 의미할 수도 있어. 모헨조다로에 그런 일이 일어났을 수도 있다는 말이지. 그들이 하나의 왕국으로 통일되었다면 성채 도시들은 오랫동안 유지되었을 거야. 어쨌든 확실히 알려진 것은 아무것도 없단다.

중국의 황허 강과 양쯔 강

제10장 고대의 중국

비단 만들기

티그리스 강과 유프라테스 강 사이의 메소포타미아에 살고 있던 사람들은 자신들이 세계의 중심이라고 생각했단다. 그들은 인도를 동방이라고 불렀어. 그들이 인도로 가기 위해서는 훨씬 동쪽으로 항해를 해야 했기 때문이야. 그들은 인도를 낯설고 먼 곳이라고 생각했지.

그러나 인도보다 훨씬 더 낯설고 먼 나라가 있었어. 바로 중국이야. 아시리아와 바빌로니아 사람들에게 중국은 '극동Far East'이었지. 극동이란 세계의 동쪽 끝에 위치한 나라라는 뜻이야.

중국인들과 비옥한 초승달 지역의 사람들은 서로에 대해 아는 게 거의 없었어. 그런데 지역적으로 뚝 떨어져서 살고 있었지만, 중국인들도 이집트 인이나 바빌로니아 인, 아시리아 인들처럼 강을 가까이 두고 살았단다. 고대 사람들은 생존을 위해 강이 필요했던 모양이야!

처음에 중국 사람들은 황허 강과 양쯔 강이라는 두 강 사이에서 살고 있었어. 강 사이의 그 지역을 황허 강 유역이라고 해. 최초의 중국 사람들은 황허 강 유역에 정착해서 농사를 지었단다. 습기가 많은 땅에서는 벼가 잘 자랐기 때문에 주로 벼농사를 지었어.

처음에 중국 사람들은 메소포타미아 사람들처럼 개별적으로 독립된 마을을 이루며 살았어. 그러나 결국 위대한 지도자가 나타나서 황허 강 유역의 여러 마을들을 하나의 왕국으로 통합시켰단다. 중국의 여러 마을을 통일한 지도자가 바로 황제(黃帝)라는 사람이야. 그는 아주 오래전에 살았던 사람이라서 우리는 그에 대해 아는 것이 거의 없단다. 하지만 그가 통치하던 시대에 대한 이야기는 많이 알려져 있어. 전설에 의하면 이 황제가 처음으로 약을 발견해서 중국 사람들에게 병을 치료하는 법을 알려주었다고 해. 또한 그의 아내이자 왕비인 누조(嫘祖)는 누에고치로 비단실을 만들 수 있다는 사실을 발견했어.

어느 날 왕비 누조가 정원의 뽕나무 아래 앉아 있었다. 궁전 밖은 무역을 하는 대상들의 소리에 딸각거리는 낙타의 발굽 소리, 사탕, 보석, 차를 파는 거리 상인들의 외치는 소리가 뒤섞여 시끌벅적했다. 하지만 담으로 둘러싸인 누조의 정원은 조용하고 평화로웠다. 산들바람이 그녀 위에 있는 뽕나무 잎사귀를 흔들었다.

"게 있느냐?" 왕비는 시녀를 불러 말했다. "내 점심을 이곳으로 가져오너라. 오늘은 정원에서 점심을 먹고 싶구나!"

시녀는 곧 왕비가 좋아하는 마늘과 생강을 버무린 거북이 고기와 설탕에 절인 과일과 밥, 뜨거운 김이 나는 향긋한 차를 내왔다. 누조는 차를 따를 때 퍼지는 향기를 맡으며 깊은 숨을 들이쉬었다. 그러고는 잔을 입에 갖다 댔다. 그때였다. 코 앞에서 무언가가 잔 속으로 퐁당 빠졌다!

누조는 잔을 들여다보았다. 작고 둥글고 하얀 뭔가가 뜨거운 차 속에 둥둥 떠 있었다. 왕비는 뽕나무 가지를 올려다보았다. 거기에는 수백 개의 작고 하얀 고치들이 왕비의 머리 위에 대롱대롱 매달려 있었다. 누에고치였다. 고치 안의 누에는 나방으로 변해 곧 고치를 뚫고 날아갈 것이었다.

"얘야, 이것 좀 봐. 누에고치가 내 찻잔으로 떨어졌어!" 하고 누조가 말했다.

"새 잔을 가져다 드리겠습니다, 왕비님." 시녀가 대답하며 발걸음을 옮겼다.

"잠깐만……." 누조가 시녀를 불렀다. 누조는 잔에 빠진 고치를 조심스럽게 꺼냈다. 고치의 안에서는 누에를 10만 번은 감을 수 있을 정도로 길고 가늘고 반짝거리는 실이 만들어진 것 같았다. 뜨거운 물 때문에 고치가 풀리기 시작했다. 누조는 실 끝을 살짝 잡고 길게 더 길게 계속해서 잡아당겼다. 그녀는 자리에서 일어나 실을 끌면서 정원을 걸어 다녔다. 실은 굉장히 길어서 정원을 열두 바퀴나 돌아야 했다. 또 너무나 가벼워서 바람에 흔들거렸고, 녹은 은처럼 햇빛에 반짝거렸다. "이것으로 옷을 짤 수 있다면!" 누조는 감탄했다. "황제 폐하를 위해 멋진 옷을 지을 수 있을 텐데……."

"하지만 너무 가늘어서 천으로 짤 수가 없겠는데요!" 하고 시녀가 말하자 왕비가 말했다.

비단 만들기 99

"다른 고치를 가져와 봐라. 다른 실도 풀어 보자꾸나."

오후 내내 왕비와 시녀는 누에고치에서 가늘고 반짝이는 실을 풀었다. 그러고는 누에고치의 실이 목화 실만큼 두껍게 될 때까지 실을 꼬아 나갔다. 어느 정도 실이 만들어지자 왕비는 길쌈(천을 짜는 일)하는 여자를 불렀다.

"이 실을 가지고 천을 짤 수 있겠느냐?"

"이런 실은 난생처음 봅니다!" 길쌈하는 여자가 감탄하며 말을 이었다. "이 실은 머리카락만큼 가늘지만 꽃잎만큼이나 부드럽군요." 그녀는 실을 가지고 가서, 햇빛에 반짝이는 물처럼 영롱하게 빛나는 천을 짰다. 누조는 그 천을 가지고 남편인 황제를 위해 옷을 만들었다. 황제는 그 옷을 보자 숨이 막힐 정도로 감탄했다.

"이제부터 이 천을 비단Silk이라고 부를 것이다. 이렇게 아름다운 천을 만드는 비법이 절대로 궁전 밖으로 새어 나가서는 안 된다. 왕실 가족만이 누에고치로 만든 이 소중한 보물에 대해 알게 될 것이다."

그래서 그때부터 누조와 그녀의 시녀들은 비단이라고 하는 아름다운 천을 만들게 된 거야. 그들은 누에를 쟁반에 놓고 뽕잎을 주면서 키웠어. 그리고 누에가 고치를 만들기를 기다렸다가 귀중한 비단실을 만들기 위해 조심스럽게 고치를 풀었지. 중국은 곧 비단으로 유명하게 되었어. 그러나 세상의 어느 누구도 비단 만드는 비법을 알지 못했단다.

은나라의 상형 문자

오늘날 황제나 그를 따랐던 통치자들에 대해 확실하게 알려진 것은 거의 없어. 그들이 자신들의 제국에 대해 문서화된 어떤 기록도 남겨 놓지 않았기 때문이야. 고대 중국에 대해 우리가 알고 있는 것이라고는 수백 년에 걸쳐 입에서 입으로 전해져 내려온 이야기나, 전설을 통해 알려진 것들뿐이란다. 이야기 중에서 어떤 부분이 사실인지, 더 재미있고 흥미진진하게 만들기 위해 어떤 부분이 덧붙여졌는지는 알 수 없어.

중국인들이 황허 강 유역에서 살았고 벼농사를 짓고 누에를 키웠다는 것과 적의 공격으로부터 스스로를 지켜 내려고 애썼다는 것은 잘 알려져 있는 사실이야. 또 황제 이후 수백 년이 지난 뒤 새로운 지도자가 권력을 얻게 되었다는 것도 알고 있어. 그의 이름은 탕(湯)이었고, 은(殷) 집안의 사람이었단다. 이 집안이 이후 5백 년 동안 황허 강 유역을 통치했지. 중국에서 이 시기를 은 왕조라고 해. 왕조란 아버지가 아들에게, 형이 동생에게, 삼촌이 조카에게 왕위를 물려주면서 오랜 세월 동안 한 집안이 하나의 나라를 지배하는 형태를 말해.

그 이전의 통치자들에 비해 은 왕조에 대해서는 많은 것이 알려져 있어. 은 가문이 통치하는 동안 중국은 청동을 사용하기 시작했어. 그들은 청동으로 무기와 바퀴, 농기구를 만들었단다. 청동으로 만들어진 연장과 무기들은 나무로 만들어진 연장들처럼 썩어서 없어지지 않지. 수천 년 뒤에 고고학자들은 은 시대의 폐허 속에서 묻혀 있던 청동 연장과 무기를 찾아냈어. 청동 무기는 은 왕조 때의 중국인들이 활과 화살로 싸우는 법을 알고 있었다는 사실을 말해 줘. 그들은 적을 공격할 때 전차를 사용했으며, 자신을 보호하기 위해 방패와 갑옷으로 무장했어. 또한 농기구는 그들이 벼는 물론 밀과 뽕나무를 재배했으며 농사를 짓기 위해 말이 끄는 쟁기도 사용했다는 것을 말해 주고 있어.

그러나 은 왕조가 우리에게 남겨 준 것은 그게 다가 아니야. 은 왕조가 통치하는 동안 중국인들은 처음으로 글자를 사용하기 시작했어. 그들은 글자를 수천 년 동안 보존할 수 있는 뼈나 청동판에 새겨 두었기 때문에 오늘날에도 우리가 그 글을 읽을 수 있어.

최초의 중국 글자는 그림으로 이루어져 있었단다. 이 특별한 그림을 '상형 문자 pictograms'라고 해. 'picto'는 '그림'을 뜻하고, 'gram'은 '문자'를 뜻하지. 다시 말해 상형 문자란 그림처럼 보이는 글자란 뜻이야. 예를 들면 '태양'을 의미하는 상형 문자는 이런 거야.

이것은 태양 빛이 양쪽으로 빛나는 태양의 그림이야. '물'을 나타내는 상형 문자는 다음과 같아.

물결이 보이는 것 같니?

다음은 '집'을 의미하는 은 왕조 시대의 상형 문자야.

다음은 '활과 화살'을 의미하는 상형 문자란다.

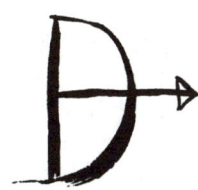

'병사'를 의미하는 상형 문자는 약간 복잡해.

은나라의 상형 문자

이 병사는 한쪽에는 도끼가 있고 다른 쪽에는 칼이 달려 있는 도끼 창이란 무기를 가지고 있는 모습이야. 중국인들은 이러한 상형 문자를 사용하여 간단한 편지를 쓰기도 했단다.

황허 강의 범람과 벼농사

고대 중국에 살고 있던 사람들은 대부분 농부였어. 그들은 돼지와 닭, 소 같은 동물을 키웠단다. 이집트와 메소포타미아 사람들처럼 곡식을 재배하기도 했지. 하지만 중국인들은 이집트 사람과 메소포타미아 사람이 키울 수 없었던 곡식을 재배했어. 바로 쌀이라는 것이야!

쌀은 물이 많은 땅에서만 자랄 수 있어. 이집트와 메소포타미아의 땅은 메말랐기 때문에 벼농사를 짓기에 적합하지 않아. 그러나 중국의 황허 강 근처의 농경지는 여러 달 동안 물기가 많은 상태로 있어서 벼가 잘 자랄 수 있었지.

7살 먹은 친이라는 아이가 있었어. 친은 중국 고대 시대 벼농사를 짓는 아버지와 어머니, 할아버지와 어린 여동생과 함께 살고 있었지.

어느 봄날 아침, 친은 해가 뜨기도 전에 잠에서 깨어났다. 가족들이 모두 함께 자고 있는 방은 아직 어두웠다. 그러나 친은 너무 흥분해서 다시 잠들 수가 없었다. 오늘 처음으로 아버지와 함께 논에 일하러 가기로 되어 있었기 때문이다. 친은 비가 오지 않기를 바랐다. 하지만 창문을 덮고 있는 빳빳한 종이 때문에 밖을 볼 수 없었다.

친은 일어나서 바닥에 깔린 요 위에서 자고 있는 부모님과 할아버지, 여동생을 지나 살금살금 밖으로 나갔다. 그가 문을 열고 계단에 서자 황허 강이 흐르는 소리가 들려왔다. 강은 봄비 때문에 평상시보다 물이 불어나 더욱 세차게 흐르고 있었다. 그 소리가 어찌나 크던지 친의 마을 사람들은 몇 리 밖에서도 그 소리를 들을 수 있었다.

친은 하늘을 올려다보았다. 하늘은 아름답고 청명한 분홍빛으로 변하고 있었고, 봄바람이 살랑살랑 불고 있었다. 아름다운 날이 될 것 같았다. 집 뒤에서 땅을 헤집으며 꿀꿀거리는 돼지 소리와 닭들이 닭장 모서리를 긁고 있는 소리가 들려왔다. 친은 아침마다 돼지 세 마리와 닭 네 마리에게 먹이 주는 일을 했다. 그는 아버지가 일어나기 전에 가축에게 먹이를 줘야겠다고 생각했다. 그러면 모든 헤드렛일이 다 끝나는 것이었다.

친은 가축에게 먹이를 주고 난 뒤 손을 씻고 머리를 빗고 옷을 갈아입었다. 이불도 가져다가 밖에 널었다. 그러고는 아버지의 이불 옆에 무릎을 꿇고 앉아 작은 소리로 말했다. "아버지, 안녕히 주무셨어요? 물이나 음식을 좀 가져다 드릴까요?" 아침마다 친은 이렇게 했다. 아버지에게 부족한 것이 없도록 신경 쓰는 일은 장남인 친의 의무이기도 했다.

친의 아버지는 눈을 뜨고 웃으며 말했다. "벌써 일하러 나갈 준비가 되었니?"

"지금 당장 갈 건가요?" 친은 들뜬 목소리로 물었다.

"아니, 밥을 먹고 차를 마실 때까지 기다려라!" 친의 아버지가 일어나면서 말했다.

친은 문 옆에서 초조하게 기다렸다. 어머니는 쌀을 빻아 가루를 만들었다. 저녁으로 작고 달짝지근한 떡을 만들기 위해서였다. 친의 어린 여동생은 마루에 앉아서 가장 좋아하는 헝겊 인형을 가지고 놀고 있었다. 드디어 아버지가 아침 식사를 끝냈다. 아버지는 강 쪽으로 나 있는 논으로 친을 데리고 갔다.

몇 주 전 황허 강이 논으로 범람했다. 친의 키보다 더 높게 물이 넘쳐흘렀다. 물은 강바닥에 있던 부드럽고 비옥한 진흙을 논에 남겨 놓은 채 강으로 빠져나갔다. 하지만 아직도 논에는 발목까지 찰 정도로 물이 남아 있었다.

"이 볍씨가 보이니?" 친의 아버지가 물었다. "오늘 이 볍씨를 논에 뿌릴 거다. 네가 할 일은 내가 볍씨를 뿌리는 동안 논에 있는 돌멩이를 골라내는 일이란다." 친은 바지를 걷어 올리고 논으로 들어갔다. 물은 얼음처럼 차가웠다. 처음에는 너무 차가워서 발이 시릴 정도였다. 발은 점점 감각을 잃어 갔다. 돌멩이를 골라내려면 손을 물속에 담가야 했다. 손가락도 곧 뻣뻣해졌다. 그러나 친은 꾹 참고 계속 일했다. 친의 앞에서 볍씨를 뿌리고 있는 아버지는 쉬지도 않고 계속 일하고 있었다. 친은 아버지만큼 열심히 일하겠다고 결심했다. 해가 점점 더 높이 떠올랐다. 친의 등과 머리는 햇볕을 받아 따뜻해졌지만, 손과 발은 추워서 욱신거렸다.

드디어 아버지가 논 밖으로 친을 불러냈다. "오늘 아침에는 네가 어른만큼 일을 했구나! 점심 먹으러 집으로 가자." 아버지가 말했다.

친은 아버지를 따라 집으로 향했다. 돌멩이를 골라내느라 내내 허리를 구부리고 있었기 때문에 등은 쑤셨고, 손발은 차가운 진흙으로 범벅이 되어 있었다. 하지만 친은 자신이 해 낸 일이 무척 자랑스러웠다.

어머니는 그런 친을 따뜻하게 맞아 주었다. 그날 점심으로는 아주 특별한 날에나 먹을 수 있는 고기 요리가 올라왔다. 아버지도 친의 언 몸을 녹여 주기 위해 김이 나는 뜨거운 차를 한 잔 따라 주었다. 친은 흙으로 된 난로 옆에 앉아서 차를 마시며, 할아버지가 해 주는 대홍수에 관한 옛날이야기를 들었다. "내가 어렸을 때의 일인데 말이다……. 봄비가 내리고 또 내리고 며칠 동안 계속 내리더니, 마침내 황허 강이 둑으로 넘쳐흐르고 말았단다. 농경지만 침수된 것이 아니었어. 엄청나게 밀려드는 홍수가 우리 집은 물론 마을 전체를 휩쓸어 버렸지. 우리는 집 없는 신세가 되고 말았단다!"

친은 두려움에 몸을 떨며, 만약 자신에게도 그런 일이 벌어진다면 어떻게 해야 할까 생각에 잠겼다.

'비옥한 초승달 지역'의 인류 첫 도시들과 초기 문명 / B.C. 6000년경

제11장 고대의 아프리카

초원에서 사막이 된 사하라

넌 이 책의 앞부분에서 티그리스 강과 유프라테스 강 사이의 비옥한 초승달 지역에 정착했던 유목민에 대해 읽었어. 이 지역의 지도를 펴고 두 강 사이에 정확히 손가락을 올려놓은 뒤 오른쪽으로 이동해 봐. 그러면 수메르 인과 바빌로니아 인, 아시리아 인들이 살았던 땅을 지나게 되고, 아마 모헨조다로가 있었던 인도의 위쪽 지방도 지나게 될 거야. 그리고 계속 오른쪽으로 손가락을 움직이면 친과 그의 가족이 황허 강 유역에서 농사를 지었던 중국에 이르게 될 거야.

이번에는 비옥한 초승달 지역에 손가락을 올려놓고 왼쪽으로 이동해 봐. 그러면 파라오가 살았던 이집트와 나일 강에 이르게 될 거야. 우리는 이미 이집트의 역사에 대해서 꽤 많은 것을 알고 있어. 이집트 사람이 보물이나 일상용품을 포함하여 수천 가지의 유물을 남겨 놓았기 때문이야. 고고학자들은 그 유물을 찾아내서 고대 이집트에 대해 더 많은 것을 알아내는 데 사용하고 있어. 게다가 이집트 사람은 돌판에다 글을 써서 남겨 놓기도 했잖아. 역사학자들은 이 판의 글을 해독하여 고대 이집트의 역사를 쓸 수 있었어.

그러나 손가락을 나일 강 아래로 움직여 보면 이집트가 많은 나라들로 이루어진 큰 대륙의 일부분에 지나지 않는다는 것을 알게 될 거야. 이 대륙이 바로 아프리카Africa란다.

아프리카 사람은 문서로 된 기록도, 수천 가지 유물도 남겨 놓지 않았어. 그래서 우리는 고대 이집트에 대해 알고 있는 것에 비해 고대 아프리카에 대해서는 아는 것이 별로 없어. 한 가지 확실한 것은 아주 오래전부터 아프리카에도 사람이 살고 있었다는 사실이야.

나일 강에서 왼쪽으로 더 가면 사하라 사막Sahara Desert이라고 하는 광활한 사막에 이르게 돼. 오늘날 사하라 사막은 난로처럼 뜨겁고 건조해. 땅은 갈라지고 바짝 말라 있지. 모래가 쇠처럼 단단한 땅 위로 날아와 모래 언덕이라고 하는 커다란 퇴적물을 만들었어. 물은 오직 오아시스에서만 구할 수 있지. 사막 가운데 물이 고여서 대추야자나무 몇 그루가 자랄 수 있는 곳이 바로 오아시스야. 때로는 오아시스 주위에 작은 마을이 자리 잡기도 해. 그들은 물을 많이 필요로 하지 않는 양이나 낙타, 염소와 같은 사막 동물을 키우기도 하고, 대추야자나무에서 열리는 대추야자를 먹기도 해. 어떤 때는 몇 가족이 나무 하나를 공동으로 소유하는 경우도 있단다.

사하라 사막에서 산다는 것은 어렵고도 위험한 일이야. 그러나 아주 오래전에 아프리카의 이 지역은 사막이 아니었단다. 물과 나무로 가득한 초록의 비옥한 땅이었지. 지금은 바위투성이의 건조한 골짜기뿐인 이곳에 강과 계곡이 있었고, 지금은 모래만 날리고 있는 이곳에 한때는 풀이 무성했다는 거야. 가젤과 영양 무리들이 푸른 초원을 거닐고, 물고기와 악어, 하마가 강에서 헤엄치고 있었다고 해. 들소와 양은 숲에서 살았대. 사하라에 살던 사람들도 비옥한 초승달 지역에 살던 사람들처럼 농사를 지으면서 야생 동물을 사냥하고 식용으로 키우기도 했단다.

그런데 이런 일들을 어떻게 알 수 있을까? 사하라 사막의 단단한 먼지를 파 내려가던 고고학자들은 고대의 나무에서 나온 꽃가루와 풀씨, 꽃씨를 발견했어. 그런 나무나 꽃은 오늘날 사하라 사막의 어디에도 자라지 않는 것들이야. 옛날 아주 오래전에 그 나무와 꽃은 씨앗만 남겨 놓고 사라져 버린 거지. 고고학자들은 사하라에서 살았던 동물의 뼈도 발견했어. 이것은 사하라에 그 당시 동물이 먹을 물이 충분했다는 사실을 뒷받침해 주는 거야. 사하라 사막의 어느 마을에 살았던 사람들은 바다거북을 먹기도 했던 것 같아! 또 먹기 위해 깨부순 조개껍데기도 수백 개나 나왔어. 어떤 마을 사람들은 기린을 잡아먹기도 한 것 같아. 머리만 빼고 말이지!

아프리카의 고대 사람들도 그림을 남겨 놓았어. 그들은 자신들의 생활 모습을 동굴 벽에다 그려 놓았지. 이 그림을 통해 우리는 농작물을 재배하고 동물을 돌보면서 살았던 그 당시 남자들의 모습을 볼 수 있어. 그리고 아름다운 옷을 입고 길들인 소를 타고 있는 여인들의 모습도 볼 수 있지. 그 그림들을 통해 우리는 당시 사하라에서 살던 사람들의 생활 방식을 알 수 있단다.

그런데 사하라에 무슨 일이 생겼던 모양이야. 오랫동안 비가 오지 않아서 풀과 나

아프리카의 동굴 벽화

사하라 사막 가운데, 타실리-나제르 고원(알제리)이란 곳에 남아 있는 동굴 벽화란다. 사람들이 소를 풀어 놓고 서로 이야기를 주고받고 있는 것 같지? 이 벽화에는 안 나와 있지만 코끼리와 기린 같은 야생 동물, 소를 이용해 농사 짓는 모습, 사냥하는 모습 등도 표현되어 있는 벽화도 있어. '타실리-나제르' 란 이름의 뜻도 '강이 흐르는 평원' 이라고 한단다. 이 지역에는 사암으로 된 골짜기가 많은데 거기에 이 같은 동굴 벽화가 수천 개나 그려져 있대. 한번 가 보고 싶지 않니?

무가 시들어 죽어 가기 시작했고, 결국 땅이 말라 먼지와 모래 외에는 아무것도 남지 않게 되었어. 강물은 더 이상 흐르지 않았고 계곡도 사라져 버렸단다. 동물들은 물과 먹을 것이 남아 있는 아프리카의 남쪽 지방으로 멀리멀리 떠났어. 사하라에 살던 사람들도 역시 남쪽을 향해 떠났단다. 그들은 몇 주 동안 떠돌아다니다가 아프리카의 한가운데에 이르게 되었어. 그곳에서 그들은 호수와 강 근처에 자리를 잡고 새로운 생활을 시작했지. 그리고 앞에서 말한 대로 사하라는 황량한 사막으로 변해 버렸단다.

이때부터 아프리카는 넓고 위험한 사막을 기준으로 분리되었지. 위쪽으로는 지중해 해안을 따라 메소포타미아와 이집트 사람들이 아프리카 북쪽 지방에 정착하여 살게 되었어. 그리고 사하라 사막 아래쪽에는 아프리카 사람들이 수백 년 동안 평화롭게 살았단다. 그들 사이에 존재하는 거대한 사막 때문에 고대 역사에서 분리된 채 말이야.

아난시와 거북

아프리카에 살던 고대 사람은 미라나 진흙판과 같은 유물을 남기지 않았어. 그러나 사람들의 입에서 입으로 전해져 내려오는 이야기를 남겨 놓았단다.

아프리카의 이야기꾼들이 좋아하는 주인공 중에 거미 아난시Anansi가 있어. 아난시는 가끔 속임수를 쓰기도 했는데, 때로는 자신의 속임수에 스스로 넘어가는 경우도 있었단다. 사실 아난시가 거미가 된 것도 이 속임수 때문이야. 아난시와 그의 친구 거북에 대한 이야기가 있어. 이것은 사하라 사막의 남쪽에 있는 서아프리카의 나라인 나이지리아의 요루바Yoruba 사람들 사이에서 전해져 내려오는 이야기야. 이야기 속에서 아난시는 배가 고파서 맛있는 참마를 저녁밥으로 먹기로 했어. 참마는 감자만 한 크기에 코코넛처럼 껍질이 단단한 뿌리를 가진 식물이야. 아프리카 사람들은 수천 년 동안 땅에 참마를 심어 왔단다.

거미 아난시는 배가 고팠다. 아난시는 뜰에서 가장 통통한 참마 몇 개를 파내어 진흙으로 만든 화덕에 조심스럽게 구웠다. 이제 꺼낼 때가 되었다. 참마의 냄새가 너무나 좋아서 아난시는 참을 수가 없을 지경이었다.

그런데 식사를 하려고 자리를 잡았을 때 거북이 한 마리가 엉금엉금 기어왔다. 그 당시 아난시와 거북이는 친한 친구였다. 하지만 아난시는 자기가 먹을 참마와 거북이를 번갈아 보면서 이런 생각을 했다. '내가 먹을 참마뿐인데! 거북이가 반을 먹어 버린다면 나는 배불리 먹지 못할 거야!'

"이봐, 아난시!" 거북이가 말했다. "참마 냄새가 정말 끝내 주는걸! 네 집까지 하루 종일 기어오느라고 점심도 못 먹고 저녁도 못 먹었어. 네 참마를 나눠 먹어도 되겠지?"

아프리카에서는 손님과 식사를 같이 하는 것이 관습이었다. 그래서 아난시는 거절할 수가 없었다. 그는 뿌루퉁해서 말했다. "내 참마를 자네와 같이 먹게 돼서 기쁘군. 앉아서 마음껏 들게나."

거북이는 자리를 잡고 앉아서 가장 통통한 참마를 집으려고 했다. 그때 아난시가 소리쳤다. "잠깐! 그 더러운 발로 먹으려는 건가? 이봐, 친구! 먼저 씻어야 한다고 생각지 않나?"

사실이 그랬다. 거북이는 하루 종일 기어왔다. 거북이는 물이란 물은 구경조차 할 수 없었기 때문에 더러운 모래투성이였다. 거북이 자신이 보기에도 발이 정말 더러웠다.

"어디서 씻지?" 거북이가 물었다.

"강에 가서 씻고 오게나. 그리 멀지 않아. 여기서 1킬로미터도 안 돼."

불쌍한 거북이! 그는 일어나서 발을 씻기 위해 강까지 엉금엉금 기어갔다. 그러나 그가 돌아왔을 때 참마는 절반이 사라진 뒤였다. 아난시는 입이 불룩해서 말했다. "미안하네. 자네가 너무 오래 걸려서 내가 먼저 먹기 시작했다네. 하지만 이리 와서 조금이라도 먹어 보게."

거북이는 참마를 집으려고 발을 뻗었다. 하지만 그의 발은 강에서 돌아오는 길에 다시 더러워져 있었다. "거북 친구!" 아난시가 다시 소리쳤다. "가서 씻고 오라고 내가 말하지 않았나? 식탁을 더럽히지 말라고!"

거북이는 다시 씻으러 힘들게 기어갔다. 그리고 이번에는 느릿느릿 조심스럽게 풀 위를 기어 돌아왔다. 거북이는 식탁에 앉아 깨끗한 발을 뻗어 참마를 먹으려 했다. 그런데 참마는 이미 마지막 부스러기마저 사라진 뒤였다. 거북이는 텅 빈 접시를 슬프게 쳐다보았다.

"음……." 잠시 뒤 거북이가 말했다. "아난시, 식사에 초대해 줘서 고맙네. 다음에는 내 집으로 오게나. 같이 저녁을 먹기로 하세."

거북이는 고픈 배를 움켜쥐고 엉금엉금 기어 집으로 돌아갔다.

며칠 뒤, 아난시는 강둑에 있는 거북이의 집으로 향했다. "거북이가 저녁 먹으러 오라고 말했었지! 거북이의 집에서 저녁을 먹어야겠군." 그는 문을 두드리면서 소리쳤다. "거북이 안에 있나! 저녁 먹으러 왔다네!"

거북이는 문을 열었다. 그리고 눈을 껌벅이며 아난시에게 말했다. "저녁 준비가 다 되었네. 저 아래로 함께 가세." 그러고는 아난시를 강가로 데려갔다. "강바닥에 식탁을 차려 놓았다네. 물속으로 들어가서 함께 식사를 하도록 하세." 이렇게 말하고 거북이는 물속으로 미끄러지듯 들어가더니 강바닥으로 헤엄쳐 내려가 음식을 먹기 시작했다.

아난시는 강둑에서 왔다 갔다만 했다. 처음에는 아난시도 물속으로 뛰어들려고 해 보았다. 그러나 몸이 너무 가벼워서 물 위로 다시 떠올라 버렸다. 헤엄쳐서 내려가려고도 해 보고, 가라앉아 보려고도 했지만 아무 소용이 없었다. 아래 물속에서는 거북이가 맛있게 음식을 먹고 있는 모습이 보였. 마침내 아난시는 자신의 작은 코트 주머니에 자갈을 가득 채운 뒤 물속으로 뛰어들었다. 아난시는 돌멩이처럼 가라앉았고, 거북이가 맛있는 음식을 먹고 있는 강바닥까지 가게 되었다.

거북이가 접시를 내밀며 말했다. "여기 있네, 먹어 보게. 그런데 아난시, 우선 코트를 벗게나. 식탁에서 코트를 입고 있는 건 예의가 아니지!"

아난시는 코트를 벗었다. 코트 소매에서 팔을 빼자마자 그는 물 위로 다시 떠올라 버렸다. 그가 물속으로 머리를 들이밀어 보니 거북이가 마지막 남은 음식을 먹어 치우고 있었다.

"저녁밥 고마웠네, 거북 친구." 아난시는 뿌루퉁해서 말했다. 그러고는 강둑으로 헤엄쳐 갔다. 온몸이 젖어서 축축하고 배는 몹시 고팠다. 아난시는 저녁도 얻어먹지 못한 채 집으로 돌아가야만 했다.

교훈 : 주는 만큼 받는다.

아난시와 상상 속의 음식

아난시에 관한 또 다른 이야기가 있어. 이 이야기는 먹을 게 부족하고 강과 계곡이 말랐을 때에 관한 거야. 그러니까 아프리카 사람들이 푸른 초원을 향해 사하라를 떠났던 그때부터 전해져 내려오는 이야기란다.

너무 오랫동안 비가 오지 않아 농작물은 모두 시들어 죽고 동물들은 굶주리고 있었다. 아난시와 마을 사람들도 배가 고팠다. 태양은 종일 내리쬐고 파란 하늘에는 구름 한 점 없었다.

마침내 아난시가 입을 열었다. "누군가 먹을 것을 구하러 가지 않는다면 우린 모두 굶어 죽고 말 거야! 내가 가서 먹을 것을 좀 구해 와야겠어."

아난시는 길을 떠났다. 그는 날이 저물 때까지 걷고, 또 밤새도록 걸었다. 날이 밝아 올 무렵, 그는 저 멀리 보이는 마을의 굴뚝에서 연기가 피어오르는 것을 보았다.

걷고 또 걸어서 마을에 도착한 아난시는 입이 그만 떡 하고 벌어졌다. 마을이 카사바로 가득했다. 카사바란 커다란 감자처럼 생긴 뿌리를 가진 채소이다. 아난시는 참마만큼이나 구운 카사바도 좋아했다. 그런데 이상하게도 마을에는 사람이 보이지 않았다. 거리를 걸어 다니는 것도, 집 앞 계단을 청소하는 것도, 야자나무 아래에 앉아서 서로 이야기를 나누고 있는 것도 모두 카사바였다. 카사바는 아난시를 보자 일제히 일어났다.

"손님이다! 손님이 오셨다!" 그들이 말했다. "구운 카사바를 드시겠습니까? 아니면 삶은 것도 있고, 튀긴 것도 있습니다."

"저……, 저는 아무것이나 상관없어요." 아난시는 더듬거리며 말했다.

"구운 걸 드세요!" 카사바들은 일제히 이렇게 소리치며 차례차례 불 속으로 뛰어들었다. 드디어 맛있게 구워진 카사바가 아난시 앞에 늘어섰다. 그가 첫 번째 카사바를 막 한 입 베어 먹으려는 순간이었다. 저 멀리 다른 곳에서 모락모락 연기가 올라오는 것이 보였다.

"저건 뭐죠?" 아난시가 물었다.

"아, 저건 바나나 마을이에요." 카사바가 대답했다. "우리를 먹지 않을 건가요?"

아난시는 구운 카사바보다 구운 바나나를 훨씬 더 좋아했다. 그래서 제발 자신들을 먹어 달라고 애걸하는 카사바들을 내버려 두고 바나나 마을로 뛰어갔다.

그는 몇 시간이나 걸려서 바나나 마을에 도착했다. 그는 덥고 목도 마르고 배도 매우 고팠다. 하지만 바나나들이 그를 맞이하기 위해 달려 나왔다. 작은 아기 바나나는 그의 발 주위를 돌며 춤을 추었고, 큰 바나나는 기뻐서 펄쩍펄쩍 뛰었다. "어떻게 요리해 드릴까요?" 바나나가 물었다. "구운 것도 있고, 삶은 것도 있고, 튀긴 것도 있습니다."

"알아서 해 줘요!" 아난시가 말했다.

"튀겨 드리지요!" 바나나들이 환호했다. 그들은 커다란 기름 단지 속으로 차례차례 뛰어들더니 아난시가 먹을 수 있도록 늘어섰다. 그런데 아난시가 첫 번째 바나나를 입속에 넣으려고 하는 순간이었다. 또 저 멀리에서 연기가 모락모락 피어오르는 것이 보였다.

"저건 뭐죠?" 그가 물었다.

"아, 저건 쌀 마을입니다. 그런데 저희를 안 먹을 겁니까?" 바나나가 말했다. 그랬다. 아난시가 구운 카사바보다, 구운 바나나보다 훨씬 더 좋아하는 것이 있다면 그것은 바로 한 그릇 가득 담긴 쌀밥이었다. 그래서 아난시는 자신들을 먹어 달라고 애원하는 바나나들을 단호히 뿌리치고 일어나 쌀 마을을 향해 걷기 시작했다.

그가 쌀 마을에 도착했을 때는 해가 뉘엿뉘엿 지고 있었다. 아난시는 배가 너무 고파서 제일 먼저 그를 맞으러 나온 작은 쌀 알들을 움켜쥐고 그냥 먹으려 했다. 그러자 다른 쌀 알들이 앙앙거렸다. "안 돼요, 안 돼! 우리는 우리가 요리할 겁니다! 어떻게 해 드릴까요? 구운 것과 삶은 것, 튀긴 것이 있습니다."

"아무거나 줘!" 아난시가 투덜거리며 말했다. "제발 먹게만 해 달라고!"

"삶은 걸로 드리지요!" 쌀 알들이 소리쳤다. 쌀 알들은 스스로 물이 끓고 있는 커다란 솥 안으로 뛰어들더니, 이내 커다란 밥그릇 속으로 기어 들어갔다. 아난시가 밥그릇에 손을 집어넣으려는 순간 또 멀리서 연기가 피어오르는 것이 보였다.

"저건 뭐지?" 아난시가 물었다.

"잘 모르겠는데요!" 쌀 알들이 날카로운 목소리로 말했다.

"우리를 먹어 주세요!"

그러나 아난시는 이렇게 생각했다. '마을이 새로 나타날 때마다 내가 더 좋아하는 것들이 있었어! 저 마을로 간다면 쌀보다 훨씬 더 좋은 것을 먹을 수 있겠지!' 아난시는 밥그릇을 버리고 뭐가 있는지 잘 모르는 마을을 향해 달려갔다.

아난시는 밤이 되어서야 그 마을에 도착했다. 그리고 마을 가운데로 부지

런히 뛰어가다가 멈춰 서고 말았다. 그곳은 바로 자기가 살던 마을이었다. 아무리 둘러봐도 먹을 것이 없었다.

아난시는 기절했다. 그가 깨어났을 때 마을 사람들이 그를 둘러싸고 있었다. "이것 좀 먹어 봐. 생선 뼈를 끓여서 국물을 만들었다네. 우리는 벌써 먹었어. 그런데 어디 갔다 온 거야?"

아난시는 사람들에게 카사바 마을과 바나나 마을, 쌀 마을에 대한 이야기를 해 주었다. 그러나 어느 누구도 다시 그런 마을을 찾을 수 없었다.

이 이야기의 교훈은 뭘까? '너무 욕심 부리지 말고 뭐든 생기면 먹어라!' 정도면 될까?

*아프리카의 역사에 대해서는 ≪교양 있는 우리 아이를 위한 세계 역사 이야기 제2권≫에서 자세히 다루고 있습니다.

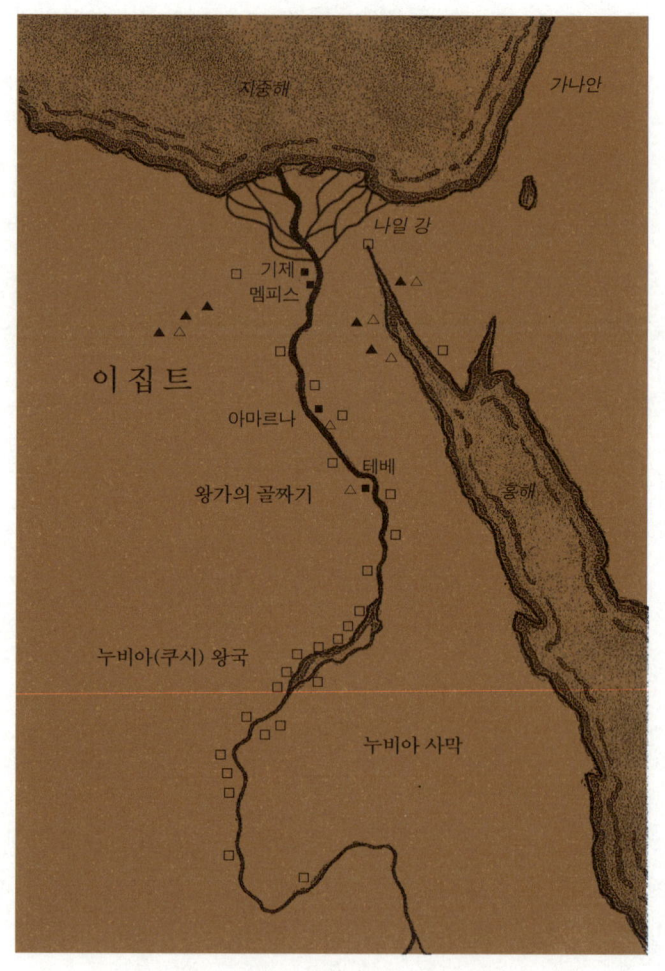

이집트 중(中) 왕국 시대

제12장 이집트 중(中)왕국 시대

중(中)왕국 시대를 연 아메네메트

이집트 고(古)왕국에 대해 읽었던 것 기억하지? 고대 왕국의 이집트 사람은 피라미드와 사원을 지었어. 그리고 바빌로니아, 아시리아와 무역을 하기도 했지. 자신들의 신을 숭배하고, 미라를 만들고 미라와 함께 보물을 묻었어. 이집트에는 훌륭한 파라오와 막강한 군대가 있었고, 이집트에서의 생활은 좋았어.

그러나 이런 평화로운 시대는 오래 계속되지 못했단다. 이집트의 파라오들은 점점 쇠약해졌어. 그들은 군대 지휘권은 물론 자신의 궁전과 사원에 대한 통치력까지도 잃고 말았어. 대신 제사장과 관리들이 지배권을 놓고 서로 싸웠단다. 이집트의 힘이 사라지기 시작한 거야. 한동안 이집트는 분리되는 듯 보였어. 사르곤의 왕국이 그랬던 것처럼 말이야.

그러나 그때 새로운 지배자가 이집트의 왕위에 오르게 되었단다. 그가 바로 아메네메트Amenemhet야. 아메네메트는 파라오가 아닌 재상 출신이었어. 하지만 그는 이집트를 다시 강하게 만들어야겠다고 결심했지. 그래서 파라오에게서 왕권을 빼앗아 이집트의 새 파라오가 되었단다. 이것이 바로 이집트 역사의 새로운 시대, 즉 이집트 중(中)왕국Middle Kingdom of Egypt의 시작이야. 이집트는 중왕국 시대에 이르러 다시 한 번 강력한 나라로 발돋움했단다.

아메네메트는 더욱 많은 영토를 확보하는 일이 무엇보다 급하다고 생각했어. 그래서 이집트 주변에 있는 나라들을 정복하려는 계획을 세웠어. 그의 첫 번째 목표가 된 나라는 바로 누비아Nubia 왕국이었단다. 누비아는 아프리카 대륙에서 이집트 남쪽에 있는 나라야. 서아프리카의 고대 사람들이 물을 얻기 위해 중앙 아프리카로 내려간 것과 달리, 누비아 사람들은 중앙 아프리카로 내려가지 않고 나일 강에서 물을 얻었지. 그리고 나일 강의 범람 덕분에 생긴 비옥한 땅에서 농사를 지을 수 있었지. 그래서 누비아 사람들은 그들의 나라에 그대로 머물 수 있었어.

누비아 사람들은 많은 아름다운 물건을 이집트 사람에게 팔기 위해 나일 강을 따라 돌아다녔어. 그들은 상아와 동물 가죽, 타조 깃털과 보석을 팔았으며, 이집트에 금을 들여오기도 했단다. 아메네메트는 누비아 사람이 자신들의 땅에서 금을 캐낸다는 사실을 알고 있었어. 그래서 자신이 누비아의 지배자가 된다면 자신을 부자로 만들어 줄 많은 보물을 가질 수 있을 거라고 생각했지.

그래서 아메네메트는 누비아를 정복하러 떠났어. 그는 누비아 사람들과 수십 번의 전투를 치른 끝에 마침내 승리를 거두었지. 이집트 사람들은 누비아를 쿠시Kush라고 다시 이름 지었어. 또 자신들의 무덤 벽에 새로운 아프리카 백성들의 모습을 그렸어. 누비아 사람들이 금과 흑단, 향, 모피와 돈을 가지고 와서 이집트 사람에게 바치고 있는 그림이었지. 이후 700년 동안 누비아 사람들은 이집트 사람의 지배를 받았단다. 그들은 서서히 스스로를 이집트 사람이라고 생각하게 되었어. 이집트 말을 배우고, 이집트 종교를 따르고, 이집트의 파라오에게 복종했지. 이집트 사람들도 그들을 존중하기 시작했어. 그래서 그들은 이집트에서 나름대로의 힘을 얻게 되었단다.

누비아 여인 중 한 명은 파라오 아멘호테프 3세Amenhotep III와 결혼하여 이집트의 여왕이 되기도 했어. 그녀의 이름은 타이에Tiye 여왕이야. 이집트 궁전으로 들어간 누비아 사람은 타이에 여왕 외에도 많았어. 마침내 쿠시에 살고 있었던 누비아 사람들은 자신들만의 왕조를 건설하고, 그들 스스로 이집트의 파라오가 되었단다. 그래서 이집트 사람은 또한 아프리카 사람이기도 해. 그리고 아프리카 사람들은 그들의 이야기며 전통, 기술을 그대로 이집트 제국으로 가지고 왔어. 그래서 위대한 이집트 사람에 대해 읽어 가다 보면 자연스럽게 위대한 아프리카에 대해서도 읽게 되는 거지.

힉소스 족의 침입

아프리카 북쪽으로 거슬러 올라가면 아메네메트의 아들과 손자들이 여전히 중기 이집트 왕국을 통치하고 있었어. 그들은 이집트 전체를 통일한 강력한 파라오들이었단다. 그들은 누비아 사람들에게 한 것처럼, 정복한 사람들이 반항하도록 내버려 두지 않았고, 철과 금을 다른 나라에 팔아서 돈을 벌었어. 이집트는 다시 부유해지고 번영했단다.

아메네메트 가문은 막강한 왕조였어. 왕조가 무엇인지 기억할 거야. 하나의 가문이 오랜 세월 동안 하나의 나라를 통치하는 시기를 말해. 그러나 아메네메트 이후에는 다른 가문이 이집트를 통치했단다. 이 가문에서 나온 왕들은 훌륭한 파라오가 되지 못했지. 그들은 이집트 땅 전체를 통치하지 못했어. 또다시 제사장과 관리들은 누가 더 많은 권력을 누릴 것인지를 놓고 서로 싸우기 시작했어. 그들은 이제 침입자를 물리칠 군대도, 지휘할 사람도 없었단다.

이때가 이집트를 공격할 수 있는 절호의 기회였어! 사나운 적들이 북쪽에서 침입할 준비를 하고 있었지. 가나안에서 온 적들이었어. 가나안을 기억하고 있지? 아브라함에 관한 이야기를 할 때, 그가 하나님으로부터 가나안 땅으로 가라는 계시를 받았었잖아. 그때 아브라함이 어떤 생각을 했는지 기억해? 그는 이렇게 생각했었어. "왜 낯선 야만족들로 가득한 저 황무지로 가야 하는 거지?"

그래, 가나안에 살고 있는 낯선 야만족들 중 하나가 바로 힉소스Hyksos 부족이야. 그들은 정복할 새로운 땅과 훔칠 새로운 재산을 찾아 이곳저곳을 떠돌아다니는, 전쟁을 좋아하는 유목민이었어. 그들은 몇 년 동안 가나안 땅을 떠돌아다녔고, 이제 새로운 나라로 나아갈 준비가 되었지. 그들이 선택한 나라는 바로 이집트였단다.

힉소스 부족은 가나안에서 이집트로 돌격해 왔어. 이집트의 허약한 군대는 그들의 잔인한 침입을 당해 낼 재간이 없었단다. 힉소스 부족은 이집트 사람들이 처음 보는 무기를 갖고 있었어. 그들은 이집트 사람의 활보다 더 멀리 날아가는 새로운 활을 사용했고, 말이 끄는 전차도 사용하고 있었단다. 이집트 군대는 처음 보는 새로운 무기로 무장하고 쳐들어오는 이 침입자들을 물리칠 방법을 찾지 못했어. 힉소스 부족은 이집트 군대를 격파하고, 이집트의 가장 큰 도시들을 점령했어. 그들은 파라오의 궁전까지도 빼앗았단다. 이때부터 힉소스 왕조가 이집트를 통치했어. 이는 이집트 중(中)왕국의 종말을 의미하는 것이었지.

이집트 사람은 힉소스 왕들을 싫어했단다. 그들은 힉소스 왕들을 '양치기 왕'이라고 불렀어. 예절이 없고 불결하고 야만스럽다고 생각한 거지. 그러나 힉소스 왕조는 백 년 이상 이집트를 다스렸단다.

마침내 이집트 왕족들이 모여서 반란을 일으킬 것을 의논하기 시작했어. 그들은 힉소스 부족의 활만큼 강한 활과 힉소스의 전차와 같은 병기들로 스스로를 무장했지. 힉소스 부족의 칼처럼 생긴 청동으로 된 낫 모양의 무기도 만들었단다. 그러고는 힉소스 부족에게서 배운 전투 방법을 이용해 이집트에서 그들을 몰아냈어. 그리고 반란을 주도한 이집트 왕족의 지도자인 아모세Ahmose가 이집트의 새 파라오가 되었단다.

아모세와 그 후손의 통치 밑에서 이집트는 전보다 더 강력한 힘을 갖게 되었어. 이집트는 힉소스 족에게 잃었던 땅을 되찾았어. 그리고 파라오들은 새로운 활과 전차, 검을 이용하여 훨씬 더 많은 영토를 정복해 나갔지. 이집트는 전 세계에서 가장 막강한 왕국 중의 하나가 되었어. 이집트 역사에서는 이 시기를 이집트 신(新)왕국New Kingdom of Egypt이라고 한단다.

제13장 이집트 신(新)왕국 시대

전쟁을 좋아한 장군과 여자 파라오

이집트 사람들이 힉소스 족에게 싸우는 법을 알게 된 뒤 이집트의 신(新)왕국은 더욱 강성해졌어. 이 시기를 일컬어 '이집트의 황금 시대 Golden Age of Egypt'라고도 해. 이집트가 그 이전보다 훨씬 잘살게 되었기 때문이야. 왕좌에 오르는 파라오들마다 나라를 훌륭하게 다스렸으며, 이집트의 신왕국을 강하게 지켜 냈단다.

그 당시의 파라오들에 대해 전부 알 수는 없지만, 그 중에 가장 흥미로운 파라오 두 명이 있어. 바로 투트모세 1세 Thutmose I 와 그의 딸 하트셉수트 Hatshepsut 에 관한 거야.

전쟁을 좋아했던 투트모세 1세

투트모세 1세는 파라오가 되기 전에 이집트 군대의 장군이었어. 군대를 전쟁터로 끌고 가 싸우는 일에 최고였지. 게다가 그는 전쟁을 좋아했단다!

투트모세는 이집트 왕족이 힉소스 족을 이집트에서 몰아내는 데 많은 도움을 주었어. 그 이집트 왕족의 우두머리가 파라오가 되었을 때 투트모세는 그의 오른팔이었지. 그리고 그는 그의 딸과 결혼했어. 파라오의 사위가 된 거지! 그리고 그가 죽자 투트모세는 이집트의 새로운 파라오가 되었단다.

투트모세는 파라오로서의 임무가 다른 나라를 정복해 이집트 제국을 훨씬 더 크게 만드는 것이라고 생각했어. 투트모세의 첫 전쟁 상대는 이집트에서 벗어나려고 애쓰는 누비아 사람들이었단다. 투트모세는 누비아의 우두머리를 굴복시키고 그들이 여전히 이집트의 일부분이라는 사실을 상기시켜 주었어.

그러나 투트모세는 그것만으로 만족할 수 없었단다. 그는 군대를 이끌고 가나안으로 도망간 힉소스 족을 쫓아갔어. 그리고 가나안 남쪽 지방에 살고 있는 부족들을 모두 쳐부수고 이집트의 영토로 만들어 버렸지. 투트모세는 매우 만족스러웠어. 한때는 힉소스 족이 쳐 내려와서 이집트를 점령했었는데, 이제 그가 치고 올라가서 힉소스 족의 땅을 차지했기 때문이야.

승리는 그에게 기쁨을 안겨다 주었고 그는 계속 싸움을 원했어. 그의 군대는 동쪽으로 나아가면서 유프라테스 강으로 이어지는 모든 땅을 정복했어. 그러나 강을 건너지는 않았단다. 티그리스 강과 유프라테스 강 사이는 바빌론이 지배하고 있었기 때문이지. 투트모세는 바빌론과는 싸우지 않는 편이 낫다는 것을 잘 알고 있었어. 투트모세가 세상을 떠날 즈음에 이집트의 영토는 전보다 두 배나 늘어 있었단다.

남자로 가장한 여왕 하트셉수트

하트셉수트는 파라오의 딸인 이집트의 공주였어. 아버지 투트모세는 이집트의 가장 위대한 파라오 중 한 사람이야. 투트모세에게는 세 명의 자식이 있었어. 투트모세는 그 중 딸 하트셉수트를 가장 사랑했단다.

하트셉수트는 아버지가 들려주는 전쟁이나 정복에 관한 이야기를 좋아했어. 그녀는 자라서 파라오가 되고 싶었단다. 그러나 고대에 살던 대부분의 사람들은 여자는 너무 약해서 나라를 다스릴 수 없다고 생각했어. 이집트에서도 여자는 결혼을 해서 아기를 낳거나, 만약 그렇게 살기 싫다면 사원에서 신을 섬기며 살아야 했지. 그것도 아니면 무희(춤추는 일을 직업으로 하는 여자)가 될 수 있었지. 여자들이 할 수 있는 일이란 고작 그런 일이 전부였단다.

그래서 파라오 투트모세가 죽었을 때 하트셉수트의 오빠가 다음 파라오가 되었단다. 하트셉수트는 공정하지 않다고 생각했어. 게다가 그녀의 오빠는 항상 크고 작은 병에 시달리고 있었기 때문에 이집트를 다스리는 일에는 관심이 없었어. '내가 오빠보다 더 좋은 파라오가 될 수 있을 텐데!' 그녀는 이렇게 생각했지. '그러나 그는 남자고 나는 여자야. 내가 얼마나 훌륭한 통치자가 될 수 있는지 보여 줄 기회라도 가질 수나 있겠어?'

하트셉수트의 오빠는 점점 병이 악화되더니 결국 죽고 말았어. 그가 파라오로 있던 기간은 겨우 4년이었지. 그는 죽기 전에 하트셉수트에게 자신의 아들이 다음 파라오가 되기를 원한다는 유언을 남겼단다. 하지만 그의 아들은 아직 아기였어.

그래서 하트셉수트는 이집트 사람들에게 말했어. "내 오빠의 아들이 파라오의 역할을 충분히 해 낼 나이가 될 때까지 내가 그를 도울 것이다."

이집트 사람들은 동의했고 드디어 하트셉수트는 이집트를 통치할 수 있게 되었어. 그렇지만 그녀는 진정한 파라오가 아니었어. 사람들은 그녀의 조카가 이집트를 통치할 날이 곧 올 거라고 믿고 있었지.

하지만 정작 그날이 왔을 때 하트셉수트는 왕위를 포기할 수 없다고 선언했어. "나의 아버지는 언제나 내게 여왕감이라고 하셨소. 아버지는 오빠보다 내가 파라오가 되기를 바랐단 말이오."

궁전에 있는 사람들이 소리쳤어. "당신은 파라오가 될 수 없습니다! 오직 남자들만이 파라오가 될 수 있습니다!"

하트셉수트가 말했어. "하지만 아몬-라Amon-Ra 신도 내가 이집트를 통치하게 될 것이라고 말했소! 그는 '환영한다. 내 사랑하는 딸아, 내가 가장 아끼는, 상이집트와 하이집트의 통치자 하트셉수트야. 네가 바로 파라오니라!' 라고 말했소. 그러니 신들도 내가 이집트를 통치하기를 원한단 말이오."

"그러나 여자가 파라오가 된 적은 한 번도 없었습니다!" 사람들은 동의하지 않았어. 그러자 하트셉수트가 다시 말했어. "그러면 내가 남자인 척하면 되잖소!" 그리고 그녀는 남자 옷을 입기 시작했어. 왕좌에 앉을 때마다 가짜 수염을 붙이기도 했단다.

파라오가 되려는 하트셉수트의 결심이 너무 확고해서 이집트 사람들도 마침내 그녀를 자신들의 통치자로 받아들이는 데 동의했어. 하트셉수트는 20년이 넘도록 왕을 가장한 여왕으로 이집트를 통치했지. 그녀는 직접 전쟁을 하지는 않았지만 아프리카로 원정대를 보내 그곳에서 금과 향료, 원숭이, 코끼리를 비롯하여 이집트 사람들이 좋아할 만한 여러 가지 물건을 들여왔어. 그녀는 다른 어떤 이집트 여왕보다도 많은 기념물을 지었단다. 백성들은 그녀를 사랑했고, 하트셉수트는 죽을 때까지 자신의 백성들을 통치했어.

아멘호테프와 투트 왕

투트모세 1세와 하트셉수트는 강력한 통치자였단다. 그러나 이들 외에도 기억할 만한 또 다른 파라오들이 있어. 파라오 아멘호테프Amenhotep는 이집트 사람들이 신을 숭배하는 방식을 바꾸었으며, 파라오 투탕카멘Tutankhamen은 그의 무덤으로 인해 사람들에게 기억되고 있단다.

아멘호테프 : 아텐만이 유일신이다!

아멘호테프의 아버지도 파라오였어. 그래서 아버지가 죽자 아멘호테프가 왕위를 물려받았지. 처음에는 아멘호테프도 다른 파라오들과 다를 게 없었어. 그는 법을 제정하고 반란군을 저지하기 위해 군대를 보내기도 했어. 그는 누비아의 공주와 결혼해 딸을 낳았단다. 그는 많은 이집트의 신들을 모두 믿었어. 사실 아멘호테프란 그의 이름도 '신들의 왕' 이라고 불리기도 했던 태양신 아문Amun의 이름에서

아멘호테프와 투트 왕 135

따온 것이란다. 아멘호테프는 아문에게 제물을 바치고, 그의 제사장들에게 많은 재물을 주었으며, 강력한 아문 신을 받드는 큰 축제를 열기도 했단다.

그런데 아멘호테프에게 변화가 생겼어. '아문 신은 존재하지 않는다!' 라고 생각하게 된 거야. 사실 그는 이집트 사람들이 숭배하고 있는 그 어떤 신도 사실은 존재하지 않는다고 생각했어.

이집트 사람들은 경악했어. 어쨌든 그들은 여러 신들을 섬기고 있었으니 말이야. 이들은 '다신교도' 였지. '다신교' 란 '많은 신들을 인정하여 숭배하는 종교의 한 형태' 란 뜻이야. 이집트 사람들은 신들이 모든 것을 다스리고 있다고 믿었어. 신들이 나일 강을 범람하게 만들고, 신들이 비를 내리게 하며, 신들의 힘으로 여자가 아기를 가질 수 있다고 생각했지. 또한 신들이 먹을 것을 내려 주고, 사람이 죽고 사는 일까지도 신의 뜻대로 이루어진다고 믿었어. 그런데 파라오가 갑자기 그런 신들을 받드는 일을 중단하라고 한 거야. 정말 있을 수 없는 일이었단다.

그러나 아멘호테프는 백성들이 어떻게 생각하든 신경 쓰지 않았어. 그의 마음은 확고했으며, 많은 신을 섬기는 대신 단 하나의 신만 섬겨야 한다고 생각했어. 그 신이 아텐Aten(아톤Aton이라고도 함)이야. 이집트의 오랜 신들은 인간의 모습과 비슷했지만 아텐은 인간과 달랐어. 그의 모습은 상징적이었어.

아멘호테프는 다신교를 이집트에서 몰아내는 데 최선을 다했단다. 그는 사원의 문을 닫고 사제들이 의식을 행하는 것을 막았어. 그리고 백성들이 옛 신들에게 제물을 바치는 것까지도 금했지. 그는 자신의 이름까지도 바꿔 버렸어. 신들의 왕 아문의 이름을 따서 지은 아멘호테프라는 이름 대신 아케나텐Akhenaten(아크나톤 Akhnaton이라고도 함)이라고 부르도록 했지. 이 이름은 '아텐에게 봉사하다' 라는 뜻이야.

아멘호테프는 이집트의 첫 일신교도였어. 일신교란 '오직 하나의 신만을 인정하고 믿는 종교' 란 뜻이야. 사람들은 그가 통치하는 동안은 아텐 신만을 섬겼어. 그는 새로운 도시가 만들어질 때마다 아텐을 위해 커다란 사원을 새로 지었지. 그는 아텐 신을 위한 시를 쓰기도 했단다. 다음은 그가 쓴 시 중의 하나야.

당신이 빛의 세상을 밝힐 때 이 세상도 환해진다네.
당신이 낮의 신 아텐으로서 빛을 발할 때……
온 세상은 활동을 시작하고
모든 동물들은 풀을 뜯기 시작한다네.
나무와 풀은 싹이 나고
새는 둥지에서 날아오르네……
당신이 일어나면 길이 활짝 열리고
배도 북쪽으로 남쪽으로 항해를 하고
당신이 바다 한가운데서 빛을 발할 때
강에 사는 물고기는 당신 앞으로 달려온다네.

아멘호테프가 살아 있는 동안 이집트 사람은 누구도 자신의 신을 섬길 수 없었어. 그러나 아멘호테프가 죽자마자 이집트 사람들은 들고일어났지. 그들은 아텐을 위한 사원을 닫아 버리고 자신들의 모든 사원을 다시 열었어. 그들은 이집트의 모든 옛 신을 섬기던 시대로 다시 돌아갔지. 그리고 그들은 아멘호테프가 지은 모든 기념물들에서 아멘호테프라는 이름을 지워 버렸어. 그들은 모든 기록에서 그의 이름을 삭제해 버렸지. 또 아멘호테프가 세운 새로운 도시를 버리고 나와 폐허가 되도록 놔두었지. 이집트 사람들은 아텐 신만을 섬기게 했던 아멘호테프에게 너무도 화가 난 나머지, 그가 파라오로 있던 통치 기간을 전부 잊어버리려고 애썼단다. 이집트의 일신교 개혁은 이렇게 실패했어. 결국 많은 신을 숭배하는 다신교가 승리했지.

*여기에 소개된 파라오는 아멘호테프 4세(B.C. 1352~1336)입니다.

죽어서 보물과 함께 매장된 투트 왕

투트Tut는 7살 때 이집트의 왕이 되었단다. 그는 아케나텐이라고 이름을 바꾼 파라오 아멘호테프의 집에서 자랐어. 투트의 원래 이름은 투트앙크아텐이었는데, 그 이름은 아텐 신을 숭배한다는 뜻이야. 하지만 그는 파라오가 되자 자신의 이름을 '신들의 왕' 아문을 섬긴다는 의미의 투탕카멘(투트앙크아멘)으로 바꿨어. 투탕카멘은 아텐 숭배를 금지시켰어. 그는 사람들이 다시 옛날 신들을 숭배할 수 있도록 했단다. 그리고 아케나텐이라는 이름을 이집트의 모든 기록에서 삭제하도록 했어.

그러나 투탕카멘의 통치 기간은 그리 길지 않았어. 겨우 18살에 세상을 떠났지. 그런데 투탕카멘은 다른 파라오들처럼 피라미드에 묻히지 않았단다. 알다시피 도둑들은 피라미드 안에 보물이 가득하다는 것을 잘 알고 있어. 그들은 피라미드에 침입하여 금과 보석들을 모두 훔쳐갔지. 어떤 때는 파라오의 미라를 끄집어내 바닥에 던져 놓고 시신이 들어 있던 금관을 훔쳐 가기도 했어. 그래서 이집트 사람들은 무덤을 언덕이나 산속에 감추어 놓기 시작했단다. 그들은 절벽에 동굴을 파서 파라오와 보물을 넣고, 그것을 감추기 위해 다시 돌로 입구를 막아 버렸지.

그들은 동굴과 통로가 있는 지하 묘지를 만들 수 있는 바위투성이의 골짜기가 파라오를 묻기에 가장 적당한 장소라고 생각했어. 오늘날 '왕들의 골짜기(왕가의 계곡)'라고 부르는 이 골짜기에는 60개나 되는 무덤이 있단다. 게다가 무덤들은 잘 숨겨져 있지. 도둑들은 결국 투탕카멘의 무덤을 찾아내지 못했어. 사실 수천 년 동안 아무도 그곳에 무덤이 있다는 사실을 몰랐지.

3천 년이 지난 뒤 하워드 카터Howard Carter라는 사람이 왕의 골짜기에서 일을 하고 있었단다. 그는 수년 동안 파라오의 무덤을 찾아다니다가 결국 하트셉수트의 무덤을 찾아냈어. 그는 다른 왕족들의 무덤도 왕의 골짜기에 숨겨져 있을 거라고 확신했지. 하지만 무덤을 찾는 일은 그리 쉽지 않았어.

어느 날, 하워드 카터는 돌무더기를 옮기고 있었는데, 그때 예상치 못했던 것을 발견했어. 계단이었지! 하워드 카터는 인부들을 불렀어. 인부들은 하루 종일 땅을 팠고, 문으로 연결된 길게 이어진 계단을 돌무더기 속에서 더 찾아냈지. 카터는 그 문에서 상형 문자로 쓰인 '투탕카멘' 이라는 이름을 발견했단다.

카터는 조심스럽게 문에 구멍을 냈어. 그리고 불을 들고 안으로 들어갔지. 처음에 보이는 것이라고는 어둠뿐이었단다. 그는 불을 이리저리 움직여 보았어. 갑자기 아름다운 금빛이 어둠으로부터 퍼져 나왔어. 방 안이 온통 금으로 가득 차 있었던 거야!

카터의 친구들이 그의 뒤를 밀치며 물었어. "뭐가 보여? 뭐가 보이냐고?"

하워드 카터가 들뜬 목소리로 말했어. "그래! 정말 굉장해!"

사람들이 문을 활짝 열고 들여다보자 그들 앞에 보물로 가득한 방이 펼쳐졌어. 투탕카멘의 권좌와 금으로 된 어린 왕의 조각들, 상아와 보석으로 장식된 게임 판, 귀걸이, 목걸이, 단지, 보석이 박힌 보석 상자들과 온갖 신들의 동상! 이 모든 것들이 투탕카멘의 무덤을 가득 채우고 있었지.

하워드 카터와 그의 친구들은 탐험을 계속했단다. 그들은 복도로 연결되어 죽 늘어서 있는 방들을 발견했어. 그 방들은 보물로 가득했어. 그리고 마침내 맨 끝에 있는 방문 앞에 이르렀지. 카터가 꽉 잠겨 있는 문을 조심스럽게 열었어. 그리고 방 안에서 어린 왕 투탕카멘의 시신을 발견했지.

카터가 처음에 본 것은 커다란 금빛 상자였단다. 카터는 그 상자가 뚜껑이 열린다는 걸 알았지. 금빛 상자를 열자 안에는 무거운 돌로 된 상자가 있었어. 그리고 돌

파라오 투탕카멘
7살에 왕위에 올라 18살에 죽은 이집트 파라오. 그림은 투탕카멘이 들어 있던 돌로 된 관 안에 있던 '왕의 형태로 만든 나무 관'의 앞모습이야. 투탕카멘은 몸이 약해서 일찍 죽은 것으로 알려졌었는데, 최근 투탕카멘의 미라를 X선 촬영한 결과 살해된 게 분명하다는 연구도 나왔단다. 그럼 누가 죽인 걸까?

로 된 상자 안에서 그는 하늘을 향해 누워 있는 금으로 된 왕의 조상을 발견했단다. 왕의 조상을 만져 본 카터는 곧 그것이 왕의 형태로 만든 나무 관에 금을 씌운 것이라는 것을 알 수 있었어. 그는 투탕카멘의 시신을 보게 될 거라 기대하면서 그 나무 관을 열었단다. 그런데 그 안에는 금을 씌운 또 다른 나무 관이 들어 있었어. 그리고 그 관 안에 또 하나의 관이 있었는데, 그 관은 단단한 금으로만 만들어진 것이었단다.

그는 조심스럽게 마지막 관을 열었어. 리넨에 둘러싸인 채 미라가 된 투탕카멘의 시신에서 향내가 물씬 풍겨 나왔단다. 그런데 죽은 왕의 얼굴은 하워드 카터가 알아볼 수 있을 정도로 너무나 잘 보존되어 있었어.

곧 사람들이 투탕카멘의 무덤에는 어떤 저주가 있다고 말하기 시작했지. 하워드 카터가 투탕카멘의 무덤을 발굴하는 일을 도왔던 카나본 경Lord Carnarvon이 미라가 있던 방이 처음 열렸던 날로부터 7주 뒤에 죽고 말았던 거야. 이것이 투탕카멘의 보물 속에 있던 죽음의 신 아누비스Anubis의 형상에서 발견된 비문의 결과였을까? 이 비문에는 이렇게 씌어 있었어. '모래 한 톨이라도 방으로 새어 들어오지 못할 것이다. 나는 죽은 자를 보호하기 위해 여기에 있다.' 그런데 카나본 경이 죽은 지 5개월 뒤 그의 동생도 갑자기 죽어 버렸어. 그게 끝이 아니었어. 하워드 카터가 예뻐하던 카나리아가 무덤이 처음 열린 바로 그날 코브라에게 잡아먹혔단다. 투탕카멘의 마스크에는 코브라 한 마리가 새겨져 있었고, 그 코브라는 왕에게 대적하는 모든 적들을 향해 불을 내뿜고 있었지.

무덤이 열렸을 당시 그곳에는 26명의 사람들이 있었단다. 그 중 10년 안에 6명이 죽었어. 하지만 나머지 사람들은 오랫동안 아무 탈 없이 잘살았다고 해. 투탕카멘의 무덤에 저주가 있는지 아닌지는 네가 결정할 일이야.

*투탕카멘은 B.C. 1357년경에 태어나서 1339년경 18살쯤 되었을 때 세상을 떠났습니다. 하워드 카터는 1922년에 그의 무덤을 발견했습니다.

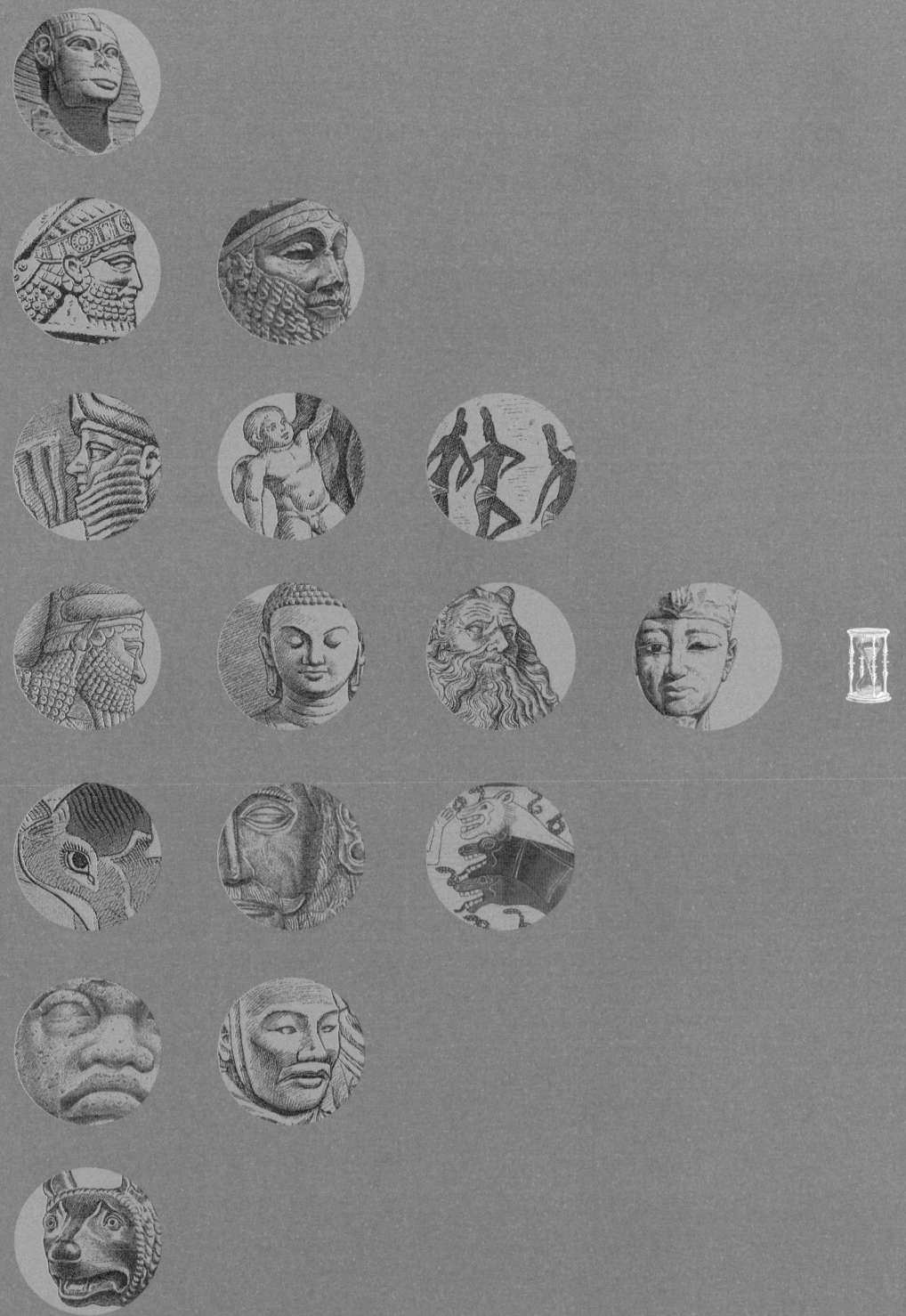

제14장 유대 민족이 이집트를 떠나다

아기 모세

아브라함의 이야기를 기억하니? 아브라함은 우르에서 살고 있을 때까지만 해도 다신교도였단다. 그는 달의 신과 그 밖의 여러 신을 믿고 있었어. 그러나 아브라함은 가나안으로 떠나라는 음성을 들은 뒤에 일신교도가 되었지. 그는 단 하나의 신만을 믿었고, 자신이 들은 음성이 곧 하나님의 음성이라고 믿었어.

아브라함은 이삭을 낳았고 이삭은 야곱을 낳았단다. 야곱에게는 하나가 아닌 열두 명의 아들이 있었으며, 그 아들들도 대가족을 이루었어. 야곱의 아들과 그 가족들은 '유대Judea 인'이라고 하는 새로운 민족을 이루게 되었지. 지금의 이스라엘 민족이 된 유대 민족은 대대로 유일신인 하나님만을 믿었어. 그런데 이런 모습은 고대 세계에서는 드문 일이었어. 그들은 유일신만을 숭배하며 오직 하나님의 명령을 따랐단다.

하나님이 유대 민족에게 가나안으로 가라고 명령했기 때문에 유대 민족은 그곳이 척박한 바위투성이의 땅이라 할지라도 그곳에 남아 있으려고 했단다. 하지만 기근이 찾아왔어. 비 한 방울 내리지 않고 풀 한 포기 자라지 않았지. 가축들은 죽어

아기 모세 145

갔고, 사람들에게 나누어 줄 음식도 바닥나 버렸어. 아니 그들 자신이 먹을 것조차 없었지. 그들은 굶어 죽을까 봐 겁이 났단다!

요셉의 이야기가 기억 나지? 요셉의 형제들은 그를 이집트의 노예로 팔아 버렸잖아. 하지만 요셉은 이집트에서 높은 자리에 오르게 되었고, 그에게는 풍부한 곡식과 물이 있었어. 그는 유대 민족을 이집트로 불러들였지. 유대 민족은 살림살이, 가축과 가족 그리고 모든 재산을 정리해 이집트로 옮겨 왔고, 나일 강둑 가까이에 무리를 지어 살면서 농사를 짓기 시작했어.

처음에 이집트 사람들은 자신의 땅에 유대 인들이 함께 살게 된 것을 개의치 않았어. 그러나 유대 민족이 점점 늘어나자 수군거리기 시작했단다. "유대 인들이 우리를 공격하면 어떻게 하지? 우리 왕국을 집어삼키기라도 한다면!"

그래서 이집트 사람은 유대 민족을 노예로 만들어 버렸어. 집과 사원을 짓는 데 쓰는 진흙 벽돌을 만드는 일에 유대 인들을 강제로 부렸단다. 유대 인들은 어떠한 무기도 가질 수가 없었고, 일한 대가도 한 푼도 받을 수 없었어. 그저 죽도록 일만 해야 했지.

그럼에도 불구하고 유대 민족은 계속해서 번성했고, 이집트 사람들은 여전히 두려움에 떨었어. 성경에 나오는 출애굽기Exodus(애굽은 이집트를 뜻함. 출애굽기는 모세가 유대 민족을 이끌고 이집트를 떠난 이야기를 말함)는 그 당시 상황을 우리에게 알려 주고 있단다.

이집트의 왕 파라오는 눈살을 찌푸린 채 권좌에 앉아 있었다. '내 땅에 있는 엄청난 유대 인들을 어떻게 처리해야 할까? 너무 많단 말이야! 머지않아 그들이 이집트 땅을 다 차지하면 어쩌지?' 그는 곰곰이 생각했어. '그래! 그들이 아이를 갖지 못하게만 한다면……'

그는 한 가지 방법을 생각해 냈다. 정말 끔찍하고 잔인한 생각이었다. 파라오는 병사들을 불러 명령했다. "여봐라, 이집트 땅에 살고 있는 모든 유대 인들의 집으로 가서 유대 인 어미들이 언제 아이를 낳을 것인지 알아내라. 그래서 사내아이가 태어나면 그 자리에서 모두 죽여 버리도록 하라!"

유대 민족은 이 끔찍한 명령을 듣고 눈물을 흘리며 한탄했다. "하나님, 우리를 구해 주세요!" 그들은 울며 기도했다. "이 사악한 이집트의 파라오에게서 우리를 구해 줄 사람을 보내 주세요!"

그런데 나일 강가에 살고 있던 한 유대 인 여인이 파라오의 명령이 내려진 뒤 곧 아기를 낳게 되었다. 그녀는 딸 미리암Miriam에게 말했다. "병사들이 찾지 못하게 빨리 나를 숨겨 다오!"

미리암은 엄마가 집 안 깊숙이 숨을 수 있도록 도와주었다. 태어난 아기는 잘생기고 건강한 사내아이였다. 아기는 우렁차게 울어 댔다.

"그만 울어라, 아가야!" 엄마가 아기에게 속삭였다. "너무 크게 울면 안 된단다. 병사들이 네 울음소리를 들을까 두렵구나!"

엄마는 석 달 동안 파라오 병사들의 눈을 피해 아기를 키울 수 있었다. 하지

아기 모세

만 아기의 울음소리는 점점 더 커졌고, 곧 소리 내어 웃기 시작했다. 엄마는 아기를 영원히 숨겨 키울 수 없다는 사실을 깨달았다.

엄마는 갈대로 바구니를 짜고 물이 새 들어오지 않도록 타르로 덧칠하고, 따뜻하고 부드러운 담요로 아기를 감싸 바구니에 넣은 뒤 나일 강물 위에 띄워 보냈다. 그러고는 딸 미리암에게 나일 강둑에 숨어서 아기가 어떻게 되는지 지켜보도록 했다.

아기는 강을 따라 떠 내려갔다. 아기는 햇빛을 보고도 웃었고, 안에 뭐가 들었는지 보려고 바구니 끝에 앉은 새를 보고도 웃었다. 마침내 아기는 잔잔하게 흔들리는 바구니 안에서 잠이 들었다. 바구니는 나일 강을 따라 계속 떠 내려가다가 물가에 자란 풀에 걸려 더 이상 움직이지 않게 되었다.

그런데 파라오의 딸은 뜨거운 한낮에 나일 강가에서 거닐기를 좋아했다. 그래야 수영을 할 수 있었기 때문이었다. 공주는 물가로 다가가다가 바구니를 발견했다.

"바구니 안에 든 것이 무엇이냐? 내게 가지고 오너라!" 공주가 명령했다.

시녀 하나가 뛰어가서 바구니를 가져왔다. 파라오의 딸은 바구니 안에 있는 사내아이를 보았다. 아기는 눈을 동그랗게 뜨고 공주를 향해 웃었다.

"어머나!" 공주가 소리쳤다. "이렇게 예쁜 아기가 있다니! 이 아기를 데려다가 내 아들로 삼아야겠구나!"

이 말을 듣고 미리암이 달려 나와 말했다. "공주님, 제가 이 아기를 돌봐 줄

유모를 찾아 드릴까요?"

"그래, 이 아기를 돌봐 줄 여인을 내게 데려오도록 해라."

그길로 미리암은 집으로 달려가 엄마를 데려왔다. 그래서 아기는 엄마의 품에서 자랄 수 있게 되었다. 엄마는 아기가 다 자랄 때까지 파라오의 궁전에서 그를 돌보았단다. 파라오의 딸은 이 아기를 모세Moses라 불렀다.

영광의 탈출

모세는 파라오의 궁전에서 자랐어. 그러나 나이가 들자 자신이 이집트 인이 아니라 유대 인이라는 사실을 알게 되었지. 모세는 자신의 민족이 매 맞고 학대받는 모습을 보며 분노를 느꼈어.

그는 파라오를 만나 말했단다. "나는 유대 인입니다. 그리고 나는 이스라엘의 신인 하나님 한 분만을 숭배합니다. 그분은 유대 민족을 해방시키라 하셨습니다."

그러나 파라오는 노예들을 잃고 싶지 않았어. 그래서 유대 민족을 풀어 줄 수 없다고 말했지. 모세는 파라오가 노예들을 풀어 줄 마음이 없다는 걸 알자, 하나님의 능력으로 이집트가 열 가지 재앙을 당하게 될 것이라고 파라오에게 경고했어. 그 재앙들은 모두 유대 민족의 하나님이 이집트의 온갖 신들보다 더 강하다는 것을 보여 주는 것이었지.

이집트 사람들은 나일 강의 신 호루스Horus가 강에 살고 있는 모든 생명을 지켜 준다고 믿고 있었어. 그러나 모세의 하나님이 강을 피로 물들이자 물고기는 모두

모세

네덜란드의 조각가 슬뤼테르란 사람이 만든 '모세의 우물'이란 조각에 표현된 모세란다. 매우 사실적이고 자연스러운 모습이지. 두 갈래로 나뉜 불꽃 같은 수염이 멋있지 않니?

그런데 모세의 머리에 뿔이 난 것 보이지. 중세의 화가(조각가)들은 모세를 만들 때 뿔을 새겨 넣었어. 그 이유는 모세가 십계명을 가지고 산에서 내려올 때 '얼굴에서 빛이 났다'는 말을 '얼굴에 뿔이 돋았다'는 말로 잘못 해석해서 생긴 일이래. 그 뒤로 화가들은 뿔이 힘의 근원을 상징하는 것으로 생각하여 모세를 그릴 때는 꼭 뿔을 그렸단다.

'모세의 우물'이란 작품은 모세를 비롯하여 6명의 예언자들이 육각 기둥을 둘러싸고 있는 조각인데, 현재 프랑스 샹몰 수도원에 있단다.

죽고 말았단다. 다음으로 개구리들이 이집트 사람을 위협했어. 개구리들은 오시리스의 아내인 이시스(농사와 수태를 관장하는 여신)의 통제를 받고 있었어. 하지만 하나님이 개구리를 한꺼번에 많이 보내자 이집트 사람들은 개구리 때문에 고통을 받게 되었지. 그들은 침대에서도, 옷 속에서도, 목욕탕에서도, 심지어는 음식 속에서도 개구리를 발견했어. 이집트 사람들은 태양신 라Ra가 다른 어떤 신보다 강하다고 생각했어. 하지만 모세의 하나님은 3일 밤낮 동안 태양을 가리고 어둠만 있도록 했지.

마침내 파라오는 유대 인이 이집트를 떠나도 된다고 허락했어. 유대 인들은 지체하지 않고 그날 밤 짐을 꾸려 길을 떠났단다. 그런데 막상 유대 인들이 떠나는 것을 보자 파라오는 마음이 바뀌어 병사들로 하여금 유대 인들의 뒤를 쫓게 했어.

유대 인들은 있는 힘을 다해 이집트를 벗어났어. 그러나 얼마 뒤 먼지를 일으키며 그들을 쫓아오는 이집트 병사들을 보았단다. 그들은 소리쳤어. "더 빨리! 더 빨리 가요! 그러지 않으면 이집트 병사들이 우리를 잡아다가 다시 노예로 삼을 거예요!"

하지만 그들 앞은 홍해로 가로막혀 있었단다. 앞에는 끝없는 바다가 펼쳐져 있었고, 뒤에는 이집트 병사들이 쫓아오고 있었어. 유대 인들은 앞으로도 갈 수 없고 뒤로도 갈 수 없었지.

"우린 끝장이야!" 사람들이 말했어. "모세여, 당신은 우리를 이 홍해에 빠뜨려 죽이려고 이집트에서 데리고 나온 거요?"

영광의 탈출

그러자 모세가 그의 지팡이를 쳐들었어. 하나님이 유대 민족이 지나갈 수 있도록 바다를 갈랐지. 그들 양 옆으로 거대한 물의 벽이 세워졌어. 벽을 통해 바닷물 속에서 헤엄치는 물고기들의 모습도 볼 수 있었지. 그러나 그들이 지나가는 땅 위에는 물기조차 없었단다.

유대 인들이 모두 무사히 홍해를 건넜어. 그러나 그들 뒤에는 아직도 이집트 병사들이 쫓아오고 있었지. 그들은 바다 속으로 전차를 몰아 전속력으로 뒤따라왔어. 하지만 모세가 그의 지팡이를 다시 들어올리자 바닷물이 이집트 병사들을 덮쳐 버렸어. 그들 중에 살아남은 사람은 단 한 사람도 없었지. 유대 민족이 드디어 해방된 거야.

유대 역사에서는 이 부분을 '출애굽'이라고 불러. 출애굽은 다신교에 대한 일신교의 승리를 보여 주는 것이야. 이스라엘의 유일신이 이집트의 많은 신을 이길 수 있었기 때문이지. 유대 인들은 이집트에서 나와 전에 아브라함이 살았던 가나안으로 돌아갔어. 그들은 오랫동안 가나안에 살면서 강력한 유대 왕국을 이루었단다.

이 이야기가 우리에게 전해 주는 것이 또 하나 있어. 오랫동안 번성했던 이집트가 다시 한 번 쇠퇴의 길로 접어들었다는 것이지. 이집트의 신(新)왕국은 세계를 거의 다 지배할 정도로 강력했지만, 이제는 무기가 없는 노예들조차 이집트 군대의 손아귀에서 도망칠 수 있었던 거야. 이집트는 그 힘을 다시 잃어버린 것이었단다.

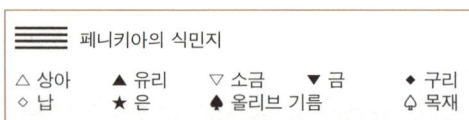

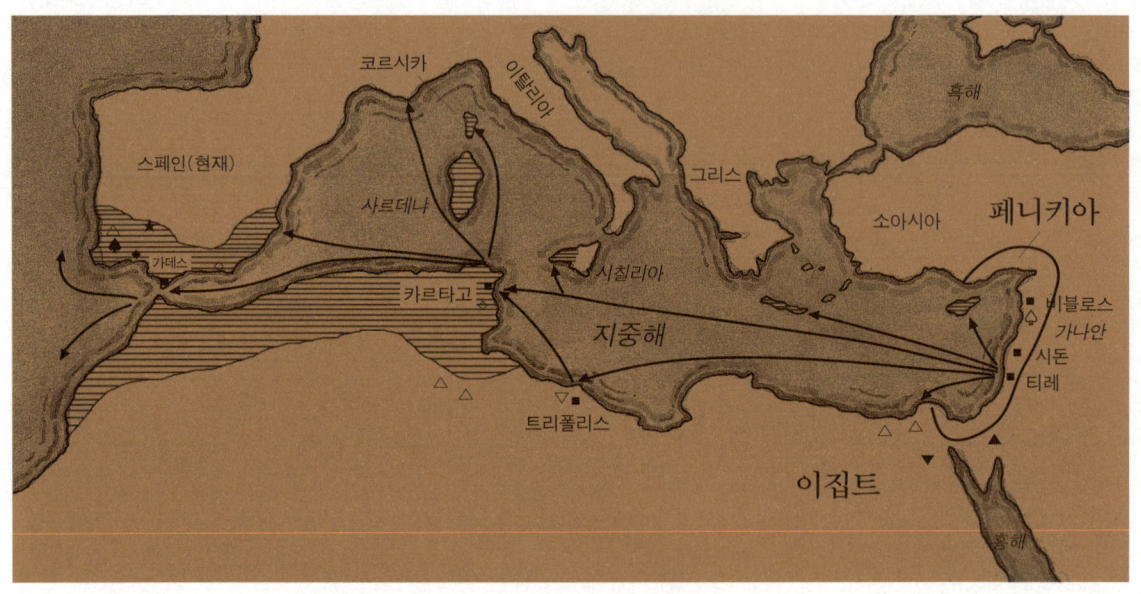

페니키아의 지중해 무역

제15장 페니키아

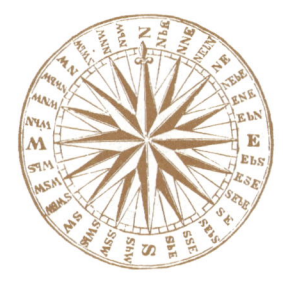

장사와 유리 제조를 잘한 페니키아 인

이집트를 떠난 유대 인들이 가나안으로 돌아왔을 때 그곳엔 이미 다른 사람들이 자리 잡고 살고 있었어. 페니키아 인Phoenician이라는 사람들이 가나안의 북쪽 땅에 살고 있었던 거야. 그들은 고대 세계의 가장 뛰어난 항해사였단다.

가나안 북쪽 지역은 바위와 모래투성이에 기후도 건조했기 때문에 밀 농사를 짓거나 가축을 키우기에 적당하지 않았어. 밀 농사를 짓기에 필요한 물과 가축을 살찌우게 할 풀이 부족했지. 또 이 지역은 가파른 바위 산으로 둘러싸여 있어 들어가기도 나가기도 힘든 곳이었단다.

그래서 페니키아 사람들은 바닷가로 배를 끌고 나가 지중해를 항해하면서 상인이 되었단다. 처음에 그들은 고향 땅에서 자라는 키 큰 삼나무를 잘라 다른 나라로 가지고 갔어. 또 아름다운 가구를 만들어서 비싼 값에 팔았지. 소금에 말린 생선과 수를 놓은 천도 내다 팔았고. 그리고 그들은 지중해 연안을 항해하면서 주석이나 다른 광석들을 채취할 수 있는 적당한 장소를 찾아다녔단다.

페니키아 사람들은 유리 만드는 기술로 매우 유명해. 고대의 유리 만드는 일은 시간도 많이 걸리고 매우 복잡했단다. 먼저 나무를 태운 재에 물을 부어 걸러서 잿물이라고 부르는 특수한 화학 물질을 만들어 냈어. 그리고 이 잿물을 순수한 모래와 섞은 뒤 뜨거운 불에 녹였어. 모래를 녹일 만큼 뜨거운 불을 얻기 위해서 노예들이 몇 시간 동안 풀무라고 하는 특별한 기구를 이용해서 불이 활활 타오르도록 했을 거야.

일단 모래가 녹아 잿물과 섞이면 틀에 부었단다. 그러면 모래와 잿물의 혼합물이 식어 딱딱해지면서 반짝거리는 유리가 되는 거야. 페니키아 사람들은 혼합물에 때로는 빨강, 파랑, 노랑색의 염료를 넣어 색유리를 만들기도 했고, 실로 틀을 감아서 실 무늬가 있는 유리를 만들기도 했어. 어떤 때는 유리에 금이나 보석을 박아 넣기도 했단다.

물론 다른 고대 사람들도 유리를 만들었어. 하지만 페니키아 사람들은 유리를 불어서 만드는 기법을 발명한 최초의 유리 제조업자들이지. 비눗방울 놀이를 해 본 적 있지? 빨대 끝을 비눗물에 담갔다가 입으로 불어 방울을 만드는 놀이 말이야. 페니키아의 유리 제조업자들은 그 같은 방법으로 뜨거운 액체 유리를 가지고 특별한 형태의 유리를 만들었단다.

그들은 액체 유리를 틀에 붓는 대신, 녹아서 끈적거리는 액체 유리에 얇은 금속으로 만들어진 속이 빈 파이프의 한쪽 끝을 담갔어. 그러면 액체 유리가 파이프 끝에 작은 방울 모양으로 달라붙게 되지. 그러면 유리 제조업자는 아주 조심스럽게 파이프를 통해 바람을 불어넣어. 유리 제조업자는 유리가 완전히 굳어지기 전까지 유리를 늘릴 수 있지. 그래서 긴 모양, 얇은 모양, 끈 모양 등 다양한 모양의 유리를 만들어 내. 마지막으로 유리를 식힌 뒤 조심스럽게 파이프에서 잘라 내지. 이렇게 만들어진 유리는 고대의 다른 어떤 유리보다 아름답고 비쌌어. 지중해 주변의 사람들은 페니키아 사람들이 만든 유리를 매우 좋아했단다.

또한 페니키아 사람들은 고둥을 이용해 아름다운 자주색 염료를 만드는 법도 알고 있었어. 그들은 뿔고둥이라고 부르는 달팽이를 바다에서 채집해 열흘 동안 소금물과 레몬 즙에 삶았어. 이때 끓는 달팽이에서는 지독한 냄새가 났지. 사실 페니키아의 티레Tyre 같은 도시들은 염색 공장에서 달팽이를 끓일 때 나는 악취 때문에 유명해졌어. 그래서 고대 사람들은 험담을 할 때 '티레 사람처럼 고약하다'라는 말을 자주 사용했단다.

염료 만드는 과정이 끝나면 양털을 염료에 담가. 양털은 염료 때문에 진하고 아름다운 자주색으로 변하지. 양털을 자주색으로 염색하는 데에는 매우 많은 달팽이가 필요했기 때문에 자주색 양털로 만들어진 옷감은 값이 아주 비쌌어. 자주색 망토 하나를 사기 위해서는 1년 동안의 봉급을 모두 내야 할 정도였으니 말이야. 그래서 자주색은 흔히 '왕족의 색'이라고 불려. 왕들만이 그런 옷을 입을 여유가 있었기 때문이지.

황소 가죽만큼의 땅

페니키아 인들은 지중해 연안을 구석구석 항해하고 다녔어. 그리고 상륙하는 곳에 식민지를 만들기 시작했지. 가장 잘 알려진 도시 중의 하나가 가나안 위의 티레였고, 다른 하나가 북아프리카로 가는 길에 있는 카르타고Carthago였어. 처음에 카르타고는 작은 마을에 불과했단다. 그러나 다른 나라의 상인들이 상품을 팔기 위해 몰려들면서 크고 번화한 도시로 성장했어.

카르타고에 최초로 정착했던 페니키아 인이 누구인지 우린 잘 몰라. 그러나 나중에 베르길리우스Virgil(고대 로마의 시인)라는 위대한 작가가 카르타고 도시의 건설에 관한 유명한 이야기를 남겼단다.

디도Dido는 페니키아의 공주로 티레 왕의 동생이었다. 그녀는 분명 행복했다. 그녀는 엄청난 부자와 결혼해 궁전에서 살고 있었다. 그러나 디도의 오빠인 티레 왕은 여동생과 그 남편의 재산이 탐났다. 그는 혼자 그 돈을 몽땅 차지하고 싶었다.

결국 티레 왕은 디도의 남편을 죽여 버렸다. 디도는 겁에 질렸다. 다음은 자기 차례가 틀림없다고 생각한 그녀는 친구들과 함께 한밤중에 티레를 떠났다. 그들은 바닷가에서 배를 타고 멀리멀리 떠나 다시는 돌아오지 않았.

디도와 친구들은 바다 위를 계속 떠돌아다니다가 마침내 육지를 발견했다. "저기 해변으로 가서 새 도시를 건설하자!" 디도는 친구들을 설득해 육지를 향해 노를 저었다. 그러나 디도가 정착하려 하는 땅에는 이미 사람들이 살고 있었다.

"다른 곳을 찾아봐야겠는걸!" 친구들은 이렇게 말했지만, 디도는 바로 그 자리에 새 도시를 건설하기로 마음먹었다. 그녀는 바다 가까이에 살고 싶었다. 그래야 다른 배들이 도시로 와서 그녀와 무역을 할 수 있을 것이기 때문이었다. 그래서 디도는 그 땅의 주인에게 말했다. "소가죽으로 덮을 만큼의 땅만 내게 파세요." 주인은 흔쾌히 동의했다. 그는 소가죽으로 덮는다 해도 디도가 서 있는 땅 정도의 넓이밖에 안 될 거라고 생각했다. 그러나 디도는 아주 날카로운 칼로 황소 가죽을 실처럼 길고 가느다랗게 잘랐다. 그리고 그 조각을 끝에서 끝까지 넓게 펼쳐 넓은 땅을 차지할 수 있도록 했다. 그녀가 말했다. "자, 약속을 했으니 이 땅을 내게 파세요."

땅 주인은 자신이 한 약속 때문에 그렇게 할 수밖에 없었다. 디도와 친구들은 그 땅에 탑을 세우고, 그 탑을 '황소의 가죽'이라고 불렀다. 그리고 탑을 중심으로 정착해서 카르타고라는 도시를 세웠다. 전 세계의 배들이 그들과 상품을 사고팔기 위해 카르타고로 몰려들었다. 그래서 황소의 가죽으로 사서 세운 도시는 곧 세계에서 가장 강력한 도시 중 하나가 되었다.

황소 가죽만큼의 땅

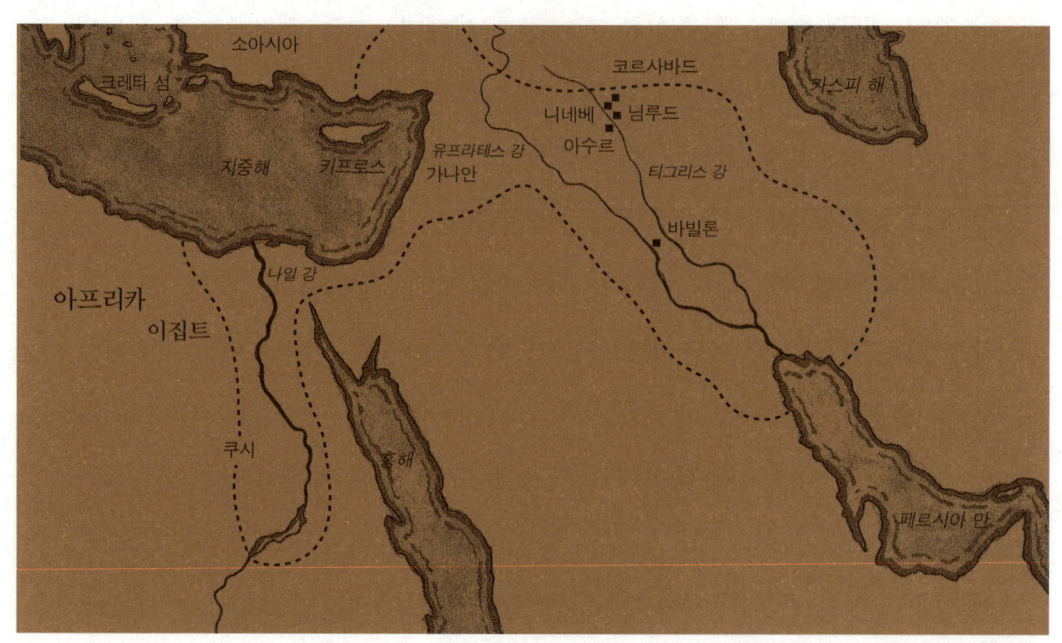

아시리아 제국

제16장 아시리아의 중흥

정복 왕 아슈르바니팔

전 세계를 통치하고자 했던 아시리아의 왕 샴시아다드를 기억하지? 그는 군대를 이끌고 주변의 도시들을 정복해서 아시리아 제국을 건설했던 왕이야. 그러나 그들은 바빌로니아와의 싸움에서 패했어. 그들은 바빌로니아 제국의 일부분이 되었고 바빌로니아의 왕에게 복종해야 했어. 그러나 그들은 "언젠가 우리는 해방될 것이고, 다시 한 번 세계를 정복하게 될 것이다!"라는 생각을 잊지 않고 살았지. 그런데 마침내 그날이 왔단다. 아시리아 사람들은 그들의 지배자인 바빌로니아 사람들에게 반란을 일으켰어. 그들은 바빌론의 도시를 관통하는 깊은 수로를 파서 도시 전체가 물이 잠기게 만들어 버렸지. 그런 다음 자신들의 제국을 다시 건설하기 시작했어. "우리는 적을 쓸어 내는 사나운 비와 같다!" 하고 그들은 자랑스럽게 떠들어 댔어. "우리는 그물이 되어 우리에게 맞서는 자들의 발목을 붙잡을 것이다!"

아시리아 사람들은 티그리스 강과 유프라테스 강 주변에 있던 모든 도시들을 점령하면서 사납게 날뛰었어. 그들은 가나안에도 쳐들어가서 유대 인들을 먼지처럼 흩어 버렸지. 그들은 다시는 자신들의 땅에 돌아오지 못하게 되었지. 또한 소아시아Asia Minor로 진군해 올라가서 그곳 사람들을 복종시켰어. 가장 위대한 아시리아의 왕 아슈르바니팔Ashurbanipal은 이집트로 병사들을 이끌고 가서 이집트까지 점령했지. 이집트의 위대한 파라오도 아시리아 왕에게 복종해야 했단다.

아슈르바니팔은 적들의 간담을 서늘하게 만들었어. 그는 재미 삼아 사자 사냥을 즐겼는데, 그때마다 말을 타고 활을 쏘면서 사자를 쫓았어. 병사들을 이끌고 전쟁터로 나갈 때 그는 마치 성난 사자와도 같았지. 아슈르바니팔이 이끄는 아시리아 사람들에게 패배란 상상도 할 수 없는 일이었단다.

그들은 왜 그렇게 정복하는 데 열을 올렸던 걸까? 아시리아 병사들은 두 사람이

사자와 싸우는 아슈르바니팔 왕

한 팀을 이루어 싸웠어. 한 사람이 가죽으로 엮은 바구니 방패로 상대의 공격을 막으면, 다른 사람이 그 방패 뒤에서 활을 쏘았단다. 이 바구니 방패는 매우 가벼웠지만 활과 창을 막아 내기에는 안성맞춤이었어. 아시리아 병사들은 바구니 방패를 옆으로 서로 연결하여 움직이는 벽을 만들고 그 뒤에서 화살을 쏘면서 적군을 향해 나아갔어.

이제 아시리아의 침입을 피할 수 있는 유일한 방법은 튼튼한 벽돌로 만든 성벽으로 둘러싸인 도시 안에 숨는 것이었어. 그러나 사자처럼 용맹한 아슈르바니팔은 도시의 벽을 오르는 법을 잘 알고 있었단다. 먼저 그는 병사들에게 흙으로 비탈을 쌓으라고 명령했어. 병사들은 자신을 보호하기 위해 바구니 방패를 머리에 쓰고 도시의 벽까지 흙을 담은 바구니를 가져가 쏟아 부었지. 병사들이 흙을 담은 바구니를 들고 끊임없이 오가는 동안 흙 더미는 점점 높아져 마침내 성벽 꼭대기에 이르게 되는 거야.

그리고 나면 아슈르바니팔은 성을 공격할 탑을 만들라고 명령해. 바퀴가 달린 나무 탑이 만들어지면 병사들은 이 탑을 성벽 가까이 쌓여 있는 경사진 흙 더미 위로 밀고 올라가지. 그러면 탑 위에 있는 아시리아 궁수들이 도시 안으로 화살을 빗발치듯 날린단다. 나무 탑의 앞쪽에는 성을 공격하기 위해 단단하고 뾰족한 돌기를 붙여 놓았어. 마지막으로 병사들이 그 돌기를 이용해 성벽을 무너뜨려. 벽의 한 부분이 무너지면 아시리아 군대는 도시로 물밀듯이 공격해 들어간단다. 또 하나의 도시가 아슈르바니팔과 그의 군대에게 무너진 순간이지.

사냥하는 아슈르바니팔
사자를 향해 힘껏 시위를 당긴 아슈르바니팔의 모습을 새긴 조각이란다. 아슈르바니팔이 꽃무늬 사냥 옷을 멋지게 차려입었고, 말도 멋지게 꾸며져 있네. 아시리아 사람들은 돌을 다루는 솜씨가 최고였다고 해. 아시리아의 수도 니네베의 궁전과 벽에는 이 조각을 비롯해서 아시리아 왕들의 전투, 사냥 장면으로 가득하대. 또 왕에 대해 무시무시하게 표현한 말들도 잔뜩 씌어 있는데, 그 중에는 아슈르바니팔이 '나는 들판을 피로 물들이는 무시무시한 태풍이다'라고 한 말도 있단다. 이런 벽화와 글을 보고 사람들이 벌벌 떨었을 것 같지 않니?

아슈르바니팔은 정복한 도시의 사람들에게 매우 잔인했어. 그는 집을 불태우고 벽을 부쉈고 저항하는 사람은 누구를 막론하고 죽였단다. 그는 농작물이 자랄 수 없도록 들판에 소금을 뿌려 땅을 못 쓰게 만들고, 사람들을 마구 잡아다가 노예로 만들어 다시는 고향으로 돌아가지 못하게 했어. 대부분의 사람들은 아슈르바니팔이 너무나 무서워 감히 저항할 엄두도 내지 못했지. 그래서 그들은 아시리아 제국의 일부가 되어 아시리아 왕에게 돈을 바쳤단다.

아슈르바니팔은 아주 부자가 되었어. 그는 아주 커다란 제국을 통치하게 되었지. 하지만 아시리아 전역의 사람들은 그를 매우 싫어했어. 아슈르바니팔이 정복한 도시 사람들은 두려움 때문에 그에게 복종했지만, 아시리아가 빨리 멸망하기를 마음속으로 바라고 있었지. 어떤 사람은 '너희들의 멸망 소식을 듣게 되는 날 우리는 기쁨의 박수를 칠 것이다!' 라는 분노의 글을 남기기도 했단다.

니네베 도서관

아시리아 제국의 왕 아슈르바니팔이 궁전 성곽 위에 올라서서 니네베Nineveh 시를 내려다보고 있었어. 니네베 시는 그가 가장 좋아하는 도시였단다. 그는 니네베 시를 아름다운 도시로 만드는 데 여러 해를 들였어. 그는 세계에서 가장 강한 왕이었고, 마음먹은 것은 무엇이든 할 수 있었지! 그는 그곳에 멋진 방들로 가득 찬 궁전을 지었단다. 그 방들은 값비싼 비단이 드리워지고 태양처럼 밝은 노란색과 짙은 파랑색, 주홍색 등 화려한 색으로 칠해진 높은 방들이었어.

니네베 성벽의 15개의 커다란 문은 황소와 사자 조각으로 장식되었고, 그 둘레는 금으로 장식되었어. 그리고 니네베의 가장 큰 건물들 벽에는 아슈르바니팔이 다른 도시들을 정복하는 그림이 새겨졌단다. 수로를 통해 도시로 물을 끌어 와 그곳에 살고 있는 사람들은 항상 풍부한 물을 마실 수 있었어. 또 아슈르바니팔은 도시 전체를 아름다운 정원처럼 만들어 백성들은 언제든 초록의 대지를 거닐고, 어디에서든 꽃과 나무를 감상할 수 있었지.

"하지만 이것만으로는 성이 안 차!" 아슈르바니팔은 생각했어. "이 도시를 아름답게 만들기는 했지만, 내가 죽은 뒤에도 그대로 유지될 수 있을까? 수백 년 뒤에도 사람들이 나의 위대함을 알아주어야 하는데!"

"폐하!" 그의 생각을 중단시키는 목소리가 들렸어. 돌아보니 서기관이 진흙판을 들고 서 있었지. 서기관이 내민 진흙판에는 뭔가 씌어 있었어.

"읽을 만한 새 책을 가져왔느냐?" 그가 물었어. 왕의 통치에 관해 모든 것을 기록하는 일을 맡고 있던 서기관은 왕이 책 읽기를 좋아한다는 것을 잘 알고 있었어. 그들은 항상 왕을 위해 새 책을 찾았지. 그런데 그 당시에 책이란 종이에 씌어진 게 아니라 진흙판에 새긴 것이었단다.

"굉장한 책을 찾아냈습니다!" 서기관이 말했어. "오래전에 바빌론을 통치했던 위대한 왕 함무라비의 궁전에서 나온 이야기 책입니다. 아무도 읽은 적이 없는 것입니다! 어떤 사람이 바빌론의 폐허 속에서 찾아내 잘 간직했던 것을 폐하께 가져온 것입니다."

아슈르바니팔은 판을 살펴보았어. 진품이었어. 그 옛날 유명했던 함무라비 왕 시대부터 내려온 이야기 책이었던 거야. 그는 그 책을 읽을 저녁 시간이 기다려졌어. 그날 밤 아슈르바니팔은 등불을 켜 놓고 새 책을 읽다가 불현듯 어떤 생각이 떠올랐단다.

"이 많은 판들이 폐허 속에서 어떻게 그대로 남아 있었을까?" 그는 생각했어. "이 책들이 발견되지 않았다면 모두 부서져 먼지가 되었을 거야. 그러면 우리는 이 옛날이야기들을 알지도 못했을 테고……. 만약 진흙판을 모아서 궁전에 보관한다면? 정말로 멋진 계획이야! 그러면 나는 책을 수집한 왕으로 알려지겠지. 또 수백 년 뒤의 사람들이 내 책들을 읽을 수 있을 것이고!"

아슈르바니팔은 즉시 생각을 실행에 옮겼단다. 그는 아시리아 왕국 각지로 서기관을 보내 책이란 책은 모두 수집해서 니네베로 가져오라고 명령하고, 다른 서기관들에게는 아시리아 사람들이 조상으로부터 들은 이야기를 모두 알아 오라고 했어. 수백 년에 걸쳐 입에서 입으로 전해졌지만 글로 쓰여진 적은 없는 이야기들이었지. 아슈르바니팔의 서기관들은 그 이야기들이 영원히 간직될 수 있도록 진흙판에 써 내려갔어. 그는 아시리아의 제사장들에게 기도문을 써 놓도록 명령했어. 궁전의 점성가들은 태양과 달, 별의 움직임을 기록했고, 궁전의 의사들은 병이나 의학에 대해 알고 있는 모든 것을 적었지. 궁전의 역사학자들도 아슈르바니팔의 통치는 물론 그 이전의 왕들에 대해서 아는 대로 자세하게 모든 것을 기록했단다. 이 진흙판은 모두 두껍고 무거웠단다. 그래서 아슈르바니팔은 그것들을 보관하

니네베 도서관

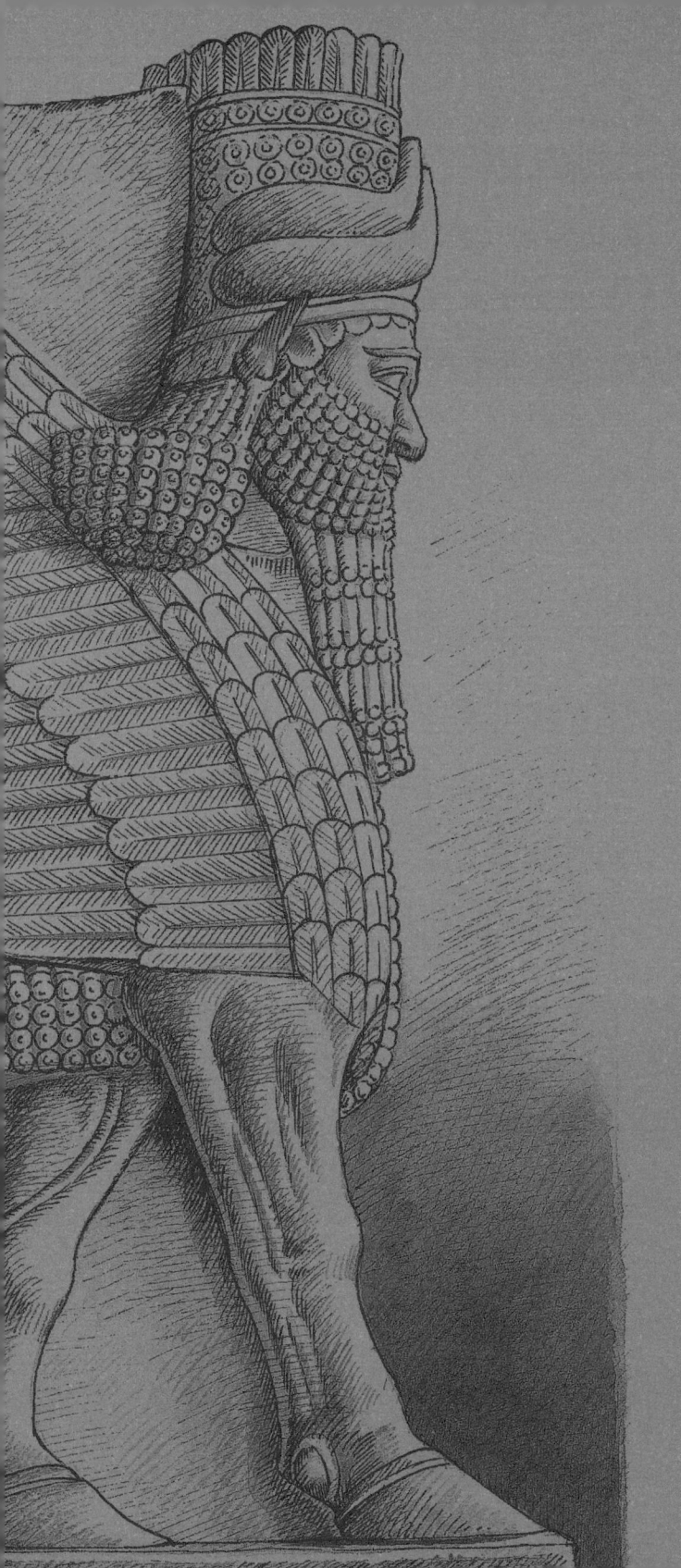

라마수 Lamassu

이 조각에 어떤 동물이 들어 있는지 한번 찾아보렴. 그래, 사람의 머리, 독수리의 날개, 황소의 몸이 보이지? 이 조각은 '라마수'라고 하는데, 아슈르바니팔이 사악한 기운으로부터 궁전을 지키기 위해서 궁전 입구에 세운 것이란다. 높이는 4미터 정도 되지. 황소의 몸 대신 사자의 몸으로 표현될 때도 있어. 머리에 쓴 관은 신과 왕권을 상징한단다.

지금으로부터 약 2500년 전에 살았던 아시리아 사람들의 솜씨 굉장하지 않니?

기 위해 더 많은 방을 만들었어. 수집된 이야기, 기도문, 역사, 과학, 의학과 법률에 이르기까지 수천 수만 개의 진흙판들이 방에 정리되었어. 그는 세계 최초의 도서관을 지은 거야!

아슈르바니팔의 바람은 이루어졌어. 비록 많은 진흙판들이 전쟁으로 인해 부서졌지만, 그 중에는 수천 년이 지난 오늘날까지 여전히 남아 읽혀지는 것도 있단다. 그리고 진흙판 덕분에 그는 책을 수집하여 최초의 도서관을 지은 왕으로 기억되고 있단다.

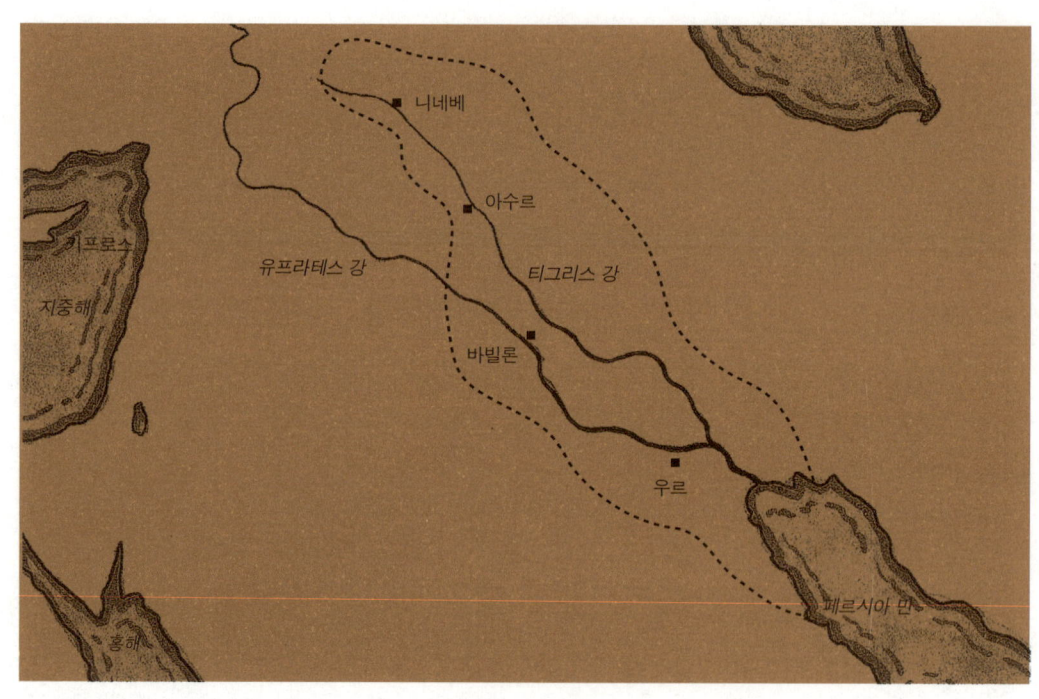

신(新)바빌로니아

제17장 신(新) 바빌로니아

네부카드네자르의 광기—내가 곧 신이다!

아슈르바니팔이 죽자 아시리아 제국은 분리되었단다. 그리고 아시리아의 오랜 적인 바빌로니아가 아시리아의 땅을 정복했지. 바빌로니아 사람들은 복수하고 싶었어! 그래서 아시리아가 바빌론을 파괴했듯이 바빌로니아 사람들도 아시리아의 가장 아름다운 도시 니네베를 파괴해 버렸지. 벽과 문이 부서지고, 아슈르바니팔의 거대한 도서관의 문짝이 떨어져 나가고, 수백 권의 소중한 진흙판 책들이 박살 났어. 다행히도 그 중 몇 권이 남아 오늘날까지 전해지고 있지.

마르두크
창조의 신 마르두크는 바빌로니아의 신들 중 가장 중요한 신이란다.

그런 뒤 바빌로니아 사람들은 곧 안정을 되찾아 제국을 통치했어. 바빌로니아는 이집트를 정복하지 않았기 때문에 아시리아만큼 영토가 크지는 않았지만 그에 버금 갈 정도로 컸단다. 오랜 세월 동안 바빌로니아 사람은 세계에서 가장 강력한 힘을 가진 민족이었지.

아시리아에게 휩쓸렸던 바빌론은 새롭게 재건되었단다. 바빌로니아의 위대한 왕 네부카드네자르Nebuchadnezzar(느부갓네살이라고도 함)는 왕위에 있는 동안 정성을 다해 바빌론을 아름답게 건설했어. 그는 적의 침입을 막기 위해 도시 주변에 높고 커다란 성벽을 쌓고, 그 성벽 중 한곳에 커다란 푸른색 문을 만들었단다. 그 문은 노란색과 흰색의 황소와 용으로 장식되어 있었는데, 바빌론의 여신 이름을 따서 이슈타르Ishtar라고 불렀어. 해마다 이슈타르를 받드는 성대한 행렬이 그 문 아래로 지나갔지. 때문에 네부카드네자르의 통치를 받는 사람이라면 그 문을 모르는 사람이 없었단다.

네부카드네자르는 매우 강력한 지배자였고, 후에 '네부카드네자르 대왕'으로 알려졌어. 그러나 그는 행복한 사람은 아니었던 것 같아. 그의 통치에 대해 기록해 놓은 진흙판을 보면, '네부카드네자르의 광기'에 대한 이야기가 있어. 실제로 그는 몇 년 동안 제정신이 아니었다고 해.

네부카드네자르의 광기에 관한 이야기는 성경의 다니엘서에 나와. 그 이야기를 보면 네부카드네자르는 지나치게 자기 자신에게 빠져 있었던 것 같아. 그는 자신을 신이라고 생각했어. 그는 30미터 높이의 거대한 금동상을 만들고, 백성들로 하여금 절하고 숭배하도록 했단다. 다음은 그에 관한 이야기야.

어느 날 네부카드네자르 대왕이 바빌론에 있는 궁전의 가장 높은 곳에 올라

이슈타르의 문
현재 이라크의 수도 바그다드의 남쪽 바빌론 유적에 있는 이 문은 바빌로니아의 위대한 왕 네부카드네자르가 쌓은 성벽의 문으로, 노란색과 흰색의 황소와 용으로 장식되어 있단다. 바빌론의 여신 이름을 따서 이슈타르의 문이라고 불렀어. 현재 서 있는 문은 복원된 것이고 진짜는 박물관에 있대.

가 도시를 내려다보고 있었다. "내가 이룩해 놓은 저 아름다운 도시를 보라!" 그는 혼자 중얼거렸다. "나는 세계에서 가장 강한 왕이다! 나보다 더 위대한 사람은 없어. 신이라 하더라도 말이다."

그가 이런 말을 하자마자 하늘에서 어떤 소리가 들려왔다. "네부카드네자르야!" 그 소리가 다시 말했다. "너의 거만함은 도가 지나치구나! 진정으로 네가 신보다 더 위대하다고 생각하느냐? 이제 네 운명에 대해 들어 보아라. 너는 동물처럼 행동할 것이며 소처럼 풀을 먹게 될 것이다. 신이 너보다 더 강하다는 것을 네가 스스로 인정할 때까지 말이다!"

곧 네부카드네자르는 정신을 잃고 말았다. 그러고는 들판으로 달려 나가 야생 동물처럼 살게 되었다. 그는 손과 무릎으로 걸었다. 곧 그의 무릎은 말굽처럼 단단해지고 손톱은 새의 발톱처럼 길어졌다. 그는 강물을 마시고 숲 속에서 쓰러져 잠을 자다가 아침이면 이슬에 젖은 채 깨어나곤 했다. 그의 머리털은 길고 덥수룩하게 자라 마침내 염소처럼 보였다. 그리고 그는 소처럼 풀을 뜯어 먹었다. 백성들은 멀찍감치 서서 그를 지켜보며 작은 소리로 말했다. "도대체 왕이 왜 저러지? 미쳤나 봐!"

마침내 네부카드네자르는 하늘을 올려다보았다. "나는 신이 아닙니다!" 그가 말했다. "나는 인간일 뿐입니다. 신은 나보다 훨씬 강합니다."

이 말을 마치는 순간 네부카드네자르는 제정신이 돌아왔다. 그는 일어나서 주변을 둘러보고 자신이 동물이 아니라 바빌론의 왕이라는 사실을 깨달았다. 그는 다시 백성들을 다스리기 위해 바빌론의 궁전으로 돌아왔고, 두 번 다시 자신이 신이라고 큰소리치지 않았다! 이제 그는 자신이 인간에 불과하다는 사실을 잘 알게 되었다.

바빌론의 공중 정원

바빌로니아의 대왕 네부카드네자르는 권좌에 앉아 깊은 생각에 잠겨 있었어. 자신이 통치하고 있는 이 위대한 제국을 다른 나라가 공격해 온다면 어찌할 것인가? 그는 자신의 군대가 적의 공격으로부터 바빌론을 지켜 낼 수 있을지 확신할 수가 없었지. 특히 바빌론의 동쪽에 자리 잡은 페르시아는 가장 큰 걱정거리였어. 그즈음 강력한 페르시아 군대는 한창 영토를 확장하고 있었고, 그들의 군대는 무척 강했지. 왕은 페르시아 군대에 대한 끔찍한 이야기들을 종종 들었어!

"그래, 방법이 있어. 페르시아 왕을 찾아가 공주와 결혼시켜 달라고 해야겠다. 그러면 페르시아의 왕이 나의 장인이 될 테니 바빌로니아를 공격하는 일은 없을 거야!"

네부카드네자르는 페르시아 왕의 딸을 본 적이 없었어. 하지만 그런 건 문제가 되지도 않았지. 그는 바빌론을 지키기 위해서라면 잘 모르는 공주와도 결혼할 수 있었던 거야. 그래서 그는 공주와 결혼하고 싶다고 페르시아 왕에게 전갈을 보냈단다.

한편 페르시아 왕도 자신의 권좌에 앉아 바빌로니아에서 공격해 오지 않을까 걱정하고 있었단다. "바빌론이 공격해 오면 어쩌지?" 그는 깊은 생각에 잠겼어. "바빌론의 병사들은 훌륭한 전사라고 하던데! 우리가 바빌론을 이길 수 있을지 모르겠군. 네부카드네자르를 어떻게 설득시킨담?"

바로 그때 신하가 네부카드네자르의 전갈을 가지고 들어왔어. "폐하! 바빌론의 왕이 전갈을 보내왔습니다. 공주님과 결혼할 수 있도록 허락해 달라는 내용입니다."

페르시아의 왕은 그제야 안심이 되었어. "물론이지! 네부카드네자르라도 장인을 공격하지는 않겠지!" 그는 공주 아미티스Amytis를 불렀단다. "오, 공주야. 바빌론의 왕이 너와 결혼하고 싶다구나."

"하지만 저는 그를 본 적도 없는걸요?" 아미티스는 원하지 않았어. "게다가 산으로 둘러싸인 내 고향을 떠나 바람도 없고 답답하기만 한 바빌론으로 가고 싶지 않아요."

"네가 그 사람과 결혼만 해 준다면 말이야……." 페르시아 왕은 공주를 설득했단다. "페르시아가 무사하게 된단다. 네가 이 나라를 구할 수 있단 말이다."

결국 아미티스는 동의했어. 그리고 성대한 결혼식을 치르기 위해 바빌론으로 떠났지. 그런데 네부카드네자르는 아미티스를 보자마자 사랑에 빠지고 말았단다. 그는 공주를 위해 사랑스런 물건들로 가득 찬 아름다운 방들을 만들어 주었어. 그리고 중국에서 들여온 황금 장신구와 비단옷, 애완용 원숭이를 선물했으며, 아름다운 꽃으로 항상 그녀의 방을 화려하게 장식했어. 또한 그녀의 시중을 들어 줄 많은 하인들을 주었단다.

그러나 아미티스는 행복하지 않았어. 그녀는 페르시아의 산속에 있는 절벽과 계곡이 그리웠지. 무엇보다도 페르시아 사람들이 언덕 위에 만들었던 정원이 너무나도 그리웠어. "집에 가고 싶어요!" 아미티스가 슬픈 목소리로 말했어. "더 이상 바빌론에서 살고 싶지 않아요. 이곳은 너무 단조롭고 심심해요!"

'어떻게 하면 아미티스를 행복하게 해 줄 수 있을까?' 고민하던 네부카드네자르에게 한 가지 생각이 떠올랐어. 그녀를 위해 바빌론 시의 한가운데에 산으로 된 커다란 정원을 지어 주기로 한 거야.

네부카드네자르는 즉시 일을 시작했어. 그는 노예들을 시켜서 멀리서 거대한 바위를 끌어 오도록 하여 거대한 언덕을 만들었어. 인공적으로 산을 만든 거지. 그는 바위를 흙으로 덮고 나무와 꽃, 풀을 빽빽하게 심었어. 그 식물들은 모두 페르시아에서 가져온 것들이었지. 이제 곧 아미티스는 예전에 페르시아에서 보았던 꽃들을 다시 볼 수 있게 될 것이었어. 노예들은 또한 유프라테스 강에서부터 정원의 꼭대기까지 물을 끌어 올릴 수 있도록 펌프를 설치했지. 그러자 산속의 계곡처럼 정원 사이사이로 물이 흘러내렸단다. 네부카드네자르는 산을 오르내릴 수 있도록 길도 만들게 했어. 그러고는 아미티스를 데리고 나와 자신이 만든 작품을 보여 주었지.

"공주! 이제 페르시아로 돌아갈 필요 없소. 대신 당신을 작은 페르시아로 데려다 주리다. 이제 당신은 원할 때마다 정원을 거닐 수 있소."

아미티스는 매일 이 정원을 거닐며 마치 페르시아로 돌아온 것 같은 기분을 느끼곤 했단다. 아미티스를 위해 지어진 이 정원은 바빌론의 공중 정원(空中庭園)으로 알려졌어. 전 세계의 사람들은 네부카드네자르가 평평하고 뜨거운 바빌론의 한가운데에 만든 이 산을 보고 감탄을 금치 못했다고 해.

바빌론의 공중 정원은 너무나 아름답고 거대해서 오늘날의 사람들은 그것을 고대의 일곱 가지 불가사의 중 하나로 꼽는단다. 고대의 불가사의란 고대 사람들이 만들거나 세운 것으로 현대를 살고 있는 우리로서는 도저히 믿을 수 없는 것들을 말해. 넌 이미 고대의 일곱 가지 불가사의 중 하나를 앞에서 읽은 적이 있어. 대(大)피라미드가 그것이야. 그리고 지금 두 번째 불가사의를 알게 되었지. 바로 바빌론의 공중 정원이란다.

제18장 크레타 문명

황소 뛰어넘기 선수

지금까지 우리는 강 가까이에서 살고 있는 사람들에 대해서만 살펴보았어. 이집트 인과 인더스 유역에 살던 사람들, 황허 강 유역에 자리 잡은 중국인 그리고 메소포타미아의 티그리스 강과 유프라테스 강 근처에 정착한 아시리아 인과 바빌로니아 인이 바로 그들이야. 그러나 지중해 주변을 훑어보면 크레타Crete라고 하는 섬에 집을 짓고 산 사람들에게서 뭔가 다른 점을 발견할 수 있어.

크레타는, 날아가는 오리 모양처럼 보이기도 하는 지중해에 있는 길고 폭이 좁은 섬이야. 그런데 이 섬에는 아주 오래전에 미노아Minoans라고 불리는 부족이 정착하여 살고 있었단다. 미노아 사람들은 아주 특이한 경기를 즐겼어. 황소 위로 껑충 뛰어오르는 경기지!

커다란 경기장 한가운데에 서 있다고 상상해 봐. 너를 둘러싼 관중들이 네 이름을 부르며 환호하고 있어. 주위를 둘러보니 경기장에는 남자 아이와 여자 아이가 한 명씩 보여. 무기를 가지고 있는 사람은 아무도 없어. 네 손에는 아무것도 없고, 네가 입고 있는 거라곤 팔다리를 쉽게 움직일 수 있도록 만든 헐렁한 옷가지 하나뿐

이야.

그런데 갑자기 경기장 한쪽에 있는 나무 문이 흔들리며 열려. 순간 그 문으로 커다란 검은 황소 한 마리가 경기장 안으로 돌진해 와. 관중의 함성은 점점 더 커지지. 황소는 앞발로 땅을 긁으며 머리를 흔들고 있어. 황소의 날카로운 뿔은 금으로 칠해져 있어. 황소가 너를 쳐다보며 머리를 흔들다가 콧김을 내뿜으면서 사납게 돌진해 와.

그러나 넌 도망가지 않아. 황소가 가까이 올 때까지 기다렸다가 그놈의 뿔을 잡은 채 위로 뛰어오르지. 그리고 공중제비를 한 뒤 황소의 등을 짚고 물구나무를 섰다가 곧바로 황소 뒤쪽으로 착지를 해. 그러면 경기장에 있던 여자 아이가 거기 와 있다가 너를 붙잡아 줘. 관중이 떠나갈 듯 환호를 지르지. 너는 몸을 돌리고 다른 친구가 황소 위로 뛰어넘는 것을 봐. 너는 그 친구가 착지할 때 똑바로 설 수 있도록 그의 팔을 잡아 줘. 황소는 어리둥절해서 멈춰 서 있지. 세 사람은 관중을 향해 인사를 한 뒤 다시 한 번 황소 뛰어넘기를 보여 준단다.

네가 고대 크레타의 아이였다면 황소 뛰어넘기 팀의 한 명이었는지도 몰라. 크레타 섬에서 살았던 미노아 사람들은 건강한 어린이를 황소 뛰어넘기 선수로 훈련시켰단다. 고대 크레타의 아이들은 재주넘기, 균형 잡기, 구르기, 도약하기처럼 오늘날 아이들이 학교 체육 시간에 배우고 있는 것들을 훈련받았어. 그들은 뜀틀을 뛰어넘는 대신 염소 같은 작은 동물의 등 위로 도약하는 법을 연습했던 거야. 그리고 마지막으로 황소의 등 위로 뛰어오르는 법을 배웠단다.

황소 뛰어넘기는 미노아 사람들이 신을 숭배하기 위해 연 축제의 중요한 행사였어. 그들은 신이 황소의 모습을 하고 있다고 생각했지. 황소 뛰어넘기가 모두 끝나면 황소는 신에게 제물로 바쳐졌단다.

축제가 열리는 동안 황소 뛰어넘기를 보기 위해서 사람들이 크레타 각지에서 모여들었어. 황소 뛰어넘기 선수는 특별한 대우를 받았단다. 선수들에게는 최고의 음식과 크고 좋은 집이 주어졌고, 여기저기에서 금과 보석, 아름다운 옷 같은 선물이 들어왔어. 그러나 황소 뛰어넘기는 매우 위험한 운동으로, 종종 황소의 뿔에 치여 죽는 선수가 생기기도 했단다. 실제로 황소 뛰어넘기 선수는 20살을 넘기는 경우가 매우 드물었지.

미노아 사람들은 황소 뛰어넘기 외에 배를 만드는 기술로도 유명했어. 고대 지중해에는 해적이 득실거렸는데, 이는 바다를 지배하는 사람이 아무도 없었기 때문이야. 한마디로 바다는 바닷가 근처에서 작은 배로 항해하는 해적의 영역이었지. 해적은 바다를 지나는 사람들을 공격해 물건을 빼앗았어. 고대의 왕들은 육지에서 싸울 강한 군대를 만드는 법은 알고 있었지만, 병사들을 바다로 데리고 나갈 만큼 큰 배를 만드는 법은 알지 못했단다. 그래서 해적은 지중해를 자유롭게 돌아다니며 사람들을 공격했지.

그러나 미노아의 왕은 달랐어. 그는 크레타 섬의 미노아 인들이 지중해를 건너 육지로 안전하게 갈 수 있어야 한다고 생각했지. 그래야 다른 나라와 무역을 할 수 있었으니까. 그래서 왕은 기술자들에게 해적을 소탕하고 지중해를 순찰하는 데

황소 뛰어넘기 선수 183

황소 뛰어넘기

이 그림은 크레타의 크노소스 궁전의 벽화 중 하나란다. 황소 뛰어넘기를 하는 모습이 잘 표현되어 있지. 그런데 황소 뛰어넘기가 너무 위험하지 않았을까? 분명히 다치고 죽는 사람이 많았을 것 같아. 지금 아이들에게 황소 뛰어넘기를 시키면 아마 감옥에 가게 될걸.

크노소스 궁전은 크레타의 왕 미노스가 괴물 미노타우로스를 가두기 위해 만들었다고 하지. 처음에 미노아 사람의 문명을 전설 속의 이야기로 생각했지만 영국의 고고학자 에반스라는 사람이 크노소스 궁전을 발견하여 진짜인 것으로 밝혀지게 되었단다. 궁전은 동, 서의 두 개로 되어 있으며 안에는 1,000여 개의 방이 미로처럼 얽혀 있다고 해. 혹시 크노소스 궁전에 가게 되면 테세우스처럼 실타래를 풀면서 구경해야 할지도 몰라.

사용할 커다란 배를 만들도록 명령했단다.

미노아의 기술자들은 배 만드는 방법을 잘 알고 있었어. 그들은 고대 세계에서 가장 우수한 배 만드는 기술자들이었지. 그리고 미노아의 왕은 해군을 가진 최초의 왕이었어. 해군이란 바다에서 싸우는 법을 알고 있는 군대를 말해. 미노아의 해군은 지중해에서 해적들을 몰아내고 미노아의 상인들이 다른 나라와 무역할 수 있도록 호위했어. 상인들은 마음 놓고 물건을 사고팔 수 있게 되었지. 미노아의 해군은 세계에서 가장 강해졌어. 크레타의 가장 큰 궁전조차 성벽이 필요 없을 정도였지. 침입자들이 크레타의 바닷가에 발을 내딛기도 전에 미노아의 해군이 쫓아 버렸기 때문이야.

테세우스와 미노타우로스

미노아 인이라는 명칭은 전설 속의 왕 미노스Minos에서 이름을 딴 거야. 크레타에 살고 있던 미노아 사람들은 미노스에 대해 다음과 같이 이야기했지.

> 미노스는 모든 신들의 우두머리인 제우스의 아들이었다. 그러나 미노스는 제우스와 인간 사이에서 태어났기 때문에 다른 신들과 함께 살 수 없었다. 그 대신에 미노스는 크레타에 있는 크고 아름다운 궁전에서 살았다.
>
> 그런데 그 화려한 궁전은 어두운 비밀에 싸여 있었다. 궁전의 지하에 그 누구도 빠져나올 수 없도록 만들어진 꼬불꼬불하고 복잡한 미로가 있는데, 그

미로의 끝에는 미노타우로스Minotauros라는 끔찍한 괴물이 살고 있다는 것이다. 미노타우로스를 본 사람은 아무도 없었지만 사람들은 그가 반은 사람이고 반은 황소로, 인간을 잡아먹고 산다고 믿었다.

미노스 왕은 자신의 백성들이 미노타우로스의 먹이가 되는 것을 원치 않았다. 그래서 그는 근처의 도시 아테네에 명령을 내려 미노타우로스의 먹이로 쓸 제물을 보내라고 명령했다. 만약 명령을 어기면 아테네로 쳐들어갈 거라고 위협했다. 아테네 사람들은 매년 7명의 여자와 7명의 남자를 크레타 섬으로 보냈다. 해마다 미노스 왕에게 사람을 제물로 바친 것이었다. 그들은 아테네에 있는 모든 사람의 이름을 적어 그릇에 담아 놓고, 제비뽑기로 14명의 불쌍한 희생자를 뽑았다. 그리고 배에 태워 크레타로 보냈다. 제물로 뽑혀 간 7명의 여자와 7명의 남자는 다시는 볼 수 없었다.

그런데 아테네 왕의 아들 테세우스Theseus가 열여덟 번째 생일날 바닷가를 산책하고 있었다. 맑은 하늘에서 태양이 빛나고, 그 아래 파란 바다가 펼쳐져 있었다. 그런데 바닷가는 슬피 울고 있는 부모들로 가득 차 있었고, 모래 위에 정박해 있는 배는 검은색 돛을 달고 있었다.

"배에 왜 검은 돛을 달고 있느냐?" 테세우스가 물었다. "게다가 그대들은 왜 이리 슬피 울고 있지?"

"우리 아이들이 크레타로 떠나게 되었답니다." 한 어머니가 대답했다. "이 아이들은 미노타우로스에게 잡아먹혀 다시는 볼 수 없을 거예요."

테세우스와 미노타우로스　187

테세우스는 처음 듣는 이야기에 깜짝 놀라 물었다.

"그렇다면 어째서 지금까지 내가 이 사실을 몰랐단 말이냐?"

"당신은 왕자님이니까요." 또 다른 아버지가 말했다. "아테네의 다른 젊은 이들의 이름을 제비뽑기 그릇에 넣을 때 왕자님의 이름은 넣지 않지요. 그러니 왕자님은 크레타로 가서 미노타우로스를 만날 일이 없을 겁니다."

"그건 정당한 일이 아니로구나!" 테세우스가 말했다. "내가 크레타로 가겠다. 미노타우로스를 만나 그놈을 죽이고야 말겠어. 내가 성공하면 이 배에 검은 돛이 아니라 흰 돛을 달고 아테네로 돌아올 것이다. 그러면 더 이상 사람이 제물로 바쳐지는 일은 없겠지."

테세우스의 아버지인 아이게우스Aegeus 왕은 아들에게 가지 말라고 애원했다. 그러나 테세우스의 결심은 확고했다. 그는 결국 다른 희생자들과 함께 크레타로 향하는 배에 올랐다.

그들이 도착하자 미노스 왕이 직접 크레타 해안으로 마중 나왔다. 왕의 뒤에는 그의 아름다운 딸 아리아드네Ariadne가 다소곳하게 따르고 있었다. "미노타우로스의 음식들아!" 미노스 왕은 크게 웃으면서 말했다. "오늘 밤 너희들은 내 궁전 지하의 미로에 살고 있는 황소 인간을 만나게 될 것이다!"

왕은 14명의 희생자를 크노소스Knossos 감옥에 가두고 밤이 오기를 기다렸다. 그런데 아리아드네는 첫눈에 테세우스에게 반해 버렸다. 그녀는 어두워지기 전에 햇불과 칼 그리고 털실 한 뭉치를 가지고 궁전을 몰래 빠져나와 테세우스가 갇혀 있는 감옥으로 찾아갔다. "테세우스!" 그녀가 작은 소리로 말했다. "미노타우로스를 죽이고 싶으세요?"

"그렇소!" 테세우스가 대답했다. "하지만 내가 어떻게 하겠소. 그놈은 미로의 한가운데에서 살고 있고, 그 미로로 들어간 사람은 누구도 다시 나오지 못한다니 말이오."

"당신의 길을 밝혀 드리려고 햇불을 가져왔어요." 아리아드네가 말을 이었다. "이 칼로는 괴물을 죽이시고요. 이 털실은 한쪽 끝을 미로 입구의 문틀에 묶어 놓으세요. 그런 다음 실 뭉치를 내려놓고 굴러가게 내버려 두면, 털실 뭉치가 당신을 미로의 한가운데로 데려다 줄 거예요. 미궁의 한가운데는 가장 낮은 곳이니까요. 당신은 그곳에서 자고 있는 미노타우로스를 발견할 테고, 그가 잠든 틈을 타 죽이면 됩니다. 그리고 다시 실을 따라 되돌아오면 미로를 빠져나올 수 있어요."

그녀는 감옥 문을 열고 테세우스를 미로로 안내했다. 그는 아리아드네가 말해 준 대로 행동에 옮겼다. 그는 낯선 그림자를 만드는 햇불을 들고 앞으로 계속 굴러가는 털실을 따라서 미로의 어두운 통로를 걸었다. 갑자기 털실 뭉치가 멈추자 테세우스는 햇불을 들어 올렸다. 그는 커다란 지하 방 한가운데에 있었다. 야생 동물의 고약한 냄새가 코를 찔렀고 바닥에는 뼈가 흩어져 있었다. 그리고 테세우스는 반은 사람이고 반은 황소인 괴물이 금으로 된 긴 의자에 누워 잠을 자고 있는 것을 발견했다.

테세우스가 가까이 다가가자 발소리에 깬 괴물이 으르렁거리며 일어났다. 그들은 몇 시간 동안 서로 엉겨 붙어 싸웠다. 그리고 마침내 테세우스가 미노타우로스의 몸에 칼을 꽂았다. 그리고 나서 털실을 따라 미궁을 빠져나왔다. 아리아드네는 벌써 13명의 나머지 희생자들을 풀어 주었다. 테세우스는 그들과 함께 항구로 도망쳐 배를 타고 크레타를 떠나 아테네로 향했다. 그리고 해가 떠오를 때쯤 아테네의 항구에 닿았다.

그런데 테세우스는 너무 서두른 나머지 배에 흰 돛을 다는 것을 잊어버렸다. 아테네 사람들이 그들을 마중 나왔다. 그런데 그 중에는 기뻐하는 사람도 있었지만 슬피 울고 있는 사람도 있었다. 그들 중 하나가 테세우스에게 말했다. "왕자님, 왕자님의 아버님이신 아이게우스 왕께서 저기 절벽 꼭대기에서 왕자님을 기다리고 계셨습니다. 그런데 태양이 왕자님이 타고 오신 배의 검은 돛을 비추었을 때, 왕께서는 왕자님이 죽었다고 생각하시고 그만 절벽 아래로 몸을 던지셨습니다. 그러니 이제 왕자님이 아테네의 왕이십니다."

테세우스는 아테네의 왕이 되었단다. 그러나 가슴 아픈 즉위식이었지. 그는 아테네의 항구에 아버지를 위한 기념물을 짓고, 아버지 아이게우스를 기억하는 의미에서 아테네 주변의 바다를 에게 해Aegean Sea라고 이름 지었단다. 오늘날에도 이곳을 에게 해라고 부르고 있지.

미노아 인들의 불가사의한 종말

미노아 사람들에게 도대체 무슨 일이 생겼던 걸까?

2,000여 년 전, 크레타의 미노아 사람들은 불가사의하게 사라져 버렸단다. 그들의 문명이 갑작스런 종말을 맞았지. 미노아 사람들이 모두 크레타를 떠나 버렸어. 왜 그랬을까?

정확히 알 수는 없지만 많은 역사학자들에 따르면, 크레타 섬 가까이 있던 테라 Thera라는 섬의 화산 분출 때문에 미노아 사람들이 떠났을 거라고 추측하고 있어. 테라는 작은 섬처럼 생겨서 사람들이 농사도 짓고 들판에서 가축을 키우기도 했지. 하지만 실제로 테라는 지중해에 솟아 있던 활화산의 꼭대기였던 거야.

어느 날 그 작은 섬은 지하 깊은 곳에서부터 흔들리기 시작했어. 그곳에 살고 있던 사람들은 약한 지진을 계속해서 느낄 수 있었지. 많은 사람들이 재산을 챙겨 즉시 섬을 떠났어. 하지만 지진이 어느 정도 가라앉자 아직 테라에 남아 있던 사람들은 그대로 머물기로 했지. 그들은 무너진 벽을 다시 세우기 시작했단다.

그러나 화산 폭발은 끝난 게 아니었어. 속돌(화산의 용암이 갑자기 식어서 된 가벼운 돌)이라고 불리는 바위 조각들이 화산 밖으로 뿜어져 나오기 시작하더니 마을 전체를 뒤덮어 버렸어. 땅에서는 연기가 피어오르기 시작했지.

아직 테라에 머물고 있던 사람들은 재빨리 떠날 준비를 했어. 그러나 사람이 떠나기 전에 먼저 화산이 용암을 뿜어 내면서 폭발했지. 커다란 돌들이 화산 안쪽에서 뿜어져 폭탄처럼 마을로 떨어졌어. 그러다 갑자기 화산이 안쪽으로 무너져 내려 버렸단다. 바닷물이 무너진 구멍을 메우기 위해 밀려드는 바람에 테라 섬은 전부 바다 밑으로 가라앉아 버렸지! 테라 섬은 영원히 사라졌어.

크레타 섬은 그때까지만 해도 아무렇지 않았단다. 하지만 화산 때문에 밀려온 해일이 해안을 덮치고 지나갔어. 또 거대한 화산재 구름과 먼지, 연기가 바람을 타고 와서 섬을 완전히 뒤덮어 버렸지. 농작물은 재로 뒤덮여 버렸고 먹을 것은 바닥이 났어. 더군다나 공기 중에 떠다니는 먼지와 연기 때문에 사람들은 숨을 제대로 쉴 수 없었지. 그래서 역사학자들은 화산이 공기와 땅을 못 쓰게 만들었기 때문에 많은 미노아 사람들이 크레타 섬을 떠난 것이 아닌가 추측하고 있단다. 물론 떠나지 않은 사람들도 있었지만 그들은 굶주림과 싸워야 했어. 결국 남은 사람들은 먹을 것을 얻기 위해 이웃과 싸워야 했고, 그 뒤 미노아의 도시들은 두 번 다시 강력한 도시로 성장하지 못했단다. 화산재와 먼지가 크레타 섬에서 발생한 최초의 위대한 문명에 종말을 가져온 거야.

고대 그리스의 도시

제19장 초기의 그리스

미케네 문명

크레타 섬은 먼지와 재로 뒤범벅이 되었고 농작물은 모두 죽어 버렸어. 미노아 인들은 위대한 민족이었지만 이제는 살아남기 위해 먹을 것을 찾아다니는 거지 같은 처지가 되어 버렸단다.

시간이 지나면서 재와 돌이 서서히 들판과 계곡에서 사라지기 시작하자 농작물은 다시 자라기 시작했어. 그러나 화산이 그들의 생활 방식을 이미 망쳐 놓았기 때문에 미노아 사람들은 다시 일어설 수가 없었어. 너무 늦어 버린 거지.

게다가 낯선 사람들이 크레타 해안에 나타났어. 그들이 미케네 사람Mycenaeans들이야. 그들은 그리스의 미케네Mycenae라는 도시에서 왔어. 그리스는 크레타 북쪽에 있는 나라야. 작은 섬들로 둘러싸여 있고 마치 손가락처럼 지중해로 불쑥 튀어나와 있단다.

미케네 사람들은 이제 크레타가 약하다는 것을 알고 있었고, 자신들이 크레타를 쉽게 정복할 수 있으리라는 것도 알고 있었어. 그리고 그들은 크레타를 독점하고 싶었지. 결국 미케네 사람들은 크레타 섬 전체를 점령하고 그곳에 정착했단다.

이제 미케네 사람들은 자신들의 도시와 크레타 섬을 모두 소유하게 되었어. 그들은 크레타에 남아 있는 미노아 사람들에게 배 만드는 법을 배웠고, 그렇게 만든 배를 이용하여 다른 섬으로 진출했어. 그리고 각 섬마다 식민 도시를 건설했지. 그 도시들은 모두 미케네의 왕과 병사들이 통치했어. 그리고 미케네 사람들은 곧 에게 해 주변의 섬들을 모두 식민지로 만들었단다.

그리스에는 미케네 사람만 살고 있지는 않았어. 다른 그리스 인이 테베Thebes와 아테네Athens라는 도시에 살고 있었지. 그러나 고대 세계에서 미케네 사람들이 가장 강하고 훌륭한 전사였지. 그들은 청동으로 무기와 갑옷을 만들었어. 그들은 전투에서 자신을 보호하기 위해 방패를 사용하는 법을 알았지. 게다가 그들은 청동을 두들겨서 투구를 만들었는데, 적의 칼에 머리를 베이지 않도록 투구 안에 가죽과 천을 대기도 했단다.

미케네 사람은 전투할 때 최초로 말을 사용한 그리스 인이기도 해. 그전에는 병사들이 항상 걸어 다니며 싸움터를 누볐어. 그러나 미케네 사람은 전차를 끄는 데 말을 사용했고, 이 전차를 전쟁터로 끌고 나갔어. 적군들은 자신들을 향해 돌진해 오는 기마 부대와 전차를 보고 혼비백산했단다.

갑옷에다 청동 무기 그리고 전차로 무장한 미케네 사람들은 에게 해와 그 주변의 섬들을 지배했어. 그들이 최초의 위대한 그리스 문명이었지.

그리스의 암흑 시대

미케네의 그리스 인들은 청동으로 만든 무기와 갑옷, 전차를 가지고 전쟁터를 누비고 다니는 정말 위대한 전사들이었어. 그들은 몇 백 년 동안 에게 해 주변 지역을 지배했단다.

그러나 미케네의 그리스 인들에게도 재난이 다가오고 있었어. 그들은 미처 깨닫지 못하고 있었지만, 시간이 흐르면서 그들 주변의 모든 야만인 부족들도 청동 무기와 전차를 사용하는 법을 알아 가고 있었던 거야.

사실 야만인이라는 말은 그리 좋은 호칭이 아니야. 듣는 사람에게 그 말은 욕이나 다름없지. 알다시피 초기 그리스 인들은 자신들이 굉장한 문명인이라고 생각했어. 그들은 돌이나 나무로 만들어진 좋은 집에서 살았지. 부엌과 욕실이 집집마다 딸려 있었고. 그리스의 여자들은 하루 종일 집에 있으면서 집안일과 요리를 하는 노예들을 감시했어. 남자들은 대부분 가게를 운영하거나 농부 혹은 어부로 일했지. 천을 짜거나 도기 같은 생활 필수품을 만드는 기술자로 일하기도 했어. 아이들은 학교에 보내거나 집에 가정교사를 두고 공부시켰지. 그들은 안정되고 평범한 삶을 살았단다.

그러나 야만인들은 좋은 집이나 안정된 직업이 없었어. 그들은 글을 읽고 쓸 줄도 몰랐어. 그들은 떠돌아다니면서 이 나라 저 나라에 살고 있는 사람들을 공격하거나 그 땅을 점령하며 살았단다.

미케네의 그리스 사람들은 이렇게 떠돌아다니는 야만인들이 무식하고 예의도 없는데다가 더럽고 고약한 냄새가 나는 미개한 종족이라고 생각했어. 그리고 그리스의 무기와 전차가 주변에서 가장 강하다고 생각했지. 그들은 야만인의 공격을 충분히 막아 낼 수 있다고 여겼어.

그러나 그 생각은 잘못된 것이었단다. 에게 해 주변에 살고 있던 야만인들은 이미 철로 무기 만드는 법을 발견했어. 철로 만든 무기는 그리스 사람들의 청동 무기보다 더 강했지. 그들은 활과 화살을 사용하는 법은 물론 창 던지는 방법도 알고 있었어. 이제 야만인들은 멀리서 전차를 몰고 돌진해 오는 그리스 병사들을 어렵지 않게 죽일 수 있었지. 그리스 병사들이 자신들과 싸울 수 있을 만큼 가까운 거리에 도달하기도 전에 말이야. 또한 어떤 야만인들은 군함 만드는 법을 배워 바다를 통해 미케네의 그리스 사람들을 공격하기도 했어. 그리스 사람들은 이 야만족을 '바다 사람들Sea People' 이라고 불렀어. 성경에서는 그들을 팔레스타인 사람이라고 기록하고 있단다.

그리스 사람은 야만족을 물리치기 위해 애썼어. 그들은 도시 주변에 점점 더 튼튼한 성벽을 쌓기 시작했지. 이 벽들은 매우 튼튼해서 오늘날까지도 남아 있어. 그러나 미케네의 그리스 사람들이 얼마나 많은 성벽을 쌓았든 야만인들을 물리칠 수는 없었단다.

바다 사람들은 바다를 통해 그리스에 침입했고, 도리아 인Dorians이라고 하는 다른 야만인들은 북쪽에서 밀고 내려와 그리스 사람을 위협했어. 그리스 도시들은 불에 타고 파괴되었지. 결국 그리스 군대는 야만인의 군대에 패배했어. 그리스 사람들은 사나운 야만족들을 피해 도망가고, 마침내 그리스 땅에는 야만인들만 살게 되었지.

이 야만인들은 수백 년 동안 그리스에서 살았어. 그러나 이들은 싸움만 일삼는 골목대장 같았지. 그들은 오직 싸우는 일에만 전념하여 글을 읽고 쓰는 일 따위에는 관심도 없었단다. 그래서 자신들의 생활에 대해 어떤 기록도 남겨 놓지 않았어. 그들이 남겨 놓은 것은 폐허가 된 도시뿐이었지. 따라서 바다 사람들과 도리아 인들이 그리스에 살던 동안에 어떤 일이 있었는지 오늘날 우리에게 알려진 것이 거의 없단다. 그리스에서는 이 기간을 '그리스의 암흑 시대Greek Dark Ages'라고 해. 도리아 인과 바다 사람들의 역사가 오늘날 우리에게 철저히 감추어진 '암흑'이기 때문이지.

제20장 그리스 문명의 부활

그리스 문자와 알파벳의 기원

미케네 인들이 사라졌어. 이제 그리스에는 북쪽에서 온 도리아 인들과 지중해를 통해 그리스로 쳐들어온 바다 사람들(팔레스타인 사람이라고도 불리었음)이 살고 있었어. 이 사람들은 읽고 쓸 줄 몰랐고 도시 생활에 익숙하지도 않았어. 그리스 문명은 끝났지!

아니, 기다려! 이상한 일이 벌어졌단다. 이 야만인들이 그리스에 정착하여 살면서 점점 문명화되어 갔어. 그들은 공격할 도시를 찾아 떠돌아다니지도 않았어. 대신 마을에 정착해 농사를 짓고 낚시하는 법을 배웠어. 그들은 점점 그리스 인이 되어 가고 있었지.

도리아 인과 바다 사람들이 그리스로 들어와 산 지 수백 년이 흘렀어. 그들에게서 거친 전쟁을 일삼던 야만인의 모습이 사라지면서 점차 문명화된 상인, 농부, 가게 주인의 모습이 나타났단다. 그들은 부엌과 욕실이 있고, 남자는 남자끼리 여자는 여자끼리 놀 수 있도록 방을 따로 만든 멋진 집을 짓기 시작했어. 그들은 곧 서로 가까이에 집을 짓고 마을을 이루고 살게 되었지. 그 마을은 점점 더 커져 정부와 군대를 갖춘 도시를 이루었단다.

그들은 올리브와 포도, 무화과, 밀을 재배하는 법을 알게 되었고, 포도로 포도주 만드는 법도 알게 되었어. 또 이웃 나라 사람을 죽이려고 말을 타고 나가는 대신 레슬링이나 전차 경주, 승마 같은 문명화된 스포츠를 즐기는 법을 배웠어. 그들은 결혼식이나 장례식, 축제, 스포츠 경기와 같은 행사에서 춤추기를 즐겼으며, 200가지 이상이나 되는 춤을 만들어 내기도 했단다.

여자들은 더 이상 먹을 것을 찾아 밖으로 돌아다닐 필요가 없었어. 또 옛날처럼 천막을 치고 빨래를 하고 요리를 하면서 시간을 보내지 않았지. 집 안에 머물면서 햇빛을 덜 받게 되자 여자들의 피부는 금세 뽀얗고 아름답게 변했어. 집 안의 힘든 일은 모두 노예의 몫이었단다.

이제 옛날의 야만인들이 그리스 인이 된 거야.

오늘날 우리는 이들 야만인들보다 초기 그리스 인에 대해 더 많은 것을 알고 있어. 야만인들은 글을 몰랐지만 초기 그리스 인들은 이미 읽고 쓰는 법을 알았기 때문이야. 그들은 자신들의 조상에 대한 이야기를 쓰기 시작했어. 그동안 아이들에게 입으로만 들려주었던 신화와 옛날이야기를 기록으로 남기기 시작했지. 오늘날까지 이 기록들의 일부가 남아 있단다.

초기 그리스 인은 오늘날 우리가 사용하고 있는 것과 똑같은 알파벳을 사용하지 않았어. 그들은 자신들 고유의 글자를 사용했지. 어쩌면 그들은 최초로 알파벳을 사용했던 페니키아 인들에게서 문자를 배웠는지도 몰라. 그리스 문자를 몇 개 소개해 볼게.

A

'알파' 라는 글자야. 오늘날의 'A' 라고 생각하면 맞아. 발음도 'A' 와 비슷하지. 오늘날 사용하고 있는 알파벳 중 많은 글자가 고대 그리스의 문자에서 따온 것이야.

K

이 글자는 '카파' 라는 글자야. 오늘날 'K' 와 같은 소리가 나는 그리스 문자란다.

T

'타우' 라는 이 글자는 'T' 로 발음하는 그리스 문자야.
몇몇 글자들을 제외한 그리스 문자는 오늘날 우리가 사용하는 알파벳과 거의 비슷하단다.

β

'베타' 라고 하는 이 그리스 문자는 'B' 와 같은 소리가 나. 이 글자는 꼬리를 가지고 있어. 지금의 '알파벳' 이란 단어는 그리스 문자인 알파와 베타에서 따온 거야. 알파벳(alphabet)에서 '알파' 와 '베타' 의 발음을 들을 수 있지.
그리스 문자에는 오늘날 사용하고 있는 알파벳과 전혀 다른 문자도 있단다. '프

사이'라고 하는 다음 글자가 그 예야. 이 글자는 '프스'라고 발음하는데, 오늘날 영어에서 사용하지 않는 발음이야.

Ψ

프사이는 바다에 살고 있는 그리스의 신 포세이돈의 이름을 딴 거야. 글자가 포세이돈이 가지고 있는 삼지창처럼 생겼지. '프사이'라는 발음에서 포세이돈의 이름을 떠올릴 수 있겠니?
그리스 문자를 하나 더 소개해 볼게.

Θ

'시'라는 글자야. 오늘날 'th'를 발음할 때 나는 소리란다.

그리스 문자가 오늘날 알파벳과 약간 다르기는 하지만, 알파벳은 그리스 문자의 영향을 많이 받았어. 영미권 이름 중에 A, B, E, H, I, K, M, N, O, P, T, X 철자가 들어 있다면, 그 사람은 자신의 이름을 쓸 때마다 그리스 문자를 사용하고 있는 거지. 그리스 인들이 이런 글자들을 만들어 내지 않았다면 우리는 어떤 문자로 이름을 쓰게 되었을까?

호메로스 이야기

그리스 인들이 읽고 쓰는 법을 배우기 시작했을 무렵, 그들의 상상력이 담겨 있는 오래된 옛날이야기를 글로 쓰겠다고 마음먹은 사람이 있었어. 그 사람이 바로 호메로스Homeros(호머라고도 함)야. 그는 그리스 최초의 위대한 작가였단다. 내려오는 말에 의하면 호메로스는 장님이었다고 해. 그래서 다른 사람의 이야기에 귀를 기울였고, 그리스 문자를 사용해 이야기를 써 내려갔다는 것이지.

호메로스는 유명한 전쟁, 즉 그리스가 트로이 시를 공격한 이야기를 썼단다. 이 전쟁을 '트로이 전쟁Trojan War'이라고 하지. 호메로스는 ≪일리아드Iliad≫라는 서사시로 이 전쟁에 대해 노래했어. ≪일리아드≫를 끝낸 뒤 호메로스는 ≪오디세이Odyssey≫라고 하는 또 다른 이야기를 썼단다. ≪오디세이≫는 트로이 전쟁에서 승리한 그리스의 전사 오디세우스Odysseus에 관한 이야기야. 오디세우스는 배를 타고 집으로 돌아오는 길에 온갖 모험을 겪지. 다음은 오디세우스 이야기 중 일부란다.

오디세우스와 부하들은 귀향을 꿈꾸면서 즐거운 마음으로 트로이를 떠나 항해를 시작했다. 그들은 전쟁에서 자신들의 목숨을 지켜 준 그리스 신들을 찬양하고, 승리에 대해 신들에게 감사를 올렸다.

그런데 그들은 바다의 신 포세이돈에게 감사하는 것을 깜빡 잊었다. 포세이돈은 자신을 빠뜨린 것에 화가 났다. 그는 강한 바람을 불게 해 배를 엉뚱한 곳으로 가게 했다. 그 바람에 오디세우스가 집으로 돌아가는 길은 무척 험난하게 되었다.

오디세우스와 부하들이 탄 배는 바다 위에서 길을 잃고 어딘지 모르는 곳으로 향했다. 바다 위에서 며칠을 헤맨 끝에, 지치고 굶주린 오디세우스와 그의 부하들은 아름다운 섬 하나를 발견했다. 그 섬은 풍부한 밀과 포도나무, 그리고 잡아먹을 수 있는 야생 염소가 많은 시원하고 그늘진 곳이었다. 그들은 바닷가에 배를 대고 활과 화살을 이용해 염소를 사냥했다. 그리고 불을 피우고 마음껏 염소 고기를 구워 먹었다. 그리고 다음 날 아침 먼동이 트자, 그들은 섬을 탐험하기 시작했다.

섬의 반대쪽에서, 오디세우스와 부하들은 절벽 속으로 나 있는 커다란 동굴 하나를 발견했다. 동굴 주위에는 온통 월계수가 자라고 있었다. 동굴 앞에는 돌담으로 둘러싸인 우리가 하나 있었는데, 그 안에는 수백 마리의 양과 염소가 있었다.

"여기에 누가 살고 있을까?" 오디세우스가 말했다. "안으로 들어가 보자." 그는 선물로 맛있는 포도주 한 병을 가지고 12명의 건장한 남자들과 함께 동굴로 향했다. 나머지 사람들은 배로 돌아가 있으라고 명령했다.

오디세우스와 12명의 남자들은 절벽을 올라가 동굴 안을 들여다보았지만 아무도 없었다. 그들은 조심스럽게 안으로 기어 들어갔다. 그곳에는 어린 양과 염소들을 모아 놓은 우리가 있었다. 한쪽 벽에는 치즈 덩어리들이 매달려 있었는데, 치즈 덩어리가 사람의 머리보다 더 컸다. 그리고 바닥에는 동굴 주인이 염소 젖을 짤 때 사용하는 듯한 그릇이 놓여 있었는데, 그 그릇은 사람이 들어가 누울 수 있을 정도로 컸다.

이것을 본 오디세우스의 부하들은 두려움에 떨며 말했다. "이곳은 거인이 사는 곳인가 봅니다. 거인이 돌아오기 전에 어서 치즈와 양을 가지고 배로 돌아갑시다!"

하지만 오디세우스는 움직이지 않았다. "여기서 기다렸다가 거인을 맞이하도록 하자!" 사람들은 치즈를 잘라 내어 신들에게 제물로 바쳤다. 그러고는 저녁으로 치즈를 먹고 거인이 나타나기를 기다렸다. 해가 지고 섬이 완전히 어두워지자 땅이 흔들릴 정도의 엄청난 발소리가 들려왔다.

동굴의 주인이 나타났다. 그는 보통 사람들보다 세 배나 키가 큰 거인이었다. 그런데 하나밖에 없는 눈이 이마 한가운데 박힌 외눈박이였다. 그는 바로 키클롭스 Cyclops(키클로페스라고도 함)였다!

키클롭스는 양과 염소 떼를 몰고 들어왔다. 그는 장작으로 쓸 나무 서너 그루를 뿌리째 뽑아 어깨에 메고 들어와 동굴 바닥에 집어던졌다. 그 소리가 얼마나 컸던지 오디세우스와 그의 부하들은 놀라서 얼른 몸을 숨겼다. 양과 염소가 모두 동굴 안으로 들어오자 키클롭스는 커다란 바위로 동굴 입구를 막아 버렸다. 돌은 굉장히 크고 무거워서 사내들 20명의 힘을 합해도 움직일 수 없을 정도였다. 거인은 염소 젖을 짜고 불을 피우려고 했다.

불꽃이 일어나자 키클롭스는 동굴 한쪽에 숨어 있는 오디세우스와 그의 부하들을 발견했다. 그가 동굴이 울릴 정도로 큰 소리로 말했다. "이봐, 여기서 뭐 하는 거야? 도둑이냐? 내 양과 치즈를 훔치러 내 동굴로 기어 들어왔나?"

"아니오!" 오디세우스가 대답했다. 그의 목소리는 두려움에 떨리고 있었다. "우리는 고향으로 돌아가고 있는 여행자들일 뿐이오. 우리는 몹시 배고프고 춥다오. 우리에게 친절과 자비를 베풀어 주시오!"

"너희가 여행자들이라면 너희 배는 어디 있지?" 키클롭스가 물었다.

오디세우스는 키클롭스가 배를 찾아내어 부숴 버릴지도 모른다는 생각에 겁이 더럭 났다. 그래서 거짓말을 했다. "배가 난파되어 이 섬까지 오게 되었소. 우리 배는 부서져 버렸다오."

키클롭스는 대답 대신 오디세우스의 부하 두 명을 덥석 붙잡더니 그 자리에서 먹어 버렸다! 그러고는 염소 젖으로 그 끔찍한 식사를 입가심하더니 바닥에 드러누워 잠들어 버렸다.

"거인이 자고 있는 사이 죽여 버립시다!" 오디세우스의 부하가 속삭이며 말했다. 하지만 오디세우스는 찬성하지 않았다. "지금 거인을 죽인다면 누가 우리를 이 동굴에서 꺼내 줄 수 있겠나? 저 무거운 돌을 우리가 옮길 수 있을 것 같나. 놈을 죽이면 우리도 이곳에서 죽게 될 거야!"

오디세우스와 그의 부하들은 동굴 구석에 쪼그리고 앉아 천둥 소리 같은 키클롭스의 코 고는 소리를 들으며 밤을 지새웠다.

키클롭스는 태평스럽게 잠을 잤다. 새벽이 밝아 올 즈음 깨어난 거인은 불을 피우고 염소 젖을 짰다. 그러고는 오디세우스의 부하 두 명을 아침 식사로 집어삼켰다. 식사를 마친 거인은 염소 젖을 마신 뒤 동굴 입구의 돌문을 치우고 양과 염소 떼를 몰고 나갔다. 그러나 키클롭스는 오디세우스와 부하들이 동굴 밖으로 빠져나가기도 전에 항아리 뚜껑을 닫는 것처럼 쉽사리 동굴의 입구를 돌로 막아 버렸다.

오디세우스의 부하들은 겁에 질린 채 울부짖었다. 하지만 오디세우스는 동굴 안을 왔다 갔다 하며 생각에 잠겼다. 그러고는 키클롭스가 불을 피우려고 가져다 놓은 나무 더미 쪽으로 갔다. 나무 몇 개가 키클롭스가 던져 놓은 상태 그대로 놓여 있었다. 그런데 아직까지 싱싱한 채로인 큰 나무 하나가 눈에 띄었다.

"이리들 와 봐." 오디세우스가 부하들을 불렀다. "좋았어! 내가 말하는 대로 하면 우리는 도망갈 수 있을 거야. 이 나무 끝을 사람 키만큼 길고 날카롭게 깎으라고. 이유는 묻지 말고 내가 하자는 대로만 해."

부하들은 나무를 깎아 날카롭게 만들었다. 그리고 오디세우스는 나무의 날카로운 끝이 단단하고 검게 변할 때까지 불에다 달군 뒤 짚 더미 속에 감췄다. 그리고 나서 부하들과 함께 키클롭스가 돌아올 때까지 기다렸다.

해가 저물자 거인은 동굴로 돌아왔다. 양과 염소를 동굴 안으로 들여보낸 거인은 다시 큰 돌로 입구를 막아 버렸다. 그러고는 사람 둘을 잡아 커다란 입속으로 집어넣고는 염소 젖과 함께 삼켜 버렸다. 오디세우스는 대담하게 용기를 내어 앞으로 나섰다.

"키클롭스! 내 부하들을 그렇게 많이 잡아먹었으니 목이 마를 것 같은데, 염소 젖만으로 갈증을 없애는 데 부족하지 않나? 네가 지금까지 먹어 본 것 중에서 가장 맛있는 포도주가 여기 있다."

오디세우스는 배에서 가져온 포도주 한 병을 거인에게 내밀었다. 키클롭스가 코를 킁킁거렸다. 포도주 냄새가 너무 향긋했던 것이다. 키클롭스는 한 모금 또 한 모금 계속 마시더니 금세 포도주 한 병을 다 마셔 버렸다. 그러자 키클롭스는 잠이 쏟아졌다.

"내게 이렇게 맛있는 포도주를 준 자네의 이름이 뭐지?" 그가 큰 소리로 말했다.

"내 이름은 노맨(Noman)이오." 오디세우스가 대답했다.

"노맨, 자네가 준 포도주 정말 잘 마셨다! 특별히 너를 맨 끝에 먹도록 하지." 키클롭스는 선심 쓰듯 그렇게 말하고는 바닥에 큰 대(大) 자로 누워 잠들었다.

오디세우스와 부하 여섯 명은 짚 더미 속에 숨겨 두었던 뾰족한 나무를 끌어내어 키클롭스의 하나밖에 없는 눈을 찔렀다. 키클롭스는 펄쩍 뛰며 고통으로 울부짖었다. 그는 동굴 여기저기에 부딪히면서 무턱대고 오디세우스와 부하들을 잡으려고 했다. 그러나 눈이 먼 키클롭스에게서 도망치는 것은 식은 죽 먹기였다.

오디세우스와 부하들은 곧 동굴 밖에서 나는 커다란 발소리를 들었다. 키클롭스의 친구들과 이웃이 무슨 소리인지 알아보기 위해 온 것이었다. "도대체 무슨 소리야?" 그들이 키클롭스에게 말했다. "잠을 못 자겠군! 누가 자네를 때리기라도 했나?"

"노맨이야!" 키클롭스가 소리쳤다. "노맨(No man)이 나를 죽이려고 해!" 하지만 친구들은 키클롭스의 말을 '나를 죽이려는 사람은 없어!' 라고 알아들었다. "그래? 그럼 가서 잠이나 자자고!" 그들은 모두 돌아가 버렸다.

키클롭스는 아침이 올 때까지 누워서 고통으로 끙끙거렸다. 그는 일어나서 손으로 더듬으며 입구로 다가가 돌을 치웠다. 그리고 동굴을 나오는 양과 염소의 등을 일일이 손으로 더듬어 확인했다. 그 바람에 오디세우스와 부하들은 양과 염소에 휩쓸려 몰래 빠져나갈 수가 없었다.

오디세우스는 부하 한 사람당 세 마리의 살찐 양을 고르게 했다. 그리고 세

마리의 양을 한데 묶은 뒤 부하들을 가운데 양의 배에 매달리게 했다. 그러면 양에 매달린 채 키클롭스 앞을 지나갈 수 있을 것 같았다. 키클롭스는 양의 등만 손으로 더듬었기 때문에 배에 매달린 사람은 확인할 수 없었다.

오디세우스와 부하들은 마침내 키클롭스의 동굴에서 빠져나와 배를 향해 달려갔다. 배에 있던 사람들이 뛰어오는 그들을 보았다. 오디세우스가 소리쳤다. "항해를 준비하라! 배를 띄워라!" 그들이 배에 오르자마자 노 젓는 사람들이 바다를 향해 노를 저었다. 마침내 일행은 키클롭스의 섬을 빠져나왔다.

안전해진 오디세우스가 큰 소리로 외쳤다. "키클롭스! 키클롭스! 네 집에 찾아온 손님을 잡아먹으면 어떻게 되는지 이제 알겠나? 바보같이 속임수에 빠지다니!"

키클롭스는 오디세우스가 자신을 놀리는 말을 들었다. 화가 난 그는 절벽 옆에 있는 커다란 돌을 뽑아서 오디세우스의 목소리가 나는 쪽으로 집어던졌다. 하지만 눈이 보이지 않았기 때문에 오디세우스를 맞힐 수는 없었다. 배 주위에 그저 약간의 파도가 일 뿐이었다. 그러자 오디세우스가 다시 소리쳤다. "키클롭스, 네 눈을 멀게 하고 너를 흉하게 만들어 놓은 사람이 누구냐고 묻거들랑 바로 이 오디세우스님이라고 알려주거라!"

"빌어먹을 놈!" 키클롭스가 소리쳤다. "나는 바다의 신 포세이돈의 아들이다! 내가 아버지에게 네놈이 절대 고향으로 돌아가지 못하도록 네놈의 배를 바다 깊이 가라앉게 만들 파도와 바람을 보내 달라고 할 테다!"

오디세우스는 키클롭스의 협박을 무시해 버리고 배를 저어 넓은 바다로 나아갔다. 그들이 섬에서 멀리 떨어져 나오자마자 돛은 바람을 탔고, 오디세우스 일행은 고향으로 향할 수 있었다.

그러나 키클롭스의 협박은 현실이 되었다. 포세이돈이 키클롭스의 청을 들어준 것이다. 그는 바람을 보내 오디세우스의 진로를 방해했고, 파도를 보내 그의 배가 산산조각 나도록 했다. 그래서 오디세우스는 10년 동안 위험한 모험을 수없이 겪은 뒤에야 간신히 고향에 도착할 수 있었다.

남자들만의 경기 올림픽

고대 그리스 인들은 오디세우스와 같은 전사들을 존경했단다. 그들은 사람이 갖추어야 할 가장 중요한 미덕이 힘과 용기라고 생각했어. 미덕이란 게 뭘까? 미덕이란, 다른 사람에게 친절하다 아니면 관대하다 혹은 용감하다와 같이, 도덕적인 훌륭한 행동이나 아름다운 덕성을 말해.

그리스 사람들은 오디세우스와 같이 용감하고 강한 사람들에 대해 이야기하면서 용기와 힘을 찬양했어. 또한 올림픽 경기Olympic Games라고 하는 큰 축제를 통해 그 용기와 힘을 기리기도 했어. 가장 용감하고 가장 힘이 센 그리스 사람들이 올림픽 경기에 참가했지.

올림픽은 고대 그리스에 있던 두 도시가 몇 년 동안 전쟁을 하다가 서로 화해하면서 시작되었단다. 화해를 축하하고 그리스의 최고신인 제우스를 받들기 위해 성대한 축제를 하기로 했지. 축제의 이름은 그리스에서 가장 높은 산인 올림푸스 산 Mount Olympus(올림포스Olympos라고도 함)에서 땄어. 그리스 사람들은 제우스와 다른 신들이 올림푸스 산에서 살고 있다고 생각했지.

그리스 사람들은 축제에서 제우스를 위해 연회를 베풀고 제물을 바쳤어. 그리고 경기를 벌였지. 경기에서 이긴 사람에게는 올리브 가지로 만든 관을 씌워 주었단다. 올리브 잎은 평화를 상징해.

그리스 사람들은 4년마다 모여서 올림픽을 열고 제우스를 기리는 경기를 하기로 했단다. 시간이 지남에 따라 그리스의 다른 도시들도 점점 더 많이 올림픽에 참가하게 되었어. 그리고 더 많은 종류의 경기를 추가했지. 발로 뛰는 경기 외에 말을 타는 경기를 했고, 권투와 레슬링 경기도 했어. 그들은 5종 경기라고 하는 것을 만들어 냈어. 이 경기의 참가자들은 5가지의 다른 경기에 모두 참가해야 해. 원반던지기와 창던지기에서는 다른 사람보다 더 멀리 던지는 사람이 승자가 되었어. 멀리뛰기, 레슬링, 달리기에서도 다른 참가자들을 이겨야 승자가 되었지. 이 5종 경기는 맹수를 사냥하는 과정을 본떠 만들어진 경기라고 해. 즉 강을 뛰어넘어 맹수를 쫓고(멀리뛰기), 돌을 던지고(원반던지기), 실패하면 쫓아가서(달리기) 창을 던져 공격하고(창던지기), 맹수와 대결·결투하여(레슬링) 사냥에 성공한다는 그 시대의 배경에 근거를 둔 거지.

그렇지만 그리스의 올림픽 경기에는 남자만 참가할 수 있었어. 젊은 여자들은 구경만 할 수 있을 뿐 달리기는 물론 다른 어떤 종목에도 참가할 수 없었지. 그리고 결혼한 여자들은 구경조차 할 수 없었고, 올림픽 경기를 하는 근처에는 얼씬도 할 수 없었어. 이를 어기면 죽임을 당할 수도 있었지. 왜 그랬을까? 그 이유는, 그리스 사람들은 남자만이 진정으로 용감하고 강하게 될 수 있다고 생각했기 때문이야. 그들은, 신을 받드는 최고의 방법은 그들의 몸이 될 수 있는 한 아름답고 강하게 되도록 훈련하는 것이라고 여겼지.

올림픽 경기는 거의 1,000년에 걸쳐 4년마다 열렸어. 올림픽 경기에 참가하거나 구경하기 위해 그리스 전체에서 사람들이 몰려들었고, 이렇게 몰려든 사람들은 경기장 근처에서 야영을 했단다. 그들은 밤이 되면 음악을 들으며 축제를 벌였고, 시인들은 시와 이야기를 큰 소리로 읊어 군중들을 즐겁게 해 주었어. 시와 이야기는 고대 그리스 사람들에게 마치 영화와 같은 것이었지. 오디세이를 읊는 시인도 있었고, 트로이의 전쟁에 대한 이야기를 하는 사람도 있었어. 자신이 직접 지은 새로운 시와 이야기를 공연하는 사람도 있었지.

달리기를 비롯한 각종 경기에서 이긴 사람들은 영웅 대접을 받았단다. 사람들은 승자를 축하하는 연회를 베풀기도 했고, 승자들이 집으로 돌아오면 그 도시에서 평생을 먹고 살 돈을 상으로 주기도 했단다.

오늘날에도 올림픽 경기는 4년마다 열리고 있어. 고대에도 있었던 레슬링, 달리기, 권투는 물론 체조, 축구, 야구, 수영 등 백여 가지의 경기가 펼쳐진단다. 오늘날에는 여자도 남자와 마찬가지로 올림픽 경기에 참가할 수 있어. 그리고 이제는 그리스의 선수들뿐 아니라 세계의 모든 나라 선수들이 참가하지. 그러나 올림푸스 산의 이름을 딴 올림픽이라는 이름은 여전히 사용되고 있어. 그리고 고대의 사람들과 마찬가지로 오늘날의 사람들도 여전히 힘과 아름다움과 용기를 찬양하고 있지.

페르시아 제국

제21장 페르시아 제국

양치기가 된 왕의 손자

아시리아의 역사를 잠시 되돌아볼까? 앞에서 우린 아시리아의 샴시아다드 왕에 대해 읽었어. 그는 세계를 통치하고 싶어 했지! 그래서 주변 도시들을 정복해 자신에게 복종하도록 만들었어. 그는 정복한 도시에 자신의 병사들을 보내 샴시아다드의 법에 복종하지 않는 자를 처벌하게 했어. 그들은 곧 티그리스와 유프라테스 강 사이의 땅인 메소포타미아의 북쪽 지방을 전부 지배하게 되었지.

그러나 메소포타미아 남쪽 지방을 지배하고 있던 바빌로니아 왕국은 아시리아보다 훨씬 더 강했어. 바빌로니아의 왕 함무라비는 군대를 보내 아시리아를 점령해 버렸지. 얼마 동안 아시리아 사람들은 바빌로니아에 복종해야 했어.

그러나 아시리아 사람들은 무작정 바빌로니아에 복종하고 있지만은 않았어. 결국 그들은 반란을 일으켜 자신의 왕국을 되찾았지! 아시리아 사람들이 다시 바빌로니아 사람들을 지배하게 되었고, 바빌로니아 사람들은 그들에게 복종해야 했지! 아시리아 사람들은 다시 주변 도시들을 정복했어. 그들은 가나안으로 가는 동안 내내 싸움을 했고, 가나안에 살고 있는 유대 인들을 사로잡아 그들의 고향을 떠나도록 만들었어.

그러나 바빌로니아 사람들은 또 다른 민족인 메디아Media와 동맹 관계를 맺었어. 결국 바빌로니아 사람과 메디아 사람은 함께 힘을 모아 아시리아를 무찔렀단다. 또다시 바빌로니아와 메디아가 지배하고 아시리아가 복종해야 했어. 분명 살아가기에 아주 혼란스러운 시대였을 거야. 세계의 지배자들이 계속 바뀌었으니 말이야. 처음에는 아시리아였다가 바빌로니아로 바뀌고, 다시 아시리아였다가 다시 바빌로니아로 바뀌었으니까.

바빌로니아 사람들과 메디아 사람들은 자신들이 해냈다는 성취감에 젖었음에 틀림없어. 마침내 아시리아를 정복해 버렸으니 말이야. 이제 그들은 메소포타미아에서 가장 강한 민족이 되었어. 그러나 메디아와 바빌로니아의 지배 역시 그리 오래가지 않았단다. 더 강한 새로운 민족이 나타난 거야. 바로 페르시아Persia였어. 페르시아 인은 양을 치며 사는 부족으로, 메디아의 땅 끄트머리에서 메디아 왕에게 복종하며 살았어. 페르시아 양치기들은 아스티즈Astyges(아스티아게스라고도 함)라는 사람의 지배를 받고 있었지. 그는 현명한 사람이 아니었어. 그는 페르시아 사람들을 다스리는 걸 좋아했고, 자신의 왕관을 지키기 위해서라면 어떤 일이라도 할 사람이었어.

어느 날 밤, 아스티즈는 무서운 꿈을 꿨단다. 그의 어린 손자가 자라서 그의 힘을 뺏고 페르시아의 지배자가 되는 꿈이었지. 한밤중에 잠에서 깨어난 아스티즈는 걱정이 되었어. "내가 뭔가를 대비하지 않으면 내 손자가 나를 왕위에서 내쫓고

내 자리를 차지하겠구나!" 아스티즈는 꿈에 대한 생각으로 잠을 잘 수 없었단다. 아침이 되자 그는 하르파구스Harpagus라는 이름의 고문관을 불렀어. "네가 해야 할 일이 있다."

"왕이시여, 분부만 내리십시오!" 하르파구스가 대답하자 아스티즈가 명령했어. "지금 당장 내 손자를 산으로 데리고 가서 죽여 버려라. 이 일은 아무도 모르게 해야 한다. 어서 가거라!"

하르파구스는 내심 이 끔찍한 일을 하고 싶지 않았어. 하지만 왕이 두려워서 명령을 거역할 수도 없었지. 그는 아기를 데리고 산으로 가면서 계속 고민했어. "왕의 명령을 따르자면 나는 아기를 죽여야 한다. 하지만 난 그럴 수 없어!"

주위를 둘러보자 근처에서 양을 지키고 있는 양치기가 한 명 보였어. 그는 양치기를 불러서 말했어. "왕은 이 아기를 없애 버리기를 원한다. 네가 아기를 없애라! 그리 해 준다면 내가 네게 많은 상금을 주겠다. 하지만 그렇게 하지 않는다면 왕의 병사들을 보내 너를 죽일 것이다."

양치기는 아기를 바라보았고 좋은 생각이 떠올랐어. "좋습니다. 제가 이 아기를 없애겠습니다." 그는 하르파구스에게 이렇게 말하고는 아기를 데리고 아내가 있는 집으로 달려갔어. 그들에게는 자식이 없었지. "여보!" 그가 아내에게 말했어. "신들이 우리에게 아들을 보내 주었다오. 이 아이를 우리 자식처럼 키웁시다!"

그의 아내는 기쁨의 눈물을 흘리며 사랑스런 아기를 품에 안았어. 그리고 양치기는 아기 대신 염소 한 마리를 죽여 자신의 손에 피를 묻히고 하르파구스에게 달려

갔지. "당신이 말한 대로 했소!" 양치기가 말하자 하르파구스는 아스티즈에게 돌아가서 아기를 죽였다고 고했어. 그러나 양치기 부부는 아기의 이름을 키루스 Cyrus라고 짓고 산허리에 있는 그들의 집에서 키웠지.

키루스는 키가 크고 건장한 청년으로 자랐어. 그는 다른 양치기들보다 빠르고 영리했으며, 또래 아이들보다 머리 하나만큼 키가 더 컸어. 어느 날 양치기는 키루스에게 양을 파는 일을 도와 달라며 마을로 데리고 나갔단다. 때마침 페르시아의 지배자 아스티즈가 하르파구스와 함께 그들이 양을 팔고 있는 곳을 지나게 되었어. 아스티즈는 양을 팔고 있는 젊은이를 보자마자 자신의 손자임을 금세 알아차렸지.

그날 저녁 왕은 하르파구스를 불렀어. "내 말을 거역했구나!" 하르파구스는 자신이 아기를 죽이지 못하고 양치기에게 아기를 주었노라고 자백했단다. 아스티즈는 너무 화가 나서 하르파구스와 그의 가족을 몽땅 죽이려 했어. 하르파구스는 산으로 도망가 키루스를 만나 말했단다. "당신이 페르시아의 왕이 되고 싶다면 내가 도와주겠소."

하르파구스와 키루스는 페르시아 사람들이 아스티즈보다는 키루스 자신을 더 따를 거라고 확신했어. 아스티즈가 오래전에 꿈에서 보았던 대로 키루스는 할아버지의 힘을 빼앗아 페르시아의 새로운 지배자가 되었지. 그리고 나서 그는 메디아의 대제국에 저항하는 싸움을 벌였어. 3년간의 격렬한 싸움 끝에 키루스는 메디아를 정복했어. 산에서 양치기의 아들로 자란 키루스가 메디아와 페르시아를 합친 제국을 지배하게 된 거야.

키루스 대왕의 정복 활동

이제 키루스는 메디아와 페르시아의 왕이 되었어. 그는 위대한 전사였으며 착하고 공정한 왕이었지. 그는 메디아를 정복한 뒤에도 메디아 백성들을 그들의 고향에서 그대로 살게 해 주었단다. 심지어 메디아의 귀족들이 키루스 자신이 만든 새로운 제국에서 약간의 권력을 가질 수 있도록 허락해 주었지. 그가 건설한 제국은 너무 컸기 때문에 누군가의 도움이 필요했어. 혼자서 세금을 거두고 재판을 하고 모든 문제를 해결할 수는 없었지. 그래서 그는 자신의 왕국에서 페르시아 관리와 메디아 관리가 함께 일하게 했어. 메디아 사람들은 자신들이 제대로 대우받고 있다고 느꼈기 때문에 키루스의 통치에 반항할 생각을 하지 않았단다.

키루스는 자신의 제국을 더 넓히기로 마음먹었어. 그는 소아시아를 전부 지배하고 싶었지. 소아시아는 세계에서 가장 부유한 왕이었던 크로이수스Croesus가 지배하고 있었는데, 그는 누구보다도 많은 금을 가지고 있었단다. 키루스는 크로이수스를 굴복시키면 자신이 큰 부자가 될 거라고 생각했어. 그래서 그는 크로이수스 왕국으로 군대를 이끌고 가서 그곳을 정복해 버렸어. 키루스는 크로이수스를 사로잡아 도시가 한눈에 내려다보이는 성벽 꼭대기에 세워 놓았단다. 크로이수스의 눈에는 페르시아의 병사들이 도시 이곳저곳을 돌아다니면서 보물, 금화, 보석들을 약탈하고 있는 모습이 보였어. 그러나 그는 그저 조용히 지켜보기만 했단다.

마침내 키루스가 물었어. "왜 아무 말도 하지 않고 있느냐? 병사들이 너의 금을 모두 약탈하고 있지 않느냐!"

"아니오, 그렇지 않소." 크로이수스가 대답했어. "이 도시는 이제 당신 것이오. 그러니 저들은 당신 것을 훔쳐 가는 것이오." 키루스는 이 말을 듣고 즉시 병사들의 약탈을 멈추게 하고, 훔친 금을 모두 가져오게 했단다.

키루스의 군대는 다시 동쪽으로 향했어. 그렇게 그들은 인더스 강까지 진격했단다. 이제 그는 소아시아와 인도 사이의 땅을 모두 지배하게 되었어. 페르시아 제국은 커질 대로 커졌지.

키루스의 정복은 여기서 끝나지 않았어. 그에게는 가장 큰 적이 하나 남아 있었지. 바로 바빌로니아야. 바빌로니아 사람들이 오랫동안 메소포타미아를 지배하고 있었다는 사실 기억하지? 바빌로니아는 오래되고도 매우 강력한 왕국이었어. 키루스는 티그리스와 유프라테스 강 사이의 멋지고 비옥한 땅을 모두 지배하고 싶었어. 그러나 바빌로니아의 군대가 페르시아의 군대보다 더 막강하다는 것을 그도 알고 있었단다.

그렇지만 키루스는 바빌로니아를 정복하는 데 유리한 장점 한 가지를 가지고 있었어. 키루스는 어질고 공정한 왕이었기 때문에 페르시아 사람들이 그를 좋아한다는 점이었지. 그러나 바빌로니아 사람들은 자신들의 왕을 매우 싫어했어! 바빌로니아의 왕은 백성들에게서 지나치게 많은 돈을 거둬들여 자신의 사치스런 생활에 낭비하는 폭군이었거든. 키루스는 바빌로니아 사람들이 자기들의 왕에게 완전히 넌더리를 낼 때까지 기다렸어. 그리고 마침내 때가 왔지. 키루스는 군대를 바빌론으로 진군시켰어. 바빌로니아 사람들은 키루스가 어질고 공정한 왕이라는 사실을 소문을 통해 알고 있었지. 게다가 자기들의 왕에게 질려 있던 터였고. 바빌로니아 사람들은 문을 활짝 열고 키루스를 맞아들였단다.

키루스가 바빌론을 점령하자 가나안도 페르시아의 땅이 되었어. 팔레스타인이라고도 불리는 가나안은 바빌로니아와 아시리아가 정복하기 전에는 유대 민족의 고향이었지. 바빌로니아 사람과 아시리아 사람들은 유대 민족을 그들의 고향에서 쫓아냈어. 하지만 키루스는 자비로운 왕이었지. 키루스는 비빌론의 왕이 되자 유대 인들을 그들의 고향 팔레스타인으로 돌아가도록 해 주었단다. 게다가 유대 민족이 그들의 유일신을 숭배할 수 있도록 허락했어. 이러한 조처 덕분에 그의 자비로움은 더욱 널리 알려지게 되었지. 유대 인들은 키루스에게 너무 감사해서 그를 '구세주'라고 부르기도 했단다.

이제 키루스는 세계에서 가장 위대한 왕이 되었어. 그러나 아직까지 키루스에게 복종하지 않는 나라가 하나 있었지. 바로 그리스였단다. 이제 그리스 사람들과 페르시아 사람들이 전쟁터에서 만날 날이 얼마 남지 않았어.

키루스 대왕의 정복 활동

제22장 스파르타와 아테네

전사를 키우는 스파르타

페르시아 제국은 키루스 대왕 한 사람이 지배하는 대제국이었어. 키루스는 페르시아 사람들이 지켜야 할 법을 만들었지. 군대가 언제 다른 나라를 공격할 것인지도 왕이 결정했고, 사람들이 세금을 얼마나 내야 하는지도 왕이 결정했단다. 그는 선량한 왕이었지만 백성들을 지배하고, 백성들이 그에게 복종하기를 바랐어.

그러나 에게 해 건너 그리스는 완전히 다른 나라였어. 그리스 사람들은 같은 언어를 사용하고, 같은 방식으로 옷을 입고, 같은 신을 섬기고 있었지. 그들은 모두 함께 모여 올림픽 경기를 하며 축제를 벌였어. 그러나 그리스 사람들은 한 사람의 왕에게 복종하지 않았단다. 그리스 도시들은 도시마다 각자 나름대로의 법과 군대를 가지고 있었으며, 서로 다른 생활 방식을 가지고 있었지. 한 명의 강력한 지배자에게 복종한다는 것은 그리스 사람들에게는 생각만 해도 끔찍한 일이었지. 그들은 자신들의 독립성을 좋아했어.

아테네Athens와 스파르타Sparta는 그리스 도시 중에서도 가장 큰 도시들이었단다. 하지만 이 두 도시의 생활 방식은 완전히 달랐어. 스파르타는 전사(戰士) 출신의 왕들이 지배했으며, 모든 스파르타의 남자들은 병사가 되어야 했단다. 남자 아이들은 학교에 가긴 했지만 철학이나 예술, 음악 따위는 배우지 않고, 7살이 되면 명령에 복종하는 전사가 되도록 훈련받았어. 그들은 몸을 튼튼하게 단련하기 위해 운동을 배웠고, 양말이나 신발을 신지 않고 먼 거리를 걸어 발을 단단하게 만들었어. 또한 먹을 것도 넉넉하게 주지 않았지만 소년들은 불평이라는 것은 생각지도 못했단다. 스파르타의 소년들은 강인하고 과묵해야 한다고 교육받았지.

스파르타에서 군인이 되기 위해 군대에 들어가 훈련을 받던 한 소년의 이야기가 있단다. 그 소년은 너무 배가 고픈 나머지 다른 사람의 여우를 한 마리 훔쳤어. 소년이 요리하기 위해 그 여우를 죽이려고 하는 순간 스파르타 군인들이 그에게 말을 걸려고 다가오고 있었지. 소년은 자신이 여우를 훔쳤다는 사실을 알면 스파르타 군인들이 가만두지 않을 것이라는 것을 잘 알고 있었어. 그래서 소년은 재빨리 여우를 옷 밑에 감췄단다. 여우는 소년을 물어뜯기 시작했어. 그러나 소년은 자신이 여우를 훔쳤다는 사실을 들키기보다는 고통을 참으며 똑바로 서서 병사들과 이야기를 나누는 편이 낫다고 생각했지. 여우가 자신의 뱃속까지 파먹는다 하더라도 말이야. 소년은 군인들이 돌아갈 때까지 아픈 내색을 하지 않았어. 스파르타의 모든 소년들은 이런 행동이 용감하고 과묵한 것이라고 생각했지.

소년들은 20살이 되면 체력과 용기를 평가하는 특별한 시험을 치러야 했어. 이 시험에 통과해야만 군대에 들어갈 수 있었으며, 원하면 노인이 될 때까지 군대에 남아 있을 수 있었지. 군인은 결혼을 하더라도 가족과 함께 살 수 없었어. 병영에서 다른 군인들과 함께 살아야 했지. 그리고 시험을 통과하지 못한 소년들은 투표권을 얻지 못해 완전한 스파르타의 시민이 될 수 없었단다.

그런데 여자 아이들은 어땠을까?

여자 아이들도 마찬가지로 운동을 배우고 강해져야 했어. 그래야 스파르타를 위해 싸우게 될 소년들의 어머니가 될 수 있었으니까. 고대 스파르타 사람들에게 전사란 정말 중요한 사람이었지. 스파르타 사람들은 여자란 남자보다 약하고 겁이 많은 존재라고 생각했고, 그래서 스파르타의 여자들은 남자들에 비해 중요하게 여겨지지 않았지.

스파르타의 어머니들은 아들이 전사다운 행동을 했을 때 칭찬해 주었고, 용감한 행동에 대해서는 상을 주었단다. 스파르타의 어머니는 전쟁터로 떠나는 아들에게 이렇게 말했어. "네 방패를 가지고 돌아오너라. 그러지 않으면 방패를 덮고 돌아오너라!" 전쟁에서 진 사람은 방패를 가질 수 없었지. 그 어머니가 진정으로 하고 싶은 말은 이거였을 거야. "전쟁에서 승리해라. 그러지 못하면 죽어서 돌아오너라!" 스파르타 사람들은 전쟁에서 지느니 차라리 죽는 게 낫다고 여겼지.

스파르타의 예술이나 이야기는 알려지지 않았지만 스파르타 군대의 용감함과 강인함은 전 세계에 알려져 벌벌 떨게 만들었지. 오늘날에도 아무 불평 없이 고통이나 실망을 견뎌 내는 사람을 가리켜 '스파르타 사람' 같다고 말한단다.

전사를 키우는 스파르타

민주주의가 꽃핀 아테네

스파르타 사람들은 그들의 왕에게 절대 복종했어. 그러나 아테네에 사는 사람들은 달랐단다. 아테네는 민주주의democracy였기 때문에, 아테네에 살고 있는 사람들은 누구나 도시의 운영에 대해 의견을 말할 수 있는 권리를 가지고 있었지. 이 말은 곧 새로운 법이 제정될 때마다 모든 아테네 시민들이 그 법을 실제로 따를 것인지 말 것인지를 투표할 수 있었다는 뜻이야. 시민들 하나하나가 "예, 이건 아주 좋은 법입니다!" 혹은 "아닙니다, 이건 좋은 법이 아닙니다!"라고 말할 수 있는 기회를 가졌지. '아니오' 보다 '예' 에 투표하는 사람들이 많으면 그 법은 통과되는 거야! 그들은 자신들의 지도자를 스스로 뽑았고, 세금을 얼마나 낼지도 모든 시민이 투표를 해서 결정했어. 그리고 군대를 전쟁터로 보낼 것인지 말 것인지도 투표로 결정했지. 시민들은 투표할 일이 생기면 도시의 한가운데 있는 포럼forum이라고 하는 특별한 장소에 모였어. 그곳에서 찬성할 것인지 반대할 것인지를 논의했지. 논의를 마치면 그들은 각자 마음을 결정하고 투표를 실시했어.

시민들이 올바른 투표를 하기 위해서는 교육을 받아야 했지. 세금이 왜 중요한지, 지도자가 좋은 사람인지 아닌지 등을 구별할 수 있어야 했거든. 또한 도시의 법을 이해해야 했단다. 만약 그들이 무지하다면 도시 정부에 대해 올바르게 논의할 수 없을 것이었어. 게다가 어떻게 투표를 해야 할지 마음을 결정하지도 못하게 되는 거지.

고대 그리스 시대의 물병
그리스 신화에 헤라클레스라는 영웅의 모험 이야기가 있어. 헤라클레스는 잘못을 저질러서 12가지 힘든 일을 해 내야 했지. 그 중 마지막 일이 바로 저승을 지키는 개 케르베로스를 산 채로 끌고 오는 일이었어. 케르베로스는 머리가 셋이고 꼬리는 뱀이며 목 둘레에 살아 움직이는 뱀이 달려 있는 괴물이었지. 이 물병에 그대로 표현되어 있지? 헤라클레스가 정말로 저승의 개를 데려오자 명령을 내린 왕은 항아리에 숨었어. 빨리 개를 데려가라고 사정하는 것 같지. 그리스 사람들은 이 항아리로 물을 떠 나르다가 신화 속으로 빠지지 않았을까?

이런 이유에서 아테네의 교육은 스파르타의 교육과 매우 달랐단다. 스파르타 사람들은 왕을 위해 싸워야 했고 복종해야 했어. 그래서 그들은 용기와 강함과 복종을 가르쳤지. 반면 아테네 사람들은 세금과 법률, 정부에 대해 교육받았어. 아테네의 남자 아이들도 스파르타의 남자 아이들처럼 학교에 갔지만, 그들은 싸우는 법 대신 글을 읽고 밀랍 판에 쓰는 법을 배웠어. 또 수학을 공부하기도 했지. 그들은 수를 세는 것은 물론 더하기와 빼기도 할 수 있었단다. 그들은 호메로스의 시를 암기했고, 작은 하프처럼 생긴 고대 그리스의 악기인 리라와 피리를 연주하는 법도 배웠어. 하지만 아테네 사람들도 스파르타 사람들처럼 강해야 했어. 그래서 그들은 레슬링과 달리기로 운동을 대신했지.

아테네의 여자 아이들도 스파르타의 여자 아이들과 달랐어. 아테네의 여자 아이들은 현모양처(자식에게는 어진 어머니이고 남편에게는 착한 아내임)가 되도록 교육받았단다. 읽고 쓰는 법을 공부하기도 한 여자 아이들도 있었어. 그러나 누구나 어머니에게서 집 안 관리하기, 바느질하기, 정원 가꾸기, 아이 돌보기, 노예 관리하기 등 집안일 하는 법을 배웠어. 아테네의 여자들에게도 투표권은 없었어. 그들은 남편들이 포럼에 나가 토의하고 법을 제정하고 지도자 뽑는 일에 투표하는 동안 집안을 평온하게 관리해야 했지.

아테네에서 가장 유명한 사람으로 플라톤Plato이라는 사람이 있어. 플라톤은 아테네의 시민들에게 이렇게 말했단다. "민주주의는 교육받은 사람이 필요하다! 시민들이 무지하다면 그들보다 더 많은 것을 알고 있는 사람이 폭군(포악한 임금)이 되어 시민들에게 명령하게 될 것이다."

과연 플라톤의 이 말이 옳을까?

이 문제에 대해 생각해 볼까? 네가 도둑질이라든가 소유에 대해 배운 게 전혀 없다고 가정해 봐. 넌 물건을 소유하고 지닐 권리가 있다는 것을 모르고 있어. 그런데 도둑질이 무엇인지 너에게 말해 준 사람이 아무도 없었지. 넌 철저히 무지해. 지금 네가 책을 사기 위해 만 원을 가지고 서점으로 가는 길이라고 가정해 봐. 이웃에 사는 여학생이 나타났어. 그녀는 너보다 더 크고 나이도 많아. 그런데 그녀가 네가 가진 만 원을 가져야겠다고 마음먹었어.

"이봐! 오늘이 수요일이라는 거 몰라?" 그녀가 말했어.

"그게 어쨌다는 거죠?" 네가 대답했어.

"수요일에는 작은 아이들이 큰 아이들에게 돈을 주기로 되어 있다고. 그게 법이야! 네가 돈을 내게 주지 않으면 법을 어기는 것이고, 너는 감옥에 가게 될 거야."

넌 일을 올바르게 처리하고 싶을 거야. 그런데 아무도 네게 그런 법은 없다는 것을 가르쳐 주지 않았어. 그래서 너는 돈을 건네주었고, 그 이웃집 학생은 돈을 가지고 가 버렸지.

무지한 사람은 언제나 폭군들에게 복종하게 마련이라는 플라톤의 말은 바로 위와 같은 의미야. 법이 무엇인지 모른다면 누군가 네게 옳지 않은 지시를 할 수도 있어. 아테네 사람들은 폭군의 지배를 받기를 원하지 않았지. 그래서 자신의 교육은 물론 아이들의 교육을 매우 중요하게 여겼지. 스파르타 사람들은 강하고 승리하는 사람이 되기를 원했지만, 아테네 사람들은 현명하고 교양 있는 사람이 되기를 원했어. 그리스의 두 도시는 이처럼 매우 달랐단다.

제23장 그리스의 신들

고대 그리스 인들은 서로 다른 방식으로 살았지만, 그리스 어라는 같은 언어를 사용하고 있었어. 또 그들은 모두 같은 신들을 숭배했단다. 그리스 사람들은 다신교도들이야. 다신교란 많은 신을 인정하여 숭배의 대상으로 삼는 종교의 한 형태라는 것을 기억할 거야. 이에 비해 유대 인처럼 하나의 신만을 믿는 사람들을 일신교도라고 해.

그리스 사람들은 신들의 가족을 모두 믿었단다. 그들은 신들이 그리스에서 가장 높은 올림푸스 산 꼭대기에서 살고 있다고 믿었어. 게다가 신들은 인간들이 하는 일에 매우 관심이 많다고 생각했지.

그리스의 신들이 때로는 인간에게 친절하고 도움을 주는 때도 있지만 잔인할 때도 있었어. 사실 신들의 우두머리라 일컬어지는 제우스Zeus는 이 세상에 끔찍한 전쟁을 일으키기도 했단다.

제우스가 올림푸스 산 꼭대기에 앉아서 그리스를 내려다보고 있었다. 그는 마을 구석구석에서 개미처럼 떼를 지어 다니는 사람들을 보고 있었다. 나

그리스의 신들 **235**

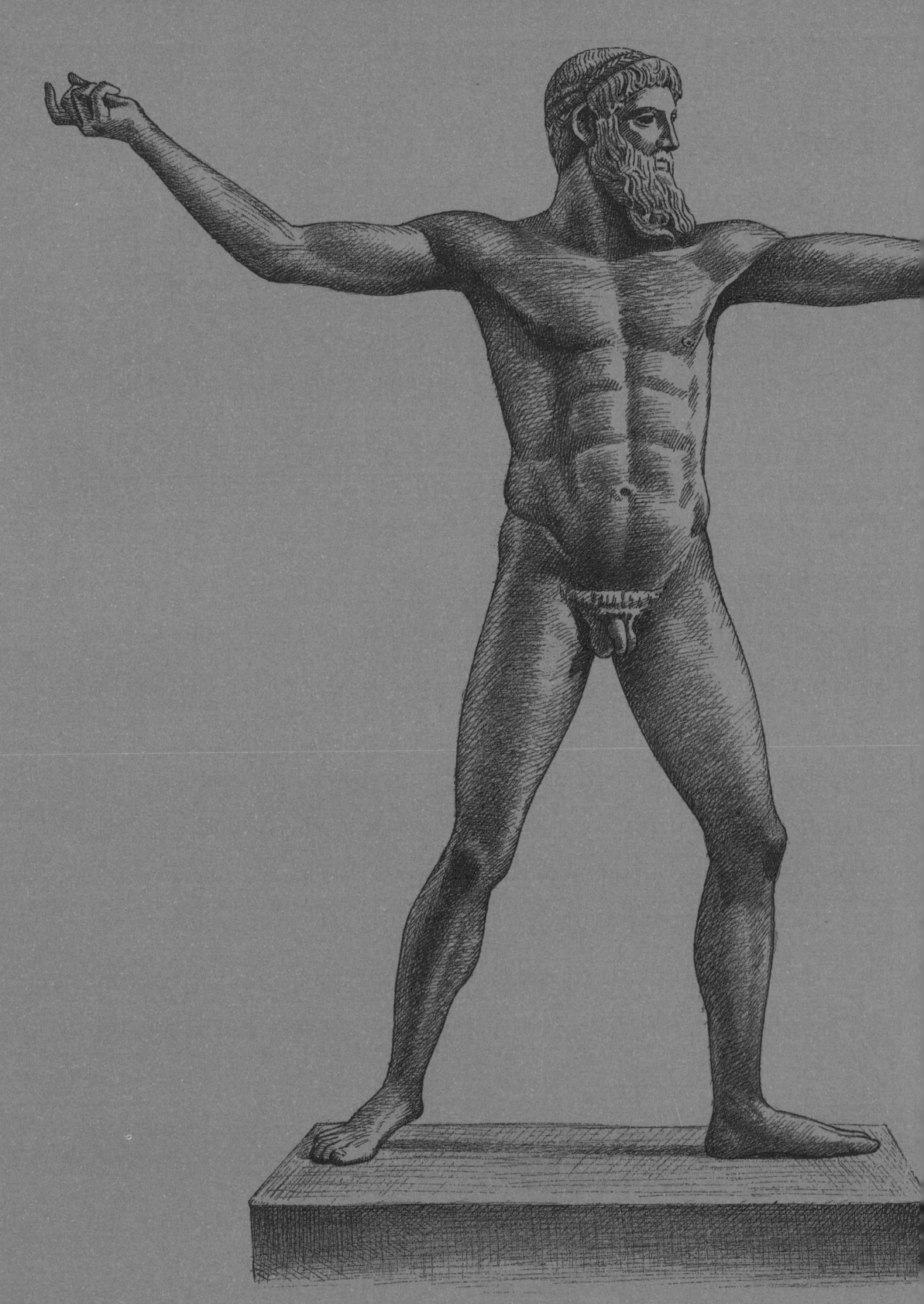

벼락을 든 제우스
또는 '삼지창을 든 포세이돈'이라고도 한단다. 손에 무얼 들고 있는지 밝혀지지 않았는데 벼락을 들고 있으면 제우스, 삼지창을 들고 있으면 바다의 신 포세이돈이란다. 제우스는 하늘과 전 세계를 지배하는 왕으로 수많은 신들이 제우스를 아버지로 하여 태어났어.
한 팔을 곧게 뻗고 벼락을 던지려는 제우스의 모습이 당당하고도 위엄 있게 보여. 그런데 누구에게 벼락을 던지려고 했을까?

무를 베고 있는 사람, 아름다운 초원 위에 집을 짓고 있는 사람, 바다에서 낚시를 하는 사람, 사슴을 잡아먹는 사람, 재미 삼아 새를 잡는 사람, 물을 구하기 위해 계곡을 막는 사람 등등을 보면서 제우스는 한숨을 쉬었다.

"인간 세상에 사람들이 너무 많구나." 제우스는 우울한 목소리로 말했다. "사람들을 약간 없애야겠어."

그는 생각하고 또 생각했다. 마침내 그에게 멋진 계획이 떠올랐다. 며칠 뒤 신들이 모두 큰 결혼식에 참석할 것이고, 그때가 싸움을 일으키기에는 가장 안성맞춤이라는 생각이 든 것이다. 그는 황금 사과를 하나 만들었다. 그 황금 사과는 너무나 아름다워 태양마저 빛을 잃게 할 정도였다. 황금 사과의 꼭지에는 '세상에서 가장 아름다운 분에게'라고 씌어 있었다. 그리고 나서 제우스는 싸움의 여신 에리스Eris를 불렀다. "이 사과를 결혼식에 가져가서 내 아내인 헤라Hera 앞에 떨어뜨리도록 해라."

에리스는 말썽 일으키는 걸 좋아했다. 그래서 사과를 결혼식장으로 가지고 가서 헤라와 다른 두 여신이 한자리에 모일 때까지 기다렸다. 세 여신이 한자리에 모이자 에리스는 황금 사과를 헤라 앞으로 굴려 보냈다. 황금 사과가 헤라의 발끝에 부딪혔다. 헤라가 그것을 집어 들며 말했다. "세상에서 가장 아름다운 분에게? 어머나, 고맙기도 하지. 분명히 내 것이로군!"

그러나 같이 있던 두 여신들이 가만히 있지 않았다. 사랑의 여신 아프로디테Aphrodite가 물결치듯 빛나는 황금빛 머리카락을 한 손으로 꼬면서 크고 푸른 눈을 깜빡거리며 말했다.

"헤라님, 그 사과는 제 것 같은데요."

"아니지요." 전쟁의 여신 아테나Athena가 끼어들었다. 그러고는 사과를 뺏으며 소리쳤다. "이 사과는 분명히 내 것이에요."

"아니에요!" 헤라가 다시 사과를 낚아챘다. "분명 내 것이에요!"

결혼식에 온 손님들은 누가 가장 아름다운 여신인지에 대해 저마다 떠들어대기 시작했다. 그때 헤라가 말했다. "알았어요. 우리 중 누가 이 사과를 받을 자격이 있는지 내 남편에게 판결을 부탁하도록 하지요. 그가 신들의 우두머리잖아요."

제우스는 짐짓 아무것도 모르는 체하며 서 있었다. "뭐라고?" 그가 말했다. "내가 어떻게 내 아내를 판단할 수 있겠소? 안 되지, 말도 안 돼. 황금 사과의 주인을 판단할 수 있는 양심적인 사람을 찾아야겠소. 트로이Troy의 왕자 파리스Paris에게 물어봅시다. 그가 세상에서 가장 잘생긴 사람이니, 누가 가장 아름다운 여신인지 결정해 줄 수 있을 것이오."

한편 파리스는 유쾌한 마음으로 산기슭에 누워서 세상일에 아무 관심도 없다는 듯이 하늘을 바라보고 있었다. 그때 갑자기 세 여신이 손에 사과를 들고 파리스 앞에 나타났다. 그들은 파리스에게 어느 여신이 가장 아름다운지 판단을 내려 달라고 부탁했다.

"음……." 파리스는 잘못하면 죽음을 면치 못하리라는 것을 잘 알고 있었다. "글쎄요, 제가 보기에는……." 파리스가 고민하는 동안 여신들이 파리스에게 속삭였다.

"나를 선택해라. 그러면 너를 전 세계의 왕이 되게 해 주마." 헤라가 작은 소리로 말했다. "정말입니까?" 파리스가 물었다.

"안 되지, 안 돼!" 아테나가 말했다. "나를 선택해 다오. 그러면 네가 싸우는 전투마다 승리하도록 해 주겠다!"

"정말 멋진데요!" 파리스가 대답했다.

"잠깐!" 아프로디테가 급히 입을 열었다. "파리스, 나를 선택하면 이 세상에서 가장 아름다운 여인을 네게 주마."

순간 파리스의 눈이 빛났다. "그것이 바로 제가 원하는 것입니다!" 그는 이렇게 말하며 아프로디테에게 사과를 주었다. 화가 나서 투덜거리는 헤라와 아테나를 뒤로하고 아프로디테는 올림푸스 산으로 돌아갔다. 그리고 아프로디테는 세상에서 가장 아름다운 여인인 헬레네Helene(헬렌Helen이라고도 함)를 파리스와 사랑에 빠지도록 만들었다. 헬레네는 파리스를 보자마자 영원한 그의 사람이 되어 버렸다. 그녀는 파리스와 함께 트로이로 도망쳤다. 그런데 불행하게도 헬레네는 이미 그리스의 왕 메넬라오스Menelaos와 결혼한 상태였다.

메넬라오스는 화가 머리끝까지 올라, 트로이로 쳐들어가서 파리스로부터 자신의 아내를 되찾아 올 수 있도록 해 달라고 신들에게 도움을 요청했다.

아가멤논의 황금 마스크
처음에 트로이 전쟁은 역사적 사실이 아니라 신화 같은 이야기로 생각했단다. 호메로스가 트로이 전쟁에 대해 쓴 《일리아드》도 역시 전설을 묶은 이야기라고 생각했지. 그런데 독일의 고고학자 슐리만이라는 사람이 어렸을 때 이 책을 읽고 트로이 전쟁이 실제로 있었던 이야기라고 믿었어. 그리고 어른이 되자 정말로 트로이 유적지를 발굴해 내서 트로이 전쟁이 역사적으로 있었다는 사실을 밝혔지. 정말 대단하지?
이 그림은 미케네에서 발굴한 그리스 군의 총사령관 아가멤논의 황금 마스크란다.

헤라는 아직도 파리스를 괘씸하게 여기고 있었기 때문에 트로이와 전쟁을 허락했다. 아프로디테는 트로이 편에 섰고, 태양의 신도 트로이 편에 섰다. 그러나 바다의 신 포세이돈Poseidon은 트로이가 망하는 것을 보고 싶었다. 그래서 그리스가 트로이를 공격하기 위해 출항할 즈음에는 모든 신들이 트로이 편 아니면 그리스 편으로 나뉘게 되었다. 트로이 전쟁은 이렇게 시작되었고, 몇 년에 걸쳐 피 흘리는 싸움이 계속되어 수많은 사람들이 죽었다. 이 모든 것이 제우스와 그가 만든 황금 사과 때문이었다.

페르시아와 그리스

제24장 쇠퇴하는 그리스

그리스와 페르시아의 전쟁

아테네와 스파르타는 같은 언어를 사용하고, 같은 신을 믿는 것 외에는 공통점이 별로 없었단다. 사실 그들은 서로 사이가 좋지 않았어. 아테네가 스파르타를 공격할 때도 있었고, 스파르타가 아테네를 공격할 때도 있었지. 그들은 몇 년간 계속 싸우다 잠시 휴전하고 또다시 싸우곤 했단다.

그러는 사이 무서운 일이 벌어졌어. 페르시아 사람들이 그리스로 침입하기 시작한 거야. 페르시아 인들이 그리스 주변의 거의 모든 땅을 정복해 버렸지. 그리스는 페르시아 제국이 아직 정복하지 못한 몇 안 되는 나라들 중 하나였어. 그리고 페르시아 사람들은 그리스도 정복하길 원했지.

처음에 페르시아 왕은 그리스로 사신을 보냈어. 사신들은 아테네와 스파르타로 가서 이렇게 말했단다. "우리는 위대한 페르시아 왕이 보낸 사신들이다! 대왕께서는 너희들이 우리 제국의 일부가 되기를 원하신다. 너희들이 이에 동의한다면 너희 도시에 있는 약간의 물과 땅을 우리 왕께 바쳐야 한다. 그러면 그분은 너희를 공격하지 않을 것이다."

그리스와 페르시아의 전쟁 245

아테네 사람들과 스파르타 사람들은 화가 났어. 어떻게 페르시아 왕이 싸움도 해보지 않고 항복하기를 요구할 수 있는 거지? 그들은 사신들을 붙잡아 우물 속에 처넣어 버렸어. 그리고 외쳤지. "자, 여기 있다! 너희 같은 놈들에게 줄 땅과 물이 여기 잔뜩 있다!"

결국 페르시아는 공격하기로 결정했어. 페르시아 군대는 그리스로 진군해 갔지. 아테네와 스파르타는 서로 간의 싸움을 멈추고 페르시아로부터 자신들을 지키기 위한 동맹군이 되는 게 더 낫다는 결론을 내렸어.

페르시아와의 전쟁은 60년간 계속되었어. 아테네와 스파르타는 페르시아의 침략에 대항해 싸우고 또 싸웠단다. 이 전쟁에서 가장 유명한 전투 중 하나가 바로 마라톤 전투Battle of Marathon야. 마라톤은 에게 해 근처 그리스 바닷가 가까이 있는 작은 마을이야.

어느 날, 배 한 척이 무서운 소식을 가지고 아테네로 들어왔어. 페르시아 군대가 몰려오고 있다는 거야! 그들은 소아시아로부터 에게 해를 가로질러 마라톤이라는 작은 마을로 곧장 항해해 오는 중이었어. 페르시아 군대가 마라톤에 모두 상륙하게 된다면 아테네로 쉽게 접근할 수 있을 것이고, 그렇게 된다면 아테네가 함락되는 것은 시간 문제였지. 아테네는 그 즉시 스파르타에 사신을 보내서 "와서 우리를 도와주시오!"라는 내용의 전갈을 보냈어. 그런데 하필이면 그때 스파르타 사람들은 종교적인 축제를 벌이고 있었고, 축제가 끝날 때까지는 그 누구도 스파르타를 떠날 수 없다고 거절했어.

아테네는 숫자상으로 불리했어. 아테네의 군대만으로 페르시아를 무찌르기에는 페르시아 병사의 수가 너무 많았지. 그러나 아테네 사람들은 선택의 여지가 없었어. 그들은 아테네에서 마라톤으로 나가 페르시아 병사들이 상륙하기를 기다렸단다.

페르시아 군대는 상륙하자마자 아테네의 군대를 향해 수천 개의 화살을 쏘아 대기 시작했어. 그러나 아테네 사람들은 쏟아지는 화살을 뚫고 페르시아 군대를 공격했어. 페르시아 병사들은 혼비백산하여 전투에서 패하고 말았어. 그들은 후퇴할 수밖에 없었단다.

싸움에서 이겼다는 걸 안 아테네 사람들은 아테네로 병사를 보냈단다. 걱정스럽게 기다리고 있는 아테네 사람들에게 페르시아 병사들이 싸움에 지고 쫓겨 갔다는 사실을 전하기 위해서였지. 페이디피데스Pheidippides라는 이름의 그 병사는 가파른 언덕을 지나고 거친 골짜기를 건너 42킬로미터가 넘는 거리를 달려서 아테네에 도착했단다. 그는 도시에 이르자 숨을 헐떡이며 말했어. "우리가 이겼습니다!" 전해 오는 이야기에 따르면 그는 이 말을 마치고 지쳐 숨을 거두었다고 해.

오늘날에도 마라톤이라는 마을의 이름을 딴 경기를 하고 있어. 이 경기는 42킬로미터가 조금 넘는 거리를 달리고 '마라톤'이라고 부르지. 멋진 승리의 소식을 안고 마라톤에서 아테네까지 달려온 용감한 아테네 사람을 기념하기 위해 올림픽 경기에 마라톤이 생겨난 거야.

그러나 마라톤 전투가 전쟁의 끝은 아니었어. 두 나라는 전쟁을 계속하다가 마침

그리스와 페르시아의 전쟁

내 살라미스Salamis라고 하는 큰 바다 전투에서 그리스가 페르시아를 물리치게 되었단다. 살라미스 해전 이후 페르시아는 결국 그리스 공격을 포기했어. 그리스의 도시들은 여전히 자유와 독립을 누리게 되었지.

스파르타와 아테네의 전쟁

이제 그리스는 평화로웠어. 그들은 페르시아와의 전투에 시간과 에너지를 모두 소모하는 대신 다른 일을 할 수 있게 된 거야. 그들은 건물을 디자인하고 짓는 방법인 건축술로 유명해졌지. 그리스 사람들은 대리석으로 거대한 건물을 지었어. 가장 유명한 그리스의 건물 중에 파르테논Parthenon이 있어. 파르테논은 전쟁의 여신 아테나를 섬기기 위해 지은 신전이야. 아테네 시의 아크로폴리스Acropolis라고 하는 언덕 위에 파르테논의 흔적이 아직까지도 남아 있단다.

파르테논 신전의 내부에는 전투하는 모습을 대리석에 새겨 놓은 다양한 그림들이 있어. 이 그림들을 프리즈frieze(처마와 기둥 사이에 있는 좁은 벽에 새겨 놓은 띠 모양의 조각)라고 해. 프리즈 중에는 그리스와 켄타우로스Kentauros 군대 사이의 전설적인 전쟁에 대한 내용도 있단다. 켄타우로스는 반은 사람이고 반은 말의 모습을 하고 있는 상상 속의 괴물이야.

프리즈에서 보이는 그리스 병사들과 켄타우로스의 모습은 정말 실제처럼 보여. 병사들의 팔뚝에 튀어나온 힘줄과 병사들의 얼굴 표정까지도 볼 수 있지. 그리스 사람들은 그림과 조각상을 실제처럼 보이게 만들기 위해 매우 노력했단다. 그들이 조각해 놓은 조각상의 얼굴은 매우 사실적이어서 진짜 남자와 여자처럼 보이지. 조각해 놓은 옷의 주름은 마치 진짜 천을 씌워 놓은 것처럼 보이고. 돌에 새겨 만든 것이라는 사실을 정말 믿기 어려울 정도란다.

페르시아를 물리친 아테네와 스파르타는 더 이상 싸울 필요가 없었어. 그리스 사람들은 원한다면 평화 속에서 계속 아름다운 건물을 세우고 조각상을 만들어 낼 수 있었어. 그러나 그들은 그렇게 하지 않았단다. 스파르타와 아테네는 서로 상대가 너무 강해질까 봐 두려워했어. 결국 스파르타와 아테네의 우호적인 관계는 깨지고 서로 싸우기 시작했단다. 스파르타와 아테네 사이에 있었던 이 전쟁을 펠로폰네소스 전쟁Peloponnesian War이라고 불러. 이 전쟁은 아주 오랜 기간 동안 계속되었단다. 25년 이상이나!

왜 전쟁을 25년 동안이나 벌여야 했을까? 스파르타는 군대를 모아서 아테네를 침입하기 위해 아테네로 진군했단다. 그러나 아테네 사람들은 스파르타의 군대가 맞서 싸우기에는 너무 강하다는 결론을 내렸어. 그들은 나가서 스파르타의 군대와 싸우지 않았어. 대신 아테네 도시 성벽 안에 머물면서 스파르타의 군대가 돌아갈 때까지 기다렸지. "우리는 우리 아테네의 '긴 성벽'으로 싸울 것이다!"라고 사람들은 말했어. 그들은 칼을 들고 싸우는 대신 도시의 강한 벽으로 스파르타의 군대에 맞섰지.

아테네 사람들은 기다리고 또 기다렸어. 어쩌면 그들의 작전이 성공했을지도 몰라. 그 끔찍한 일이 발생하지 않았다면 말이야. 도시의 성벽 안에서 흑사병이 발생했지!

흑사병은 쥐에 살고 있는 벼룩이 옮기는 병이야. 그러나 아테네 사람들은 이 사실을 알지 못했어. 도시 전체의 사람들이 그냥 아파서 죽는 것이라고 생각했지. 스파르타의 군대가 밖에 주둔하고 있어 그들은 도시를 떠날 수도 없었단다. 도시 안 곳곳에서 병자들이 생겨났어. 위대한 아테네의 장군과 힘센 젊은이들 대다수가 죽어 나갔어. 아테네 사람들은 공포에 질렸지. 이제 어떻게 스파르타 군대를 물리칠 수 있을까?

마침내 한 아테네 사람이 자기는 스파르타의 포위가 풀리기만을 기다리는 데 너무 지쳤다고 결정했어. 그의 이름은 알시비아드Alcibiades야. 그는 아테네의 왕이 되고 싶은 야망을 품고 있었지. 그는 이렇게 생각했단다. '내가 나서서 스파르타를 물리칠 수 있다면 아테네 사람들이 나를 따르겠지!' 그래서 그는 아테네 사람들을 불러 모았단다. "나를 따르시오! 스파르타 사람들을 단번에 없애 버립시다! 스파르타의 군대를 공격하여 없애 버립시다!"

알시비아드는 도시 성벽 밖으로 아테네 사람들과 함께 나가 스파르타의 주둔지를 공격했단다. 그러나 아테네의 젊은이들은 병이 나서 약해질 대로 약해져 있었지. 스파르타 쪽의 승리는 당연했어. 당황한 생존자들은 뿔뿔이 흩어져서 아테네로 돌아갔지. 자연히 알시비아드에게 원망의 화살이 돌아갔어. "알시비아드를 죽여 버리자!" 그들은 화난 목소리로 소리쳤어. "그놈이 우리를 싸움에 지게 만들었다고."

그러나 알시비아드는 어디에도 없었단다. 금방이라도 자신을 죽일 것 같은 아테네 사람들의 기세를 보고 스파르타의 주둔지로 도망쳐 버린 거야. "나를 따라오면 아테네로 들어갈 수 있습니다." 그가 스파르타의 장군에게 말했어. "도시로 들어갈 수 있는 비밀 통로를 알고 있습니다. 어두워진 뒤 몰래 들어가면 아테네 사람들이 눈치 채기 전에 도시를 점령할 수 있을 것입니다."

스파르타 사람들은 알시비아드를 따라가기로 했어. 어느 날 밤, 배반자 알시비아드는 스파르타 사람들을 아테네 성벽 안으로 안내했지. 결국 스파르타 군대는 아테네를 점령했어. 이제 스파르타는 그리스에서 가장 강한 도시가 되었지.

그러나 기나긴 펠로폰네소스 전쟁을 하는 동안 많은 아테네 젊은이들과 스파르타의 병사들이 죽어 갔단다. 이제 그리스에는 다른 침입자를 물리칠 수 있는 사람이 별로 없었어. 그리스 사람들은 그들의 모든 힘을 서로 싸우는 데 써 버렸던 거지. 그들은 자신을 방어할 힘조차 남아 있지 않았단다. 그리고 얼마 지나지 않아 침입자가 나타났어.

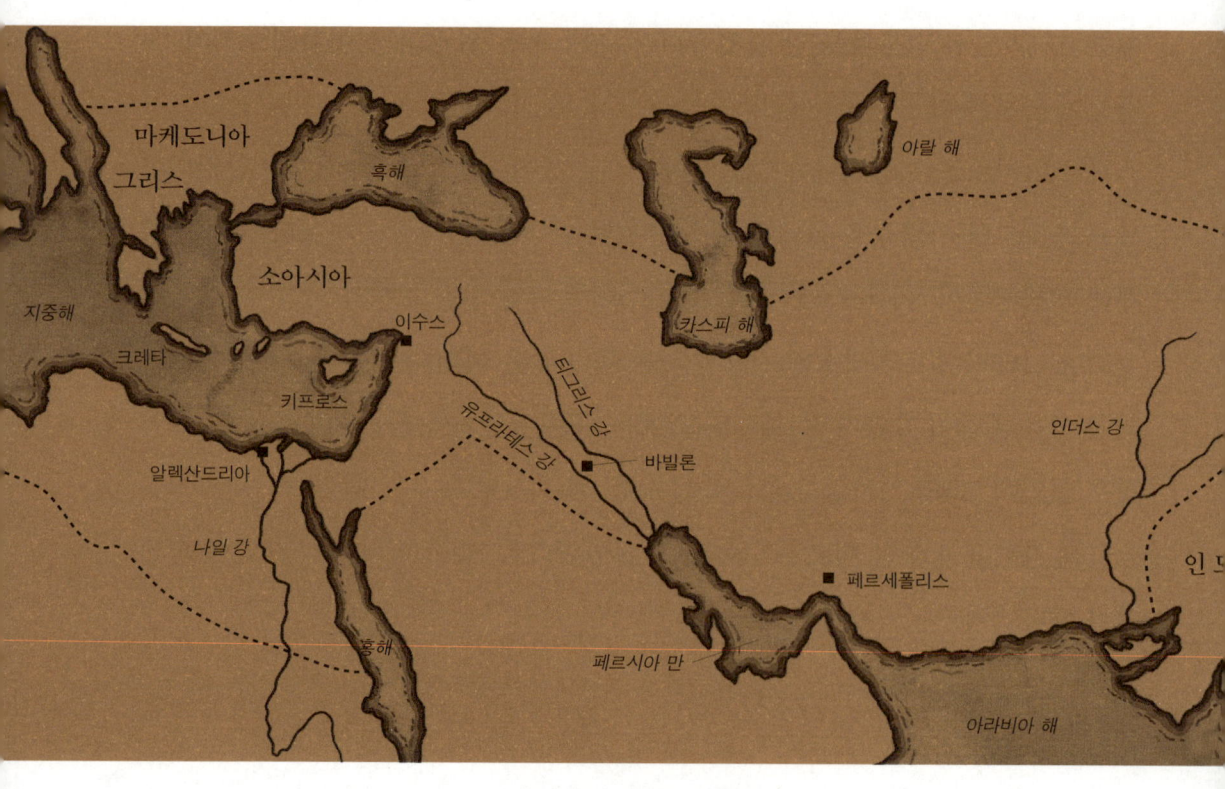

알렉산더 대왕의 제국

제25장 알렉산더 대왕

마케도니아의 지배자

그리스 도시들이 페르시아에 대항해 싸웠을 때처럼 우호와 동맹 관계를 유지했다면, 그리스는 강한 나라가 되었을 거야. 그러나 스파르타와 아테네는 전쟁을 선택했단다. 그들은 서로 전쟁하는 데만 몰두하느라 매우 강력한 적이 그들을 노리고 있다는 사실을 전혀 눈치 채지 못했어.

바로 마케도니아Macedonia라는 나라였어. 마케도니아를 다스리던 필립Philip(필리포스라고도 함) 왕은 아테네와 스파르타가 오랜 전쟁을 해서 지쳐 버렸다는 것을 알고 있었어. 그래서 그는 군대를 이끌고 그리스로 내려와 그리스의 도시들을 정복해 버렸단다. 그리스의 도시들은 제대로 저항할 힘도 이미 없었어.

필립은 마케도니아와 그리스를 지배했어. 그러나 그는 훨씬 더 많은 땅을 갖고 싶었단다. 그는 에게 해를 건너 소아시아로 진출해 페르시아 제국까지 점령하고 싶었어. 그러나 필립은 페르시아를 공격하기도 전에 죽고 말았지. 그리고 그의 아들 알렉산더Alexander(알렉산드로스라고도 함)가 왕위를 물려받았단다.

알렉산더라는 이름이 무슨 뜻인지 아니? '사람들의 통치자' 라는 뜻이야. 알렉산

마케도니아의 지배자 253

더는 그 이름대로 가장 유명한 '사람들의 통치자'가 되었지. 그는 '알렉산더 대왕Alexander the Great'으로 전 세계 사람들에게 알려져 있어.

알렉산더는 평범하지 않은 소년이었어. 어렸을 때도 강하고 용감했지. 세상에 무서울 것이 없었단다.

알렉산더가 조그마한 꼬마였을 때 아버지 필립과 함께 마음에 드는 군마(군대에서 쓰는 말)를 사러 간 적이 있었단다. 부세팔라스Bucephalas(부케팔로스라고도 함)라고 하는 크고 검은 종마가 있었는데 계속해서 날뛰고 있었어. 아무도 그 말을 탈 수 없었지.

"이놈은 너무 거칠군." 필립 왕이 말했어. "이 녀석은 안 되겠어. 길들일 수가 없겠어."

"내가 탈 수 있어요!" 알렉산더가 말했어.

"말도 안 된다! 넌 너무 어려." 필립이 말했어.

"하지만 정말 할 수 있다고요!" 알렉산더는 고집을 꺾지 않았단다.

"네가 저 말을 탈 수 있다면 저 말을 네게 사 주도록 하마." 필립이 약속했어.

알렉산더는 부세팔라스를 주의 깊게 살펴보았단다. 그리고 말이 태양 빛 때문에 생긴 자기 앞의 그림자를 볼 때마다 발을 차면서 뛰어오르고 있다는 사실을 발견했어. 알렉산더는 그 큰 종마가 자신의 그림자에 놀라는 거라고 생각했지. 그는 침착하고 용감하게 말에게 다가가서 고삐를 잡고, 말이 자신의 그림자를 볼 수 없도록 돌려세웠어. 그 즉시 부세팔라스는 얌전해졌지. 말은 알렉산더가 자신에게 올라타는 것을 허락하고 그를 태우고 달렸단다.

필립은 약속대로 그 말을 알렉산더에게 사 주었어. 아버지가 죽고 알렉산더가 왕이 되었을 때, 크고 검은 종마 부세팔라스는 전투에 나갈 때마다 항상 알렉산더를 태우고 다녔어. 그는 자신의 말 이름을 따서 도시 이름을 짓기도 했단다. 부세펠라Bucephela라는 도시야.

알렉산더는 자신의 말을 타고 전쟁에 자주 나갔어. 아버지 필립 왕은 그리스를 정복했지만 알렉산더는 훨씬 더 큰 목표를 마음속에 지니고 있었지. 그는 페르시아를 지배하고 싶었어. 페르시아 사람이 비록 그리스 정복에는 실패했지만, 그들의 제국은 여전히 세계에서 가장 크고 강력했어. 그 영토는 소아시아를 넘어 인도에까지 걸쳐 있었단다. 알렉산더가 원하는 건 그거였지.

마침내 알렉산더는 소아시아에서 페르시아 군대와 부딪혔어. 그는 페르시아 군대를 격퇴시키기 위해 기병대라고 하는 말 탄 군대를 이용했고, 싸움에서 승리했단다. 이제 소아시아는 그의 것이 되었어. 그러나 그가 정말 페르시아 제국을 완전히 정복할 수 있었을까?

알렉산더가 소아시아의 한 도시에 들렀을 때의 이야기야. 그 도시 한가운데에 전차가 하나 있었는데, 그 전차의 축에 밧줄로 사람의 머리보다 더 크게 매듭이 지어져 있었어. "이게 무엇이냐?" 알렉산더가 물었어. "고르디온의 매듭Gordian Knot이라는 것입니다." 사람들이 말했어. "이 매듭에는 전설이 있습니다. 매듭을 푸는 사람이 아시아 전체를 지배하게 된다는 것입니다. 그러나 그 매듭을 푸는 것

마케도니아의 지배자 255

은 불가능합니다. 수백 명의 사람이 도전했지만 아무도 성공하지 못했지요!"
알렉산더는 그 매듭을 자세히 살펴보았어. 그러고는 칼을 꺼내 그 매듭을 반으로 잘라 버렸지.
"자, 봐라!" 알렉산더가 말했어. "내가 매듭을 풀었다."
지금까지 매듭 푸는 일을 그런 식으로 생각한 사람은 아무도 없었어. 그러나 매듭의 예언은 결국 실현되었단다. 알렉산더는 아시아를 정복했지. 남쪽으로는 이집트를 정복해 이집트의 파라오가 되었고, 메소포타미아로 거슬러 올라가 페르시아 제국의 나머지를 모두 정복했단다.
이제 알렉산더는 다른 어떤 지배자들보다 더 큰 땅을 지배하는 왕이 되었어. 그는 세계가 본 적 없던 대제국의 지배자, 진정한 '알렉산더 대왕'이었지.

멈추지 않는 정복 활동

알렉산더 대왕은 페르시아 제국을 전부 점령하고 국경에 이르자, 그 국경을 넘어 계속 전진해 나가고 싶었어. 그는 이제 인도 전체를 정복하고 싶었지.
알렉산더 군대는 여세를 몰아 인도로 쳐들어갔어. 알렉산더는 코끼리를 전투에 이용하는 법을 알게 되었지. 알렉산더의 군대는 세계 최고였고, 그의 병사들은 대부분의 전투를 승리로 이끌었단다.
그러나 알렉산더에 대항해 싸우는 인도 병사들은 용감한 전사들이었어! 마케도니아의 병사들이 전투를 승리로 이끌기는 했지만, 승리에 대한 대가로 많은 병사들을 잃어 갔지. 결국 알렉산더의 병사들이 전투를 거부했어. 여느 때보다 힘들게 치른 전투에서 천여 명의 병사들이 죽거나 중상을 입게 되자, 군대는 더 이상 진군하는 것을 원하지 않았단다. "이미 정복한 땅만으로도 충분합니다!" 병사들이 알렉산더에게 말했어. "폐하의 제국을 더 크게 넓히는 일로 더 이상 병사들이 죽는 것을 원치 않습니다."

하지만 알렉산더는 여기서 멈추고 싶지 않았어. 그는 잔뜩 화가 나서 자신의 막사에서 나오지 않았단다. 그는 군대가 마음을 바꾸기만을 기다리며 아무도 만나지 않았어. 그러나 병사들의 마음 또한 확고했지. 그들은 인도에서 더 이상 싸우고 싶지 않았어. 결국 알렉산더가 먼저 단념했지. 그는 인도의 전부를 점령하려는 계획을 포기하고 이미 이룩한 거대한 왕국을 다스리는 데 온 힘을 쏟았단다.

알렉산더는 자신이 얼마나 위대한 지배자였는지 후손들이 기억해 주기를 원했어. 그러기 위해서는 그가 만든 도시들이 오랫동안 유지되어야만 한다고 생각했지. 그래서 알렉산더는 제국의 여기저기에 새로운 도시들을 건설했어. 새로운 도시 중 많은 곳에 자신의 이름을 따서 '알렉산드리아Alexandria'라고 이름 붙였단다. 그 중에는 오늘날까지 그대로 남아 있는 도시들도 있어. 알렉산더가 의도했던 대로, 그 도시들은 오늘날 우리에게 알렉산더 대왕을 고대의 가장 위대한 왕으로 기억하게 해 주고 있지.

알렉산드리아라고 불리는 도시 중 가장 유명한 도시는 이집트에 있어. 이 도시는 나일 강과 지중해 근처에 세워졌기 때문에 상인들이 배로 쉽게 드나들 수 있었지.

알렉산더가 그 도시의 성벽을 직접 설계했는데, 도시 건물들의 완성을 보기도 전에 세상을 떠나고 말았지. 그가 죽은 뒤에 알렉산드리아는 세계에서 가장 번성한 도시가 되었단다. 많은 유명한 학자와 작가가 알렉산드리아에서 살았으며, 예술·음악·학문의 중심이 되었어. 오늘날에도 알렉산드리아는 여전히 크고 중요한 도시야.

알렉산드리아 외곽에는 세계에서 가장 큰 등대가 있었어. 파로스Pharos라고 불린 이 등대는 높이만 해도 135미터에 달해. 몇 십 킬로미터 밖의 배에서도 그 등대를 볼 수 있었지. 이 등대는 알렉산드리아 항구로 배가 안전하게 들어올 수 있도록 세운 것이었단다.

고대의 일곱 가지 불가사의를 기억하지? 고대 바빌론의 공중 공원과 대(大) 피라미드가 7가지 불가사의 중 두 가지였어. 세 번째 불가사의는 바로 파로스 등대란다. 그 누구도 이렇게 큰 등대를 본 적이 없었지.

사실 파로스 등대는 아주 오래전에 파괴되었어. 파로스 등대를 그린 그림 한 장도 남아 있는 게 없지. 그런데 20세기 초, 독일의 잠수부들이 알렉산드리아 항구의 바다 밑에서 커다란 돌덩어리들을 찾아냈단다. 사람들은 이것이 파로스 등대의 잔재라고 추측하고 있지.

알렉산더의 갑작스런 죽음

알렉산더는 20살 때 왕이 되었어. 오늘날 20살이면 대학교를 졸업하지도 않은 나이지. 이 어린 나이에 알렉산더는 왕위와 지배자로서의 모든 책임을 물려받았던 거야.

알렉산더가 자신의 제국을 고대 세계 전체로 넓혀 나간 데는 11년밖에 걸리지 않았어. 이런 이야기가 전해지고 있단다. 알렉산더가 여전히 젊었을 때 어느 날 갑자기 울음을 터뜨렸대. 정복할 세계가 남아 있지 않았기 때문이었지. 그가 이미 세계를 전부 정복해 버렸는걸!

알렉산더 대왕이 대제국을 건설한 뒤에는 무엇을 했을까? 우리는 그의 행적에 대해 거의 알 수가 없어. 그가 겨우 32살 때 갑자기 죽었기 때문이야. 그는 군대를 이끌고 원정을 떠나려 계획하고 있었어. 그때 이미 알렉산더는 자신이 병들어 가고 있다는 것을 느끼고 있었지. 그러나 하루 이틀 지나면 나아질 거라고 생각했어. "만반의 준비를 하여라." 그가 장군들에게 말했어. "몸이 나아지면 바로 출정할 것이다."

그러나 그날은 영원히 오지 않았단다. 알렉산더는 점점 더 약해져 갔고, 마침내 말도 할 수 없을 지경에 이르렀어. 장군들이 그를 보러 왔지만 알렉산더는 눈만 겨우 움직일 수 있을 뿐이었지. 다음 날 그는 죽었단다.

그가 왜 죽었는지 정확한 이유는 아무도 몰라. 그의 권력을 시기한 장군이 독살했을 거라고 생각하는 사람도 있고, 모기가 옮기고 다니는 열병인 말라리아에 걸려서 죽었을 거라고 추측하는 사람도 있어. 하지만 확실하게 알려진 것은 없어. 알렉산더의 시신은 유리 관에 넣어져서 알렉산드리아로 옮겨진 뒤, 알렉산드리아에 있는 석관 속에 안치되었단다.

알렉산더 밑의 장군들은 그의 뒤를 이어 마케도니아 제국을 통치할 사람이 아무도 없다는 것을 잘 알고 있었어. 그렇게 큰 제국을 통치해 나갈 수 있는 사람은 오직 알렉산더뿐이었거든. 그가 죽자 장군들 중 한 사람이 마케도니아와 소아시아에 걸쳐 있는 알렉산더의 왕국 중 북쪽 지방을 차지했어. 그리고 프톨레마이오스 1세Ptolemaeos I 라는 장군이 이집트를 지배하게 되었단다. 그의 가문은 그 뒤 300년간 이집트를 통치하게 돼. 프톨레마이오스는 알렉산드리아를 완성하는 일을 맡았어. 그는 알렉산드리아에 커다란 도서관을 짓고 책으로 가득 채웠단다. 마지막으로 셀레우코스Seleukos라는 세 번째 장군이 소아시아의 남쪽 지방과 인도로 통하는 길목에 있는 아시아 지역의 영토를 차지했어. 셀레우코스의 후손들을 셀레우시드 또는 시리아 인이라고 해.

이제 알렉산더의 제국은 세 명의 장군들이 권력 다툼을 하는, 셋으로 분리된 왕국이 되어 버렸어. 알렉산더는 여러 도시들과 민족들을 하나의 나라로 통합함으로써 짧으나마 평화로운 시대를 유지했지만 이제 그 평화는 끝났어. 알렉산더 밑에 있던 세 장군과 그의 후손들은 알렉산더가 이룩했던 왕국의 통치권을 놓고 이후 100년 동안 끊임없는 싸움을 하게 된단다.

제26장 아메리카

신비한 나스카 그림

지금까지 우린 유럽, 아프리카, 아시아에 살고 있던 사람들에 대해서 알아보았어. 그러나 그 세계의 반대편에도 다른 고대 문명이 존재하고 있었지! 바로 아메리카야. 아메리카 사람들도 고대 아프리카 사람들처럼 문서로 된 어떤 기록도 남겨 놓지 않았어. 그래서 이집트나 바빌로니아, 아시리아와 그리스에 대해 알려진 것에 비하면 그들에 대해서는 알려진 것이 거의 없단다. 그러나 아메리카 사람들은 고대 건물이라든가 폐허가 된 마을, 신비한 흙 무덤 같은 유적들을 남겨 놓았어.

손가락을 다시 지도 위의 비옥한 초승달 지역에 놓고 왼쪽으로 가 보면, 지중해를 지나 대서양을 향하게 될 거야. 대서양을 계속 지나면 중간에 좁고 긴 땅으로 서로 연결된 두 개의 거대한 대륙에 이르게 돼. 바로 여기가 아메리카야. 대륙의 위쪽은 북아메리카라 부르고, 아래쪽은 남아메리카라고 부른단다. 그리고 중간에 있는 좁고 긴 땅을 '중앙아메리카'라고 부르지.

남아메리카의 한편은 산맥들로 연결되어 있고, 가운데는 평탄하고 비옥한 땅이 자리 잡고 있어. 고대 부족들은 산에서도 살고, 평탄하고 비옥한 평지에서도 살았단다. 고대 남아메리카 사람도 고대 메소포타미아 사람처럼 농작물을 심고 가축을 키우고 사냥과 낚시를 했어. 그리고 고대 아프리카 사람처럼 그들 역시 카사바를 먹었지. 사실 그들은 카사바 뿌리를 말려서 갈아 가루로 만드는 법을 알았지. 그들은 이 가루를 이용해 타피오카 푸딩이라고 하는 것을 만들었단다.

남아메리카에 살고 있는 여러 부족 중 나스카Nazca란 부족이 있었어. 그들은 오늘날의 페루에서 강 줄기를 따라 살고 있었어. 나스카 족은 고대 세계에서 가장 신비스러운 유적 중 하나를 남겨 놓았단다.

나스카 족이 남아메리카에 살던 그때로부터 2천 년이 지난 어느 날, 비행기 한 대가 페루 하늘을 날고 있었어. 비행사는 우연히 아래를 내려다보았지. 그리고 땅 위에 그려져 있는 원숭이 그림을 보았단다. 그림은 수백 킬로미터에 달하는 크기였어. 그림의 선은 땅을 파서 만든 것이었지. 땅 위에서는 그림을 볼 수 없었어. 선은 꼭 만든 지 오래된 길이나 땅 위의 틈처럼 생겼어. 그러나 하늘에서 보면 그 선들이 그림이 되었지.

곧 비행사들은 거미, 300미터가 넘는 펠리컨, 벌새, 꽃과 같은 그림을 발견했단다. 또 나선, 정사각형 모양을 비롯하여 다른 여러 가지 모양들도 발견했지. 땅 위에는 선으로 그려진 그림과 모양이 300개 이상이나 있었어!

나스카의 그림이 그려진 이 지역에는 비가 거의 오지 않았기 때문에 1,000년이 지나도록 그 선이 그대로 남아 있을 수 있었어. 어떤 그림 위로는 도로가 생겼고, 어떤 그림은 그 위로 자동차가 지나다니면서 손상되었단다. 또 사람들이 밟고 다녀

손상을 입기도 했지. 그러나 많은 숫자가 여전히 그대로 남아 있어. 아래의 그림을 잘 살펴봐. 과연 이 그림들은 무엇을 상징하고 있는 걸까?

나스카 부족이 어떻게 이 그림들을 그렸을까? 그들은 날지도 못했고, 완성된 그림이 어떤 모양인지 보려고 하늘로 올라갈 수도 없었어. 땅 위에 선으로 된 그림을 그리는 일은 눈을 감은 채 그림을 그리는 일과 같았을 거야. 눈을 감고 이런 그림들을 그릴 수 있겠니? 네가 새 그림을 그렸다 해도 완성하고 나면 새 모양이 아닐지도 몰라.

나스카 그림의 신비를 풀 수 있는 사람은 아무도 없어. 우리가 내릴 수 있는 가장 그럴듯한 추측은 나스카 사람들은 뛰어난 수학 능력을 지닌 사람들이라는 거야.

그들은 각 선들의 길이와 그 선들을 꺾어야 하는 위치, 또 어디서 다음 선과 만나야 하는지 등을 계산할 수 있었지. 어떤 사람은 나스카의 예술가들이 별자리의 위치를 통해 그 그림을 그렸다고 말하기도 해. 그러나 나스카 문명은 1,500년 전에 종말을 고했어. 어쩌면 우리는 나스카 그림에 대한 의문의 답을 영원히 찾을 수 없을지도 모른단다.

올메크 족의 머리

남아메리카 바로 위쪽이 중앙아메리카야. 이곳을 '메소아메리카mesoamerica'라고 부르기도 해. 앞에서 '포타미아potamia'가 영어의 'rivers(강)'을 의미하고 '메소meso'는 영어의 'between(~사이)'을 의미하므로, '메소포타미아'란 '강 사이'를 의미한다고 설명했어. ('하마'란 말의 'hippopotamus'란 단어 기억하지? 'hippo'는 'horse(말)'이란 의미이고, 'potamus'는 'river(강)'을 의미해. 따라서 hippopotamus는 '강에서 사는 말'을 뜻하지) '메소아메리카'에서의 'meso'도 'between'을 의미하므로, '메소아메리카'는 '아메리카의 사이'를 의미해. 즉 중앙 아메리카라는 말이지.

올메크 족은 중앙아메리카에 살았던 첫 문명인이야. 그들은 오늘날의 멕시코에 산 로렌소San Lorenzo라는 큰 도시를 건설했단다. 도시는 커다란 언덕 위에 세워졌어. 지도자와 제사장, 부자와 같이 힘을 가진 사람이 이 도시에서 살았어. 가난한 사람과 농부는 언덕 아래 평지에서 살았지. 그들은 평지에서 농작물을 길러 언덕 위에 사는 사람에게 올려 보냈어.

올메크 족은 언덕의 꼭대기인 도시 가운데에다 흙과 진흙으로 된 커다란 피라미드를 건설했단다. 피라미드의 단이 얼마나 높았는지 몇 킬로미터나 떨어진 곳에서도 볼 수 있었지. 피라미드를 만드는 데 쓰는 진흙은 바구니에 담아 언덕 위로 끌어 올렸어. 올메크 족은 진흙 한 바구니, 한 바구니로 피라미드를 건설했지. 마치 돌덩어리 하나하나를 끌어 올려 돌로 된 피라미드를 건설했던 이집트 사람처럼 말이야.

올메크 족은 진흙과 흙으로 만든 피라미드의 꼭대기에 자신들의 신을 위한 사원을 만들었단다. 즉, 사원이 도시 전체에서 가장 높은 곳에 있었던 거지. 올메크 족이 그들의 신을 뭐라고 불렀는지는 잘 몰라. 그렇지만 신들이 어떻게 생겼는지는 알 수 있단다. 깃털이 달린 뱀 모습을 한 신도 있고, 반은 인간이고 반은 표범 모습을 하고 있는 신도 있어. 또 폭포에서 살고 있는 난쟁이같이 생긴 신도 있지.

올메크 족의 사원은 아주 오래전에 사라져 버렸어. 그러나 사원 주위에 세워져 있던 조각상들은 아직도 그대로 남아 있단다. 이 조각상들은 사람을 새긴 조각상이 아니야. 머리를 새긴 조각상이지.

올메크 족의 머리 조각상들은 그들의 중요한 지배자들의 머리일 거야. 그러나 돌로 된 이 지배자들의 머리 중 몸체를 가지고 있는 것은 하나도 없어. 그리고 머리 조각상들은 땅에 똑바로 세워져 있지. 마치 무지무지 큰 돌로 된 사람이 목 아래가 흙 속에 파묻혀 있는 것처럼 말이야. 게다가 머리들은 3미터나 될 정도로 거대해. 눈은 네 머리보다 크고, 높이는 네가 손을 위로 쭉 뻗어야 겨우 코에 닿을 수

올메크 족의 머리

있을 정도지.

이 거대한 머리가 몸체를 가지고 있었다면 어땠을까? 아마도 4층짜리 건물만큼 큰 돌 거인이었을 거야. 손은 사람이 앉을 수 있을 만큼 넓었을 테고, 어른이 서도 머리가 그 무릎까지밖에 이르지 못했을 거야.

거대한 머리들은 진흙 피라미드의 꼭대기에 있는 사원 주위에 빙 둘러 세워져 있어. 그런데 이 머리 조각상은 왜 세웠을까? 확실히 알려진 것은 없어. 어쩌면 이집트 사람처럼 올메크 족도 자신들의 지배자를 신이라 믿고 그들을 받들기 위해 조각상을 만들었는지도 몰라. 오늘날 우리가 위대한 지도자들의 이름을 따서 공항이나 도로, 건물의 이름을 짓듯이 그들도 자신들의 지배자를 기억하기 위해 거대한 머리를 만들어 놓았을지도 모르지. 어떤 고고학자들은 이 거대한 머리가 제단이나 왕좌로 사용되었을지도 모른다고 추측하기도 해. 그렇지만 정확한 사실은 알 수 없단다. 나스카의 그림처럼 올메크 족의 머리도 수수께끼로 남아 있게 될 거야.

토끼가 태양을 쏘다

이제 중앙아메리카를 거슬러 올라가 북아메리카로 가 보자꾸나. 북아메리카에는 오늘날의 캐나다와 미국이 있어. 하지만 고대에는 여러 부족들이 이 커다란 대륙을 떠돌아다녔단다.

날씨가 추운 북쪽에서 살던 고대 북아메리카 사람들은 사냥을 하고 물고기를 잡아먹으며 살았지. 그들은 날씨가 너무 추워 농사를 지을 수가 없었어. 그래서 덫을 놓아 바다표범이나 북극곰, 새, 순록과 같은 동물을 잡아먹고 살았지. 그들은 또한 추운 북쪽에서만 자라는 이끼류도 먹었단다. 몇몇 용감한 사람들은 가죽으로 만든 배를 타고 얼음 바다로 나갔어. 그들은 바다에서 낚시를 했고 고래를 쫓기도 했지. 고래 한 마리면 온 마을 사람이 충분히 먹고도 남을 고기를 얻을 수 있었어. 또 고래의 지방은 불을 밝힐 때 사용하는 좋은 기름이 되었지.

북아메리카 중부에 살고 있는 고대 부족들은 옥수수와 밀을 재배했어. 그들은 초원을 찾아 옮겨 다니는 거대한 물소 무리를 따라다녔어. 그들은 물소 고기를 먹었지(특히 물소의 혀를 좋아했단다). 물소 가죽으로는 옷을 만들어 입거나 담요 혹은 천막으로 사용했어. 물소의 뿔을 날카롭게 만들어 칼로 사용하기도 했단다. 바다나 강 근처에 살았던 부족들도 낚시를 하거나 덫을 이용해 사냥을 했어.

고대 북아메리카 사람은 한곳에 집을 짓고 정착해 산 것이 아니라 여기저기 떠돌아다니며 유목 생활을 했어. 그들은 땅에서 나오는 것은 무엇이든지 먹으며 이곳저곳으로 옮겨 다녔단다. 문서로 된 기록도 만들지 않았고 거대한 석조 건물 같은 것도 남겨 놓지 않았지. 대신 그들은 이야기들을 남겼어. 그 이야기는 수백 년 동안 엄마 아빠로부터 아이들에게 전해 내려오는 것이었단다. 이야기 중에는 자연현상을 설명하려고 하는 것들이 많아. '토끼가 태양을 쏘다' 라는 이야기는, 토끼가 왜 그렇게 겁이 많은지를 말해 주고 있어.

지독하게 더운 어느 여름날이었다. 뜨거운 햇볕이 내리쪼이자 땅은 금세 말라 버렸고, 그 열기에 풀도 시들었다. 동물들 또한 더위에 지친 나머지 사냥하기 위해 달리거나 뛰어 놀 힘조차 없었다. 그들은 그늘진 곳에 드러누워 숨을 헐떡거리면서 태양이 지기만을 기다렸다.

토끼는 하루 종일 물을 찾아 돌아다녔다. 하지만 어렵게 찾아낸 웅덩이에는 단단하고 검은 진흙이 바싹 말라 있었고, 계곡은 흙먼지만 날릴 뿐이었다. 토끼는 말라 버린 계곡 바닥에 주저앉아 태양을 향해 소리 질렀다. "햇빛을 그만 내리쪼어 주세요. 세상이 모두 말라 죽겠단 말입니다! 이제 좀 시원하게 살게 해 주시라고요."

그러나 태양은 토끼의 말은 들은 체 만 체하고 계속 햇빛을 내리쪼었다. 땅은 계속 말라 이제는 갈라져 버렸고, 토끼는 점점 더 뜨거워졌고 점점 더 목이 말라 왔다.

"태양은 나에게 혼 좀 나 봐야 해." 토끼가 중얼거렸다. "내가 뭘 해야 하는지 알겠어. 활과 화살을 준비해서 태양이 떠오르는 동쪽으로 가는 거야. 그래서 내일 아침에 태양이 머리를 내밀 때 활로 쏘아 버리겠어!"

그 당시에는 태양이 세상의 끝에서 천천히 솟아오르는 것이 아니라 한 번에 불쑥 하늘 한가운데로 튀어 솟아올랐다. 그리고 토끼는 태양의 한가운데를 똑바로 쏠 수 있을 것이라 생각했다. 토끼는 활과 화살을 꼭 쥐고 동쪽을 향해 뛰어갔다. 토끼는 뛰면서 노래를 불렀다.

토끼야, 위대한 토끼야.
태양의 적, 토끼야.
태양은 나의 힘을 알게 될 것이라네.
어이! 여기 토끼님이 간다!

토끼는 세상의 끝에 이르자 나무 밑에 앉아 태양이 솟아오르기를 기다렸다. 토끼는 손에 활을 들고 밤새 기다렸다.
아침이 되자 태양이 세상의 끝에서 튀어 올랐다. 토끼는 큰 소리로 웃으면서 주위를 둘러보았다. 그리고 팔짝 뛰어올라 태양의 한가운데를 향해 화살을 쏘았다.
그러자 태양에 커다란 구멍이 뚫렸고, 작은 불꽃들이 세상으로 튕겨져 나왔다. 토끼 머리 위에 있던 나무에 불꽃이 떨어지자 나무에서 연기가 나기 시작했고, 발치에 있던 풀에도 불꽃이 튀었다. 털이 그슬리기 시작하자 놀란 토끼는 활과 화살을 집어던지고 도망쳤다. 그러면서 이렇게 소리쳤다.

토끼가 태양을 쏘았다네!
불이 세상으로 쏟아졌네!
조심해라, 불꽃을 조심해라.
어이! 불꽃이 오고 있다네!

"이쪽으로 와!" 작은 목소리가 들려왔다. "서둘러! 내 밑으로 뛰어 들어와. 그러면 너는 무사할 거야! 나는 무척 작으니까 불이 내 위를 스쳐 지나갈 거야!"

토끼는 작은 초록색 덤불을 발견했다. 토끼는 그 밑으로 곧장 뛰어가서 머리를 손으로 감싸고 코를 땅속에 파묻었다. 불꽃은 큰 소리를 내며 토끼 위를 스쳐 지나갔다. 불꽃이 사라지자 토끼는 덤불 밑에서 코를 내밀고 주위를 둘러보았다. 이제 덤불은 더 이상 초록색이 아니었다. 불에 그슬려서 그만 누런색으로 변해 버렸다. 우리는 지금도 이것을 황색 덤불이라고 부르는데 처음 자랄 때는 초록색이지만 태양이 지나간 뒤에는 누런색으로 변하기 때문이다.

토끼는 후닥닥 도망갔다. 이날부터 토끼는 햇볕이 내리쬐면 달리다가도 숨어 버리곤 했다. 태양도 그전처럼 용감하게 솟을 수는 없었다. 토끼가 활을 쏠까 두려워 세상의 끝에서 펄쩍 뛰어오르는 대신 주변을 살피면서 조심스럽게 살금살금 기어오르게 되었다.

*남아메리카와 중앙아메리카, 북아메리카의 원주민들에 대한 세부적인 내용들은 대부분 중세부터 알려진 것들입니다. 마야 인, 아스테크, 잉카와 북아메리카 원주민 부족, 남아메리카 원주민들에 대한 자세한 이야기는 다음 책에 나옵니다. 왜냐하면 그들의 문명이 뒤늦게 번창했기 때문입니다. 이 장에서는 아메리카에 대해 간략히 소개하였고, 나중에 나올 내용을 위한 기초로서 기억해 두면 좋은 아메리카 부족들에 중점을 두었습니다(연대기 순으로 약간만 제시했습니다).

토끼가 태양을 쏘다

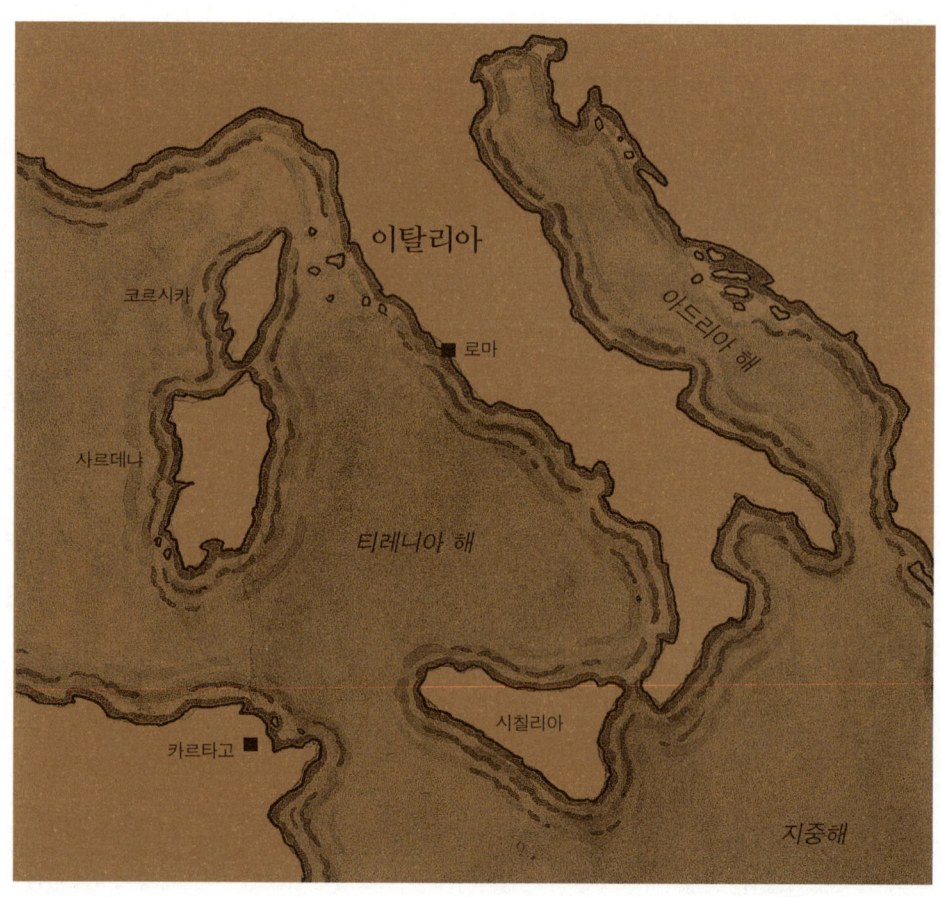

로마

제27장 로마의 기원

늑대가 키운 로물루스와 레무스

아시리아는 거대한 왕국이었지만 바빌로니아에게 정복되었고, 바빌로니아 또한 위대한 왕국이었지만 페르시아에게 정복당했지. 그리고 페르시아와 그리스도 대단한 제국이었지만 알렉산더 대왕에게 정복되었어. 알렉산더 대왕도 끝없이 펼쳐진 왕국을 건설하였지만, 그가 죽자 부하 장군들이 왕국을 나누어 버렸고.

고대의 역사는 이와 같아. 왕이 하나 나타나서 여러 전투에서 승리하고 대제국을 건설하지. 그러면 다른 나라의 다른 왕이 똑같은 일을 해. 이런 일이 반복되고 또 반복된단다!

그러므로 이제 또 다른 거대한 제국에 대해 알아 나간다고 해서 넌 그리 놀라지 않을 거야. 하지만 이 제국은 앞에서 보았던 그 어떤 제국보다도 크고 강했어. 이 제국은 몇 백 년 동안이나 유지되었단다. 이 제국이 멸망한 뒤에도 사람들은 1,000년이 넘도록 여전히 이 제국의 언어를 배우고, 이 제국의 책을 읽고, 이 제국의 정책을 따르고 있어. 이 제국은 바로 로마Rome란다.

로마는 이탈리아의 언덕에 자리 잡은 작은 마을이었어. 그리스에서 서쪽으로 향하면 지중해로 불쑥 튀어나온, 장화처럼 생긴 땅이 보일 거야. 이렇게 바다로 세 면이 둘러싸인 형태의 땅을 반도(半島)라고 해. 이 반도가 이탈리아Italy야.
로마에서 살았던 사람들은 마을의 기원에 대해 이런 이야기를 했단다.

옛날, 누미토르Numitor라고 하는 위대한 왕에게 쌍둥이 손자가 있었다. 로물루스Romulus와 레무스Remus라고 하는 그 쌍둥이는 건강하고 힘센 남자아이들이었다. 그런데 누미토르의 사악한 동생이 반역을 일으켜 왕위를 빼앗았다. 이 못된 새 왕은, 정당한 왕이 되어야 한다고 말하는 자들은 누구를 막론하고 없애 버렸다.
"저 아기들이 자라면 내 왕위를 빼앗으려 할지도 모른다!" 새 왕이 말했다.
"저 아기들을 티베르 강Tiber River에 던져 버려라!"
그래서 하녀 하나가 아기들을 죽이기 위해 티베르 강으로 데려갔다. 하지만 그녀는 아기들이 너무 불쌍해서 죽일 수가 없었다. 그녀는 아기를 바구니에 담아 강물에 떠 내려 보냈다.
바구니는 강을 따라 흘러 내려가다가 강 끝에서 무화과나무 뿌리에 걸렸다. 그것이 두 아기의 마지막 순간이 되었을지도 몰랐다. 그런데 그때 우연히 늑대 한 마리가 아기들이 우는 소리를 들었다. 늑대는 곧 무화과나무 근처에서 아기들이 들어 있는 바구니를 발견했다.
그런데 이 늑대에게도 새끼들이 있었다. 늑대는 배고파 울고 있는 두 아기가 가엾다고 생각했다. 그래서 바구니를 강둑으로 끌어 올려 자신의 굴로 데리고 와서 두 아이를 자신의 새끼들과 함께 자기가 낳은 새끼처럼 키웠다.

어느 날, 잃어버린 양을 찾아다니던 양치기 하나가 늑대 굴 주변의 덤불 속에서 까르르거리는 소리를 들었다. 그가 가지를 치우자 포동포동 살찌고 행복한 표정을 짓고 있는 남자 아이 두 명이 늑대 새끼들 틈에서 벌거벗은 채 놀고 있는 모습이 보였다. 그는 아이들을 집으로 데려왔다. 아이들은 양치기의 집에서 건장하고 잘생긴 젊은이로 성장했다.

로물루스와 레무스는 어른이 되어서 우연히 자신들이 담겨 있던 바구니가 걸렸던 무화과나무 근처에 가게 되었다. 주변을 둘러보자 7개의 언덕이 보였다. "마을을 만들기에 더할 나위 없이 좋은 곳이군." 그들은 서로에게 말했다. "이 7개의 언덕 한가운데에 마을을 세운다면 강하고 공격하기 힘든 마을이 될 거야!" 그들은 새로운 마을을 건설하기 시작했다. 그리고 로물루스는 스스로 이 마을들의 왕임을 선포하고, 마을 주변에 성벽 쌓는 일을 직접 지휘했다. "이 벽이 우리를 안전하게 지켜 줄 것이다!" 그가 말했다. "이 벽을 넘어오는 자는 그 자리에서 죽음을 당할 것이다!"

그러나 레무스는 형에게 화가 났다. 그는 이렇게 생각했다. "우리 두 사람이 이 마을을 건설했는데, 왜 로물루스 형이 지배자가 되어야 하는 거지? 나도 지배자가 되고 싶은데." 그래서 레무스는 어느 날 형이 만든 성벽으로

늑대의 젖을 먹는 로물루스와 레무스

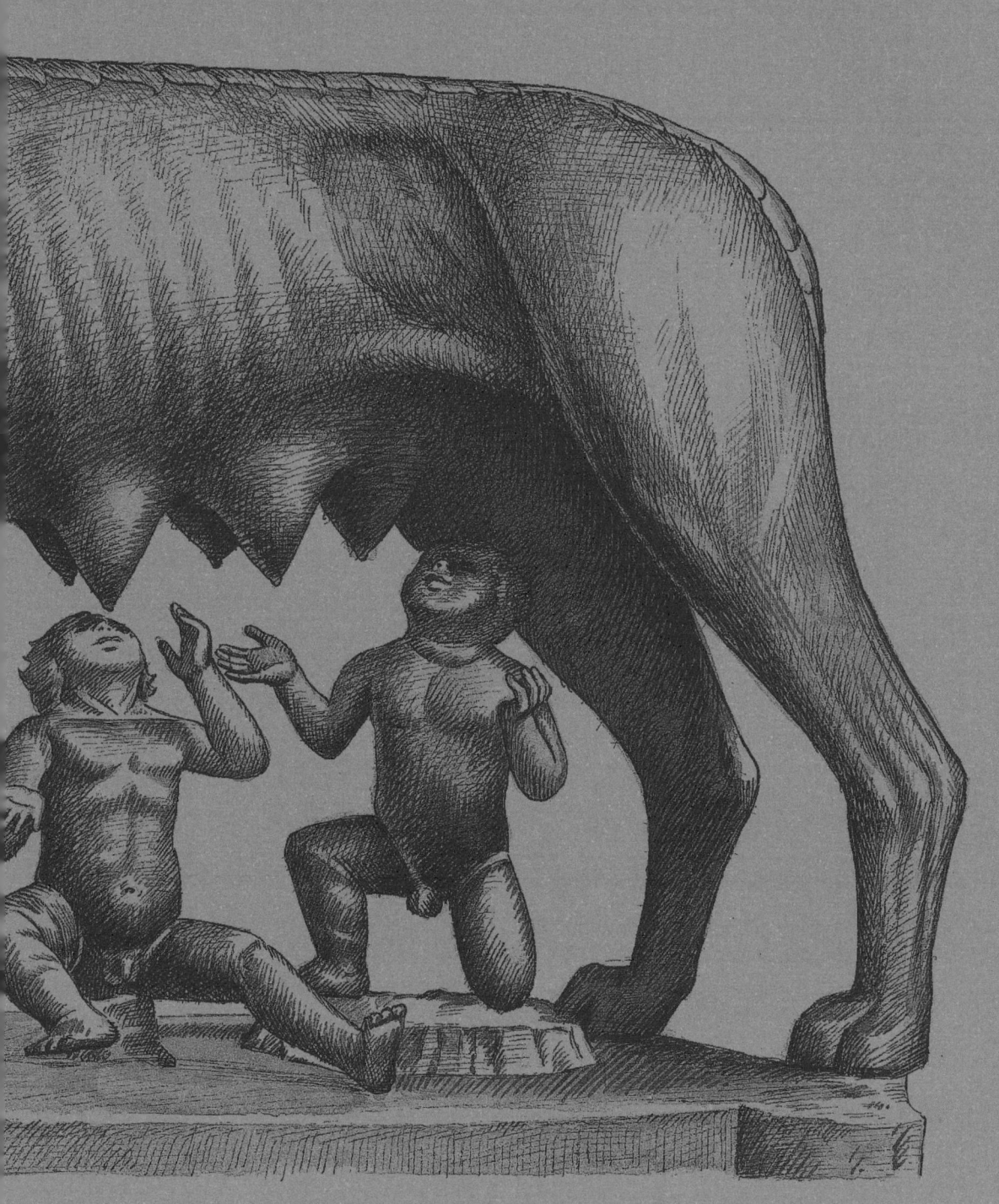

걸어가서 쉽사리 훌쩍 뛰어넘어 버렸다.

"무슨 성벽이 이래?" 그가 비웃었다. "누구라도 이 벽을 넘을 수 있겠다. 이 따위 성벽으로 어떻게 마을을 안전하게 지킬 수 있겠어?"

로물루스는 화가 나서 칼을 뽑아 그 자리에서 동생을 죽여 버렸다. 그러고 나서 그 마을을 자신의 이름을 따서 '로마'라고 불렀다. 이 로물루스가 로마의 첫 번째 왕이다.

이 이야기를 들으면 어떤 생각이 떠오르니? 앞에서 이미 보았던 첫 번째 왕국의 지배자인 사르곤 이야기를 기억할 거야. 그도 바구니에 담겨져 강을 떠 내려오다가 누군가의 손에 의해 구원을 받았어. 키루스를 기억하지? 그도 마찬가지로 숲 속에 사는 양치기들의 손에서 자랐단다. 고대 사람은 자신들의 왕에 대한 이런 이야기들을 좋아하는 모양이야. 이런 이야기들은 왕을 훨씬 더 전설적인 인물로 보이게 만들어 준단다. 마치 무엇이든 할 수 있는 옛날이야기 속의 주인공처럼 말이야.

로마의 권력자 집정관

로물루스와 레무스의 전설은 로물루스가 로마의 첫 번째 왕이라는 것을 말해 주고 있어. 고대 로마에 대해 전해지는 이야기 중에는 로물루스가 로마의 일곱 왕 중 첫째 왕이라는 이야기도 있어. 이 일곱 왕들은 이탈리아에 살고 있는 다른 부족들과 싸웠어. 왕들은 점점 많은 땅을 점령하려 했고 그래서 로마는 점점 커지고 점점 강해졌단다.

이탈리아에 살던 가장 중요한 부족으로 에트루리아 인Etruscan들이 있단다. 에트루리아 사람은 로마 북쪽에 있는 이탈리아의 산악 지대에 살고 있었어. 그들은 음악과 미술을 좋아해서 오늘날까지도 볼 수 있는 그림들을 그려 놓았어. 또한 농작물을 재배하고, 금속을 이용해 무기와 장신구를 만들기도 했어. 게다가 그리스와 이탈리아 사이를 배를 타고 왔다 갔다 하며 그리스 사람들과 무역을 했어. 그리스를 오가는 동안 에트루리아 사람들은 그리스 알파벳을 쓰는 법과 그리스의 신들을 숭배하는 법을 배웠단다.

로마의 왕은 에트루리아 사람들과 싸웠어. 하지만 그들과 무역을 하고 그들에게서 여러 가지를 배우기도 했단다. 에트루리아 사람들은 로마 사람들에게 그리스 사람처럼 옷 입는 법을 가르쳐 주었어. 또 그리스의 신들에 대해서도 이야기해 주었지. 로마 사람들은 에트루리아 사람들에게서 그림과 음악도 배웠어. 그들은 자주색으로 테두리를 두른 토가togas(긴 천을 왼쪽 어깨에서 오른쪽 겨드랑이 아래로 감아 두르게 되어 있는 겉옷)라고 하는 특별한 옷을 입는 에트루리아 왕족의 관습을 모방하기도 했지. 자주색은 왕이 얼마나 중요한 사람인지 모든 사람에게 보여 주는 색이란다.

에트루리아의 왕은 왕권의 상징으로서, 도끼날을 속에 넣은 막대 한 묶음을 가지고 다녔어. 그 막대는 왕이, 잘못한 사람을 처벌할 수 있는 힘을 가지고 있다는 것을 보여 주는 것이야. 도끼날은 나쁜 일을 저지른 사람을 처형할 수 있다는 것을 보여 주는 것이지. 로마 사람은 '패시즈fasces'라고 불리는 그 권력의 상징 표지를 좋아했어. 곧 로마의 왕들은 에트루리아 왕들처럼 자주색 테두리를 한 특별한 옷을 입고 패시즈를 들고 다녔지.

오늘날에도 미국 법정이나 정부 관리들이 이런 로마의 상징을 흉내 내는 모습을 볼 수 있어. 그들은 범죄자를 처벌할 수 있는 힘이 있음을 보여 주기 위해 패시즈를 가지고 다녀. 또 미국 국회의사당 건물에 있는 법정에는 미국 국기 옆에 한 개씩, 두 개의 패시즈가 벽에 걸려 있어.

이렇듯 패시즈는 왕의 권력이 얼마나 막강한지를 보여 주는 상징이었어. 그러나 일곱 왕의 지배를 받던 로마 사람들은 왕이 너무 많은 권력을 가지고 있다는 결론을 내렸어. 그들은 군주제를 원하지 않았지. 군주제란 왕이 지배하는 정치 체제를 말해. 로마 사람들은 로마를 그들 자신이 법을 만들고 지도자를 선택할 수 있는 나라로 만들고 싶었단다.

스스로 법을 만들고 지도자를 선출하고 싶어 했던 그리스의 도시를 기억할 거야. 아테네는 사람들이 스스로 법을 만들고 지도자를 뽑는 민주주의 도시였지. 그러나 로마는 아테네와 같은 민주주의는 아니었단다. 아테네에서는 노예가 아닌 모든 남자들이 법을 제정하고 지도자를 뽑는 투표를 할 수 있었어. 그러나 로마에서는 귀족 계급에 속하는 부자와 권력 있는 남자들에게만 권리가 주어졌지. 이 귀족들은 자신들 중에서 2명의 지도자를 선출했단다. 그들을 집정관consul이라고 해. 로마 사람들은 1명의 왕을 두는 대신 2명의 집정관을 두었어. 이러한 방법이 한 사람에게 너무 많은 권력이 집중되는 현상을 막을 수 있다고 생각했지. 두 명의 집정관은 서로를 감시할 것이었어. 그러면 아무도 자기 좋은 대로 할 수 없었지.

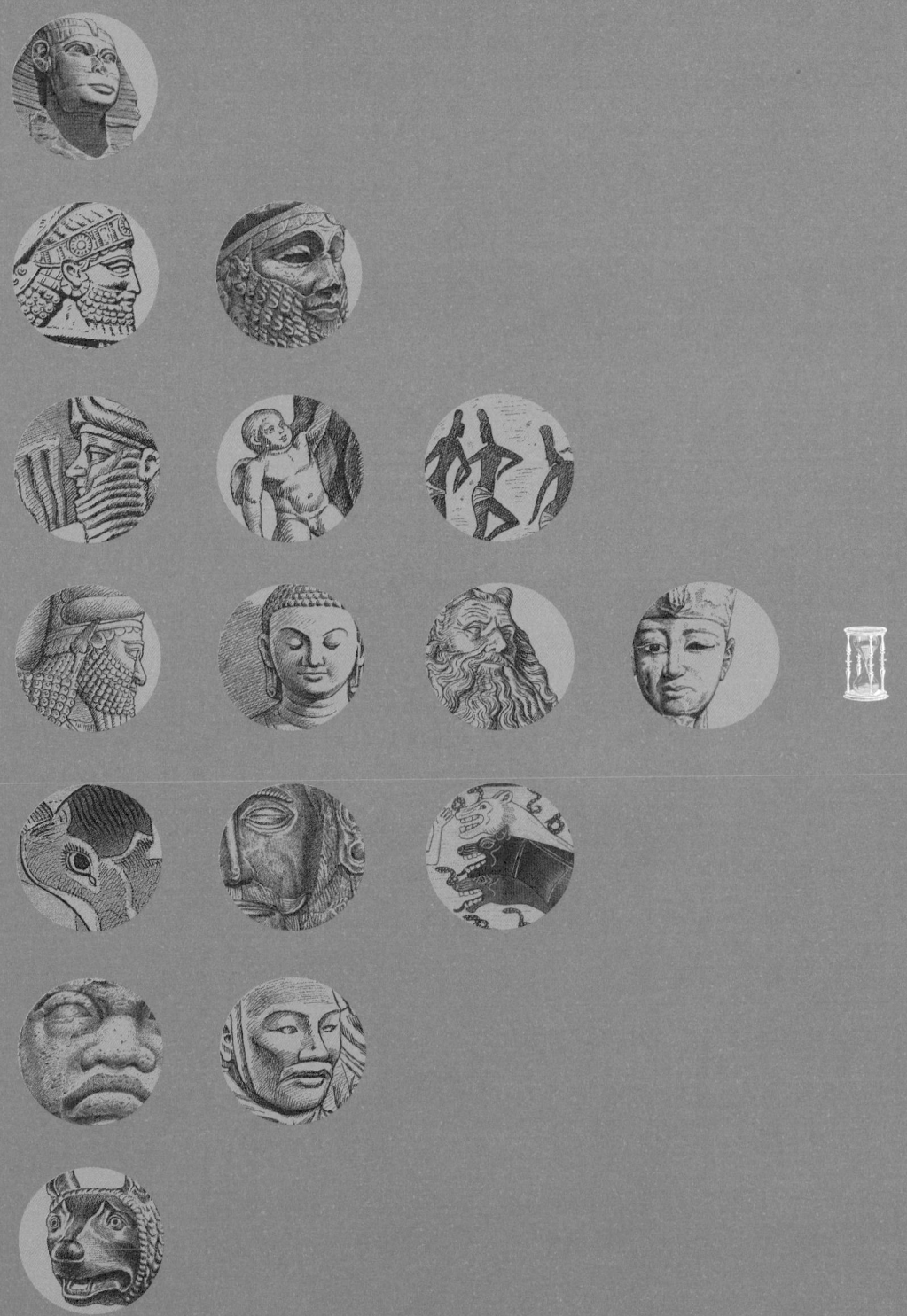

제28장 로마 제국

로마의 신이 된 그리스 신

이탈리아의 에트루리아 족이 그리스를 오가며 무역을 했다는 이야기는 앞에서 했어. 그들은 그리스에서, 그리스의 신들에 대해 배웠고 그들에 얽힌 신화를 들었어. 그리고 그들은 이탈리아로 돌아와서 이 이야기들을 로마 사람들에게 전해 주었지.

로마 사람들은 그리스의 신을 자신들의 신으로 받아들였어. 그들은 그리스의 신들을 숭배했지. 하지만 신들에게 로마식 이름을 붙였단다.

그리스 신들의 왕 제우스를 기억하지? 황금 사과를 만들어서 인간 세상에 트로이 전쟁을 일으켰던 신 말이야. 로마에서는 제우스를 '주피터Jupiter'라고 불렀단다. 그는 하늘과 달을 다스렸고 바람과 비, 천둥과 같은 날씨를 다스렸지. 오늘날 태양계에 있는 행성 중 하나인 목성의 영어 이름이 주피터야. 신들의 왕인 제우스의 로마식 이름을 따서 붙인 것이지. 화성의 영어 이름인 마르스Mars도 전쟁의 신의 로마식 이름을 딴 거야. 율리시즈(오디세우스의 로마식 이름)를 고향으로 돌아가지 못하게 방해했던 바다의 신 포세이돈을 기억하지? 로마 사람들은 이 바다의

로마의 신이 된 그리스 신 283

신을 넵튠Neptune이라고 불렀어. 태양계의 행성 중 해왕성의 영어 이름도 넵튠이란다.

로마 사람들은 신들의 이야기를 이용해 자연 세계를 설명했어. 케레스Ceres(데메테르의 로마식 이름)와 그녀의 딸 프로세르피나Proserpina(페르세포네의 로마식 이름)에 관한 이야기는 왜 여름과 겨울이 해마다 오는지 설명해 주고 있단다.

어느 날 수확의 여신 케레스와 그녀의 딸 프로세르피나가 숲 속을 거닐고 있었다. 케레스의 발길이 닿는 곳마다 곡식이 여물었고, 그녀가 나무를 건드릴 때마다 그녀의 손 밑에서 과일이 열렸다. 그녀의 뒤에는 치렁치렁한 금빛 머리카락을 가진 봄처럼 아름다운 딸이 뒤따르고 있었다.

케레스가 시원한 시냇물을 마시려고 잠시 멈추었다. 그녀가 물을 마시는 동안 프로세르피나는 근처에 있는 아름다운 백합꽃 사이를 거닐고 있었다. 프로세르피나가 백합을 꺾으려고 몸을 굽히자 갑자기 그녀 밑의 땅이 갈라지더니 그녀가 사라져 버렸다. 케레스가 놀라서 고개를 들었지만 프로세르피나는 이미 사라진 뒤였다. "프로세르피나!" 케레스가 큰 소리로 불렀다. "프로세르피나! 어디 있니?" 하지만 아무 대답도 없었다.

14일 동안, 케레스는 사라진 딸을 찾아 세상을 헤매고 다녔다. 그러다가 우연히 케레스는 한 님프(정령, 요정)를 만났다. 그 님프는 이렇게 속삭였다. "저는 방금 죽음의 땅인 저승 세계에서 오는 길이랍니다. 그곳에서 당신의 따님을 봤어요! 저승의 왕 하데스Hades가 그녀를 아내로 삼으려고 데려갔다더군요. 하데스가 당신의 딸을 보고 첫눈에 반해 그녀 발밑의 땅을 열고 저승 세계로 데려간 거랍니다."

케레스는 이 이야기를 듣고 화가 났다. "나는 땅이 농작물을 많이 만들 수 있도록 도왔다!" 그녀가 소리쳤다. "그런데 이것이 나에 대한 보답이란 말인가! 온 세상이 마르고 황폐해질 때까지 저주를 내릴 것이다." 곧 그녀 주변에 있던 나무들이 밤색으로 변하기 시작하더니 나뭇잎이 떨어졌다. 풀은 죽고 꽃은 시들어 갔다. 그래도 케레스는 화가 풀리지 않아 하늘로 올라가서 신들의 왕인 주피터의 궁전을 찾아갔다.

"주피터여!" 그녀가 말했다. "하데스로 하여금 내 딸을 다시 돌려보내게 해주소서! 그렇게 하지 않으면 인간 세상에 다시는 봄이 찾아오지 않을 것입니다. 과일이나 곡식, 풀도 다시는 자라지 못하게 될 것입니다. 내 딸이 없는 내 마음처럼 인간 세상은 언제나 생기 없는 곳이 될 것입니다!"

주피터는 생각에 잠겼다.

"알았다." 그가 한참 뒤에 말문을 열었다. "네 딸을 보내라고 하데스에게 말하겠다. 하지만 한 가지 조건이 있다. 네 딸이 하데스의 궁전에서 아무것도 먹거나 마시지 않았다면 저승을 떠나 네 곁으로 돌아올 수 있을 것이다. 하지만 네 딸이 그곳에서 하데스와 함께 뭔가를 먹거나 마셨다면 그곳에 머물러야 할 것이다."

주피터의 말이 끝나자 갑자기 땅이 갈라지며 열렸다. 거기에 프로세르피나가 서 있었다. 그녀 옆에는 키가 크고 음험한 표정을 한 저승의 왕 하데스가 검은 망토를 입고 서 있었다.

"내 딸아!" 케레스가 불렀다.

"잠깐만……." 주피터가 말했다. "프로세르피나, 저승 세계에서 무언가를 먹거나 마셨느냐?"

"거의 아무것도 먹지 않았어요." 그녀가 말했다. "방금 전에 석류 씨 여섯 알을 먹었을 뿐입니다."

"그러면 너는 하데스와 함께 있어야 한다." 주피터가 말했다.

그러나 케레스는 받아들이지 않았다. "내 딸을 돌려주지 않는다면 두 번 다시 봄을 볼 수 없을 것이오." 그녀가 경고했다.

주피터는 다시 한 번 신중하게 생각했다. 그리고 마침내 말했다. "그녀가 겨우 여섯 알을 먹었을 뿐이니, 한 해의 반인 6개월 동안은 저승 세계에서 하데스와 함께 지내야 한다. 하지만 나머지 6개월은 지상 세계에서 어머니와 함께 지내도 된다."

그래서 프로세르피나는 매년 6개월을 저승 세계에서 보내게 되었다. 그녀가 하데스의 궁전에 있는 동안 그녀의 어머니 케레스는 슬퍼서 눈물을 흘렸다. 나무에서 잎이 떨어지고, 풀은 밤색으로 변하며 꽃들은 죽었다. 하지만 딸 프로세르피나가 돌아오면 케레스는 다시 기쁜 마음이 되었다! 그러면 봄이 되어 나뭇잎은 다시 자라고, 풀은 다시 초록으로 물들고, 꽃은 봉오리가 생기고 꽃을 피우기 시작했다.

콘크리트를 처음 사용한 로마 인

로마 사람들은 로마라는 작은 도시에 만족하지 않았어. 도시가 커지면 커질수록 로마 사람들은 더 많은 땅을 원했지. 땅을 얻는 가장 좋은 방법은 다른 마을과 부족들을 점령하는 것이었어. 그래서 로마 사람들은 주변 마을을 공격하여 정복했어. 더 많은 땅을 정복할수록 그들은 점점 더 부유해졌지. 그리고 얼마 안 가서 곧 로마는 이탈리아 반도 전체를 지배하게 되었단다.

로마가 이탈리아 반도 전체를 지배하게 되자, 로마 사람들은 반도 끝까지 쉽게 오갈 수 있어야 할 필요가 생겼지. 그래서 도로를 만들기 시작했단다. 로마 사람들은 도로로 유명하단다! 고대 세계의 대부분의 길은 진흙투성이에다가 여기저기 웅덩이가 파이고 바위와 부러진 나무들로 가로막혀 있었어. 하지만 로마 사람들은 오가기 쉽게 도로를 만들었지. 우선 넓은 도랑을 파고 그 도랑을 모래로 메웠어. 그러고 나서 모래 위에 작은 자갈을 덮고, 다음으로 자갈 위에 콘크리트를 부었어. 마지막으로 콘크리트 위에 넓고 부드러운 포석을 덮었단다. 그런 뒤 그 길을 따라 돌기둥을 세우고, 그 기둥에 마을과 거리의 이름을 새겨 놓았어. 로마의 도로를 오가는 사람들은 이 '이정표'를 보고 앞으로 얼마를 더 가야 하는지 정확히 알 수 있었지.

콜로세움

가장 유명한 로마의 도로는 아피아 가도Via Appia야. 이 도로는 로마에서 이탈리아에 있는 몇몇 큰 도시로 이어져 있어. 오늘날에도 여전히 도로로써 제 역할을 하고 있지. 로마의 도로는 너무 잘 만들어졌기 때문에 수백 년 동안이나 손상되지 않았단다. 오늘날 이탈리아에 있는 많은 도로들은 여전히 옛 로마의 도로가 있던 자리에 만들어지고 있어.

로마 사람들은 처음으로 콘크리트를 사용한 고대인들이야. 그들은 화산재와 물과 석회를 섞으면 걸쭉한 혼합물이 되었다가 돌처럼 단단하게 굳는다는 사실을 발견했어. 그리고 이 콘크리트를 건물이나 도로를 만들 때, 큰 돌들을 서로 붙이는 데 사용했지. 로마 사람들은 콘크리트를 써서 지금의 아파트와 같은 건물을 지었어. 그 고대 아파트 건물은 5층 정도의 높이였단다. 로마의 한 작가가 쓴 글이 이런 사실을 증명해 주고 있어. 그에 따르면 어느 장날 주인에게서 도망친 수소 한 마리가 아파트 건물 안으로 달렸다고 해. 수소는 높이, 더 높이, 더 높이 올라가서 꼭대기 층에 이르렀지. 그러고는 더 이상 도망칠 곳이 없자 창문 밖으로 뛰어내렸어.

불행히도 로마 사람들이 지은 아파트 건물이 전부 튼튼했던 것은 아니었나 봐. 건물이 무너지면서 그 안에 살던 사람들이 죽음을 당하는 경우도 종종 있었어. 물이나 화장실이 없는 빈민가도 있었고, 가족 전체가 방 하나에서 살기도 했으며, 창 밖으로 버린 쓰레기로 거리가 더럽혀지기도 했어.

로마의 도시들이 점점 커지자 도시에 사는 사람들이 사용할 깨끗한 물이 점점 더 많이 필요해졌지. 그래서 그들은 수도교aqueduct라고 하는 특별한 수로를 계획했어. 수도교는 좁은 돌다리처럼 생겼는데, 그 돌다리 위로 수도 파이프가 지나가게 만들어졌지. 이 수도교를 통해 로마 사람들은 50킬로미터나 떨어진 샘에서 도시로 물을 끌어다 먹을 수 있었단다.

로마 사람들은 마시고 요리할 물도 필요했지만 목욕할 물도 필요했어. 목욕은 고대 로마 사람들에게 아주 중요한 것이었어. 사람들 대부분이 매일 목욕을 했다고 해도 과언이 아니야. 하지만 그들은 혼자 사용하는 목욕탕이 아니라 수영장처럼 생긴 공중 목욕탕을 이용했어. 사람들은 공중 목욕탕에 모여 목욕을 즐겼지. 그들은 동물의 기름으로 만든 비누를 피부에 문질러 사용하기도 하고, 둥글게 휜 칼날로 면도를 하기도 했어. 그리고 수도교를 통해 끌어온 차가운 물과 뜨거운 물에서 수영도 할 수 있었지.

오늘날에도 그 당시 로마의 도로, 건물, 목욕탕과 수도교 등 많은 유물과 유적을 볼 수 있어. 2천 년이 넘는 세월이 흘렀는데도 말이야.

로마의 검투사

로마의 검투사들에 대한 이야기 들어 본 적 있지? 검투사란 다른 상대와 싸우는 경기를 하는 사람을 말해. 다음 이야기에 나오는 주인공 세르비우스는 상상의 인물이야. 하지만 고대 로마에는 그와 같은 사람이 수천 명이나 있었단다.

세르비우스는 바다 근처 작은 마을에 살고 있었다. 그는 종일 쇠를 다루는 대장장이였다. 근처에 사는 농부를 위해 필요한 쟁기와 괭이를 만들기도 했고, 어부들을 위해 낚싯바늘을 만들기도 했다. 그는 자신의 일을 좋아했다. 밤이면 친구들과 함께 앉아서 이야기도 나누고 노래도 부르며 옛날이야기를 하곤 했다. 세르비우스는 행복했다.

그러던 어느 날, 세르비우스가 괭이를 만들기 위해 쇠를 달구고 있는데 천둥 같은 소리가 들려왔다. 그는 비가 오려나 보다고 하늘을 올려다보았다. 하지만 그 소리는 천둥이 아니라 말발굽 소리였다. 평화로운 마을 모퉁이에 검과 방패와 창을 가진 사람들이 말을 타고 나타났다. 그들은 투구를 쓰고 붉은 망토를 두르고 있었다.

"우리는 로마 인이다!" 가장 큰 사내가 소리쳤다. "이 마을은 로마의 것이 되었다. 이제 너희들은 로마에 복종해야 한다!"

세르비우스는 무기를 찾았지만 벽에 걸려 있는 괭이가 전부였다. 그는 괭이를 쥐고 그 사람에게 휘둘러 댔지만 계속 빗나갔다. 그리고 두 명의 로마 병사가 말에서 뛰어내려 세르비우스를 뒤에서 붙잡았다.

"너는 이제 우리의 포로다!" 사내가 말했다. "우리와 함께 로마로 가게 될 것이다."

그들은 세르비우스를 말에 태웠다. 그는 넓은 도로를 따라 며칠을 가야만 했다. 드디어 세르비우스 앞에 도시의 성벽이 보였다. 전에 본 적이 없는 매우 높은 벽이었는데, 다른 사람의 어깨 위에 올라서서 보아도 그 안을 들여다볼 수 없을 것 같았다.

병사들은 그를 데리고 도시 성벽에 있는 작은 문으로 들어섰다. 세르비우스는 자신이 사람들로 꽉 찬 좁고 번잡한 거리에 있다는 것을 알게 되었다. 작은 나무로 된 오두막들이 거리 양쪽에 세워져 있었고, 사람들이 그 오두막에서 과일과 요리한 고기, 빵, 양배추, 당근, 싸구려 포도주를 팔고 있었다. 한 무리의 아이들이 더러운 개 한 마리를 쫓아 거리를 뛰어다녔고, 여자들은 거리 위의 나무로 된 발코니에서 빨래를 널고 있었다. 그는 아기가 우는 소리, 사내들이 고함지르는 소리, 여자들이 수다 떠는 소리, 말과 당나귀가 우는 소리를 들었다. 그는 한곳에 이렇게 많은 사람들이 모인 것을 난생처음 보았다.

도시의 안쪽으로 갈수록 거리가 넓어지면서 집들이 더 커졌다. 그리고 녹색의 정원과 분수, 흰 대리석으로 만들어진 집들이 세르비우스의 눈에 보이기 시작했다. 처음에 본 거리에 비해 이곳에는 사람들이 그리 많지 않았지만, 그들은 모두 붉은색과 푸른색으로 테두리를 두른 토가라는 멋진 흰색 옷을 입고 있었다. 그들은 로마의 중심에 가까워지고 있었다.

"나를 어디로 데려가는 거요?" 세르비우스가 옆에 있는 병사에게 물었다.

"검투사 학교로 가는 길이다." 병사가 대답했다. "너는 몸집도 크고 강한 데다 용기까지 갖췄다. 너는 훌륭한 검투사가 될 거야. 도착하면 훈련사가

로마의 검투사 293

네가 뭘 해야 하는지 가르쳐 줄 거다."

세르비우스는 겁이 나서 입이 바싹 마르는 것 같았다. 그는 로마의 검투사에 대한 소문을 들은 적이 있었다. 환호하는 군중이 지켜보는 가운데 용맹스러운 사람들이 서로 싸우거나, 심지어 야생 동물과 싸워야 한다고 했다.

"만약 내가 검투사가 되기 싫다면 어찌 되는 거요?" 그가 물었다.

"너에게는 선택의 여지가 없어." 병사가 대답했다. "너는 우리의 포로다. 검투사 학교로 가라. 그게 싫으면 처형되든지."

그들은 높은 돌담 앞에 이르자 멈춰 섰다. 곧 로마 사람 둘이 세르비우스를 안으로 데리고 들어갔다. 안쪽에 있는 커다란 마당에는 검투 시합을 준비하는 사람들로 가득했다. 넓은 마당 한가운데에는 허리에 두르는 간단한 옷과 벨트를 맨 어떤 남자가 상대에게 그물을 던져 씌우면서 다른 손으로는 삼지창을 휘두르고 있었다. 그에 맞서 싸우는 사람은 단검을 휘두르며 크고 둥근 방패로 자신을 보호하고 있었다. 그의 투구에는 물고기 그림이 그려져 있었다.

"그물을 가지고 있는 사람을 그물 투사라고 한다." 병사 하나가 세르비우스에게 설명했다. "또 한 사람은 물고기 인간이다. 그물 투사가 물고기 인간을 그물로 잡아서 찌르려고 하는 거야. 네가 운이 좋다면 그물 투사가 되는 법을 배우게 되겠지!"

세르비우스는 두려움으로 무릎이 떨렸다. 이곳은 단지 훈련장일 뿐인데 어떻게 실제 경기장에서 검투 시합을 하듯이 하란 말인가? 어떻게 그는 살아남을 수 있을까?

검투사 학교

검투사 학교에서 세르비우스는 감옥같이 좁은 방에서 지냈다. 그리고 검투사 훈련을 위해 매일 끌려 나갔다. 처음에 그는 얼마나 건강한지 알아보기 위한 시험을 통과해야 했다. 얼굴에 흉터가 있는 두 명의 훈련사가 그의 주위를 맴돌았다. 그들은 갑옷을 입었고 날카로운 단검을 허리에 차고 있었다. 그들은 세르비우스를 찔러도 보고 팔을 비틀기도 했다. 그러더니 30미터 정도 떨어진 곳에 세워져 있는 기둥을 가리키며 한 훈련사가 물었다.
"저 기둥까지 얼마나 빨리 달려갔다 올 수 있지?"
세르비우스는 그 사내를 노려보았다. 사실 그는 싸우는 법 따위는 알고 싶지 않았다. 하지만 시키는 대로 하지 않으면 곧 죽게 될 것 같았다. 결국 그는 돌아서서 기둥까지 달려갔다 왔다.
"아주 좋아." 훈련사가 말했다. "이제 네 녀석이 얼마나 참을성이 있는지 알아보겠다."
그날 하루 종일 두 훈련사는 세르비우스에게 달리기, 뛰어오르기, 씨름, 기어오르기 등을 끊임없이 훈련시켰다. 밤이 되자 그는 땀과 진흙으로 범벅이 되었고 너무 피곤해서 방으로 돌아갈 힘조차 없었다. 하지만 그는 그날 시험에 통과한 것이었다. 다음 날 세르비우스는 5명의 다른 포로들과 함께 마당에 섰다.

"너희는 검투사가 될 것이다!" 훈련사 한 명이 큰 소리로 말했다. "나를 따라 검투사의 맹세를 하라! '나는 불에 타고 쇠사슬에 묶이고 몽둥이에 맞고 검에 찔려 죽을 것을 맹세합니다.' 검투사가 되는 것은 멋진 특권이다! 너희들은 정말 운이 좋은 놈들이다!"

세르비우스는 긴장해서 침을 꿀꺽 삼켰다. 그는 이것이 행운이라고 생각하지 않았다. 그러나 옆에 있던 다른 포로들이 검투사의 맹세를 따라 하는 바람에 그도 어쩔 수 없이 맹세할 수밖에 없었다. 그는 다음에 할 일이 무엇인지 잘 알고 있었다. 그들은 첫 번째 훈련 연습을 위해 행진해 갔다. 그 훈련은 벽에 기대어 놓은 지푸라기 인형을 향해 나무 칼을 휘두르는 것이었다. 훈련사들도 한때는 검투사였다. 그들은 세르비우스를 비롯하여 다른 신입 검투사들에게 칼싸움 동작을 가르쳐 주었다. 모든 동작이 몸에 익숙해지자 보다 힘든 훈련이 시작되었다. 세르비우스는 다른 훈련생과 직접 싸워야만 했다. 나무칼을 가지고 싸웠기 때문에 죽을 위험은 없었다. 하지만 세르비우스는 재빨리 피하지 못해 상대방의 나무칼에 허리를 맞았다. 그는 며칠 동안 욱신거리는 아픔에 시달려야 했지만 훈련사들은 그저 비웃기만 했다.

"강해지는 법을 배워 두는 게 좋을 거야! 우리는 상처 따위는 신경 쓰지 않아. 그저 계속 싸우기만 할 뿐이지! 경기장에서 싸우게 되면 그것보다 더 치

로마의 검투사

원형 경기장이 많이 세워지면서 황제 같은 권력자들이 로마 시민의 인기를 얻기 위해 검투사 시합을 열었단다. 노예들이 검투사가 되었는데 싸움에서 이기면 노예의 신분에서 해방될 수도 있었지. 나중에는 보통 사람도 참가했어.

명적인 상처도 입게 될걸."

"경기장에서라고?" 세르비우스의 마음이 무거워졌다. 경기장에서 있을 첫 싸움이 겨우 1주일밖에 남지 않았다는 사실을 그는 알고 있었다. 그는 그 싸움에서 그물 투사들을 쫓는 역할의 검투사가 되기로 되어 있었다. 세르비우스는 이미 얼마 전부터 진짜 무기와 갑옷을 갖고 싸우는 연습을 시작했다. 손에는 짧고 단단한 검과 커다란 방패를 들고 왼쪽 다리에는 금속 다리 보호대를 착용했다. 그리고 머리에는 밖을 볼 수 있도록 작은 구멍이 두 개 뚫린 둥근 투구를 썼다. 투구를 쓰자 밖이 거의 보이지 않았다. 그는 걱정스러웠다. 어떻게 그물 투사를 잡을 수 있을까? 그물 투사가 자신을 먼저 잡으면 어떻게 할까?

싸움이 벌어지는 날 세르비우스는 경기장으로 실려 갔다. 경기장은 로마의 외벽 근처에 있는 커다란 공터였다. 주위를 빙 둘러 나무 의자들이 마련되어 있었고, 여자와 남자, 심지어 아이들까지 빈틈없이 자리를 잡고 앉아 있었다. 그들은 환호하면서 큰 소리를 질러 댔다. 그들은 싸움을 즐기고 있었다!

세르비우스의 훈련사가 그에게 투구를 씌우고 갑옷을 단단하게 조여 주었다. "가서 놈을 잡아!" 그는 이렇게 소리치며 세르비우스를 경기장으로 내보냈다. 금속 투구가 뜨겁고 답답해서 세르비우스는 숨을 제대로 쉴 수 없었다. 고개를 돌리자 그의 상대인 그물 투사가 눈에 들어왔다. 그는 살금살금 다가오고 있었다. 그물 투사가 그물을 던지자 그물이 세르비우스의 방패에 닿았다. 그도 칼을 휘두르며 앞으로 나아갔다. 그러자 그물 투사는 뒤로 주춤하더니 갑자기 돌아서서 뛰기 시작했다.

'저 사람도 나만큼이나 겁이 나는 모양이군!' 세르비우스는 그렇게 생각했다. 그는 그물 투사를 쫓아가기 시작했다. 그러나 무거운 갑옷 때문에 빨리 움직일 수가 없었다. 그물 투사는 갑옷을 입고 있지 않아서 빠르게 달아나고 있었다.

그런데 달아나던 그물 투사가 갑자기 비틀거리며 넘어졌다. 순식간에 세르비우스는 그 남자를 쓰러뜨리고 그 위에 우뚝 섰다. 그는 믿을 수가 없었다. 그는 대결에서 승리했다. 세르비우스는 그물 투사의 가슴에 발을 올려놓고 주위를 둘러보았다. 군중들이 야유를 보내며 엄지손가락을 아래로 향하게 했다. 세르비우스는 그 신호가 어떤 의미인지 잘 알고 있었다. 그들은 세르비우스가 상대를 죽이기를 원하고 있었다. 그물 투사가 용감하고 대담했다면 군중들은 동정심 때문에 그들의 엄지손가락을 위로 향하게 했을지도 몰랐다. 그러면 세르비우스는 자비를 베풀어 상대를 살려 줄 수 있었다. 하지만 그는 군중들이 원하는 대로 해야 했다.

세르비우스는 그물 투사를 내려다보았다. 그물 투사도 군중의 엄지손가락 방향이 어떤 의미인지 잘 알고 있었다. 그는 눈을 감았다. 죽을 때가 되었다고 생각하는 것 같았다.

검투사 학교

세르비우스는 뒤로 물러나면서 칼을 칼집에 집어넣었다. "일어나시오." 그가 말했다. "당신을 죽이지 못하겠소. 나는 짐승이 아니오. 경기 때문에 사람을 죽이는 일은 잘못된 일이라고 생각하오."

그물 투사는 일어나면서도 자신의 귀를 믿을 수가 없었다. 군중들은 점점 더 큰 소리로 야유를 보냈다. 그들은 피를 보고 싶어 했다. 하지만 세르비우스는 돌아서서 자신의 훈련사를 향해 가 버렸다. 그는 자신이 벌을 받게 될 것이라는 사실을 잘 알고 있었다. 어쩌면 죽을지도 몰랐다. 하지만 그는 이제 다른 사람을 죽일 수 없다는 것을 알게 되었다.

로마 사람들은 위대하고 강한 민족이었지만 피에 굶주려 있었어. 그들은 사람이 다치는 것을 좋아했고 피를 보는 일을 즐겼단다. 로마에 살았던 몇몇 역사학자들은 그런 짓이 옳지 않고 악한 일이라고 생각했어. 그들은 경기장에서 상대를 죽이기를 거부했던 세르비우스와 같은 사람의 이야기를 썼어. 어떤 검투사는 자살을 하기도 했단다. 다른 사람을 죽이지 않기 위해서 말이야.

로마와 카르타고

제29장 로마와 카르타고의 전쟁

로마는 이탈리아 전체를 차지했어. 하지만 로마 사람들은 이 정도에 만족하지 않았지. 그들은 더 많은 땅을 가지고 싶어 했어. 하지만 그들만 그런 욕심이 있었던 게 아니야. 카르타고Carthago라는 도시 역시 많은 땅을 원하고 있었단다. 카르타고에 대해 기억할 거야. 페니키아 사람들이 아프리카 북쪽 해안에 카르타고라는 도시를 건설했잖아. 그들은 이 도시를 중심으로 수백 년 동안 배를 타고 항해를 하며 무역을 했지.

카르타고는 지중해 주변의 거의 모든 도시들과 무역을 하여 많은 돈을 벌었단다. 그들은 이 도시들과 계속해서 무역을 하고 싶었어. 로마가 중간에 끼어드는 것을 바라지 않았지. 그러나 로마 역시 카르타고의 방해 없이 다른 도시들과 무역하기를 바랐어. 그래서 로마와 카르타고는 싸우기 시작했단다. 그들은 몇 년 동안이나 싸웠어. 이 전쟁을 포에니 전쟁Punic Wars이라고 불러.

처음에 전쟁은 배를 조종할 줄 알았던 군인, 즉 해군을 가진 카르타고에게 유리했어. 로마에게는 해군이 없었지. 그런데 카르타고의 배 한 척이 이탈리아의 바닷가에서 난파되었단다. 로마 사람들은 그 배를 가져다가 분해하여 배 만드는 법을 알아냈어. 그들은 나름대로 배를 만들고 항해하는 법도 익혔어. 얼마 지나지 않아 로마 군은 바다 위에서 하는 전투에서 카르타고와 대결할 수 있게 되었지.

그러나 카르타고는 여전히 막강한 적이었어. 로마 사람들은 그들을 정복하기 위해 열심히 연구해야만 했지. 그들은 신들에게 많은 제물을 바치며 승리를 기원했어. 클라우디우스 풀처Claudius Pulcher라는 로마 장군은 실제로 배 위에 신성한 닭들을 데리고 탔다고 해. 신성한 닭들이 전투에서 행운을 가져다 줄 거라고 믿었기 때문이지. 그는 닭들이 먹이를 먹는 모양을 보고 미래를 점칠 수 있다고 생각했단다.

그러나 불행하게도 닭들은 뱃멀미 때문인지 아무것도 먹지 못했어. 이것은 아주 나쁜 징조였지. 클라우디우스 풀처의 배를 타고 있던 로마의 병사들은 조금씩 겁을 먹기 시작했어. "신들이 우리 편이 아닌 모양이다!" 그들은 쑥덕거렸어. "닭들이 아무것도 먹지 않았으니 우리는 틀림없이 싸움에 질 거야!"

클라우디우스 풀처는 점점 더 초조해졌단다. 닭들에게 뭔가를 억지로 먹일 방법도 없었어. 그래서 마침내 그는 닭들을 배 밖으로 던져 버리라고 명령했어. 그리고 그는 다음 전투에서 처참하게 패하고 말았단다. 그의 병사들은 패배의 원인이 신성한 닭을 바다로 던져 버렸기 때문이라고 생각했어.

카르타고 사람들과 로마 사람들은 오랜 시간 동안 싸웠지. 하지만 어느 편도 승리하지 못했어. 그러자 카르타고의 장군 하나가 멋진 생각을 해냈어. 그는 배를 타고 로마를 공격하는 대신 코끼리를 이용해서 공격하기로 했단다.

로마의 병사들은 이탈리아 북쪽 알프스 산 근처에서 야영을 하고 있었어. 그때 그들은 이상한 소리를 들었지. 병사들은 눈과 안개가 휘몰아치는 막사 밖을 내다보았어. 갑자기 커다랗고 시커먼 형체가 눈 속에서 희미하게 나타났어. 땅이 흔들렸지. 사나운 코끼리 한 떼가 막사를 향해 돌격해 오고 있었어!

로마 병사들은 겁에 질려 혼비백산했어. 그들은 코끼리를 한 번도 본 적이 없었지. 게다가 이 코끼리들은 평범한 코끼리가 아니라 전투를 위해 특별히 훈련된 코끼리였어. 카르타고의 병사가 공격하라고 소리 지르자, 코끼리들은 귀를 활짝 펴서 머리를 훨씬 더 크게 보이게 했어. 코끼리의 머리와 귀에 빨간색, 하얀색, 노란색 물감이 칠해져 있어서 훨씬 더 무섭게 보였지. 몇몇 코끼리는 로마 군대를 향해 활을 쏘는 카르타고 병사들이 탄 수레를 밀었어. 어떤 코끼리들은 용맹한 병사들을 태운 나무 상자를 끌었단다.

몇몇 로마 병사들은 맞서 싸워 보려고 했어. 그들은 말에 올라타서 엄청나게 큰 코끼리의 머리를 공격하려고 했지. 그러나 말들이 겁에 질려 공격을 하지 않았어. 말들은 로마 병사들을 태운 채 어둠 속으로 달아나 버렸단다.

이런 공격을 생각해 낸 사람은 카르타고의 한니발Hannibal 장군이었어. 한니발은 카르타고와 로마 사이의 해전이 승리자가 없는 교착 상태에 빠져 있는 것을 보았지. 그래서 양쪽 해군이 서로 싸우는 동안 한니발은 군대와 40마리의 코끼리를 이끌고 육지로 지중해를 돌아온 거야. 그가 코끼리를 이끌고 산을 넘어 이탈리아로 들어온 사실은 로마 사람들을 깜짝 놀라게 했단다.

로마와 카르타고의 전쟁

코끼리와 함께 이탈리아로 들어서자마자 한니발은 마을을 불태우고 로마의 병사들을 죽이면서 이탈리아를 휘젓고 다녔어. 로마 사람들은 겁에 질렸단다. 그리고 한니발이 로마의 수도까지 쳐들어와서 불태우지 않을까 두려웠어.

그때 로마의 스키피오Scipio 장군이 나서서 한니발과 그의 병사들을 물리칠 묘안을 생각해 냈단다. 그는 최고의 로마 병사들을 이끌고 배를 타고 바다를 건너가 카르타고의 수도를 공격했어. 카르타고의 수도가 공격당할 거라고는 아무도 생각하지 못했지. 그때 카르타고 최고의 병사들은 모두 이탈리아로 넘어가 있어서 카르타고의 수도는 비어 있는 것이나 다름없었어. 카르타고 사람들은 한니발에게 전갈을 보냈어. "카르타고로 돌아와서 우리를 도와주시오!"

한니발은 자신의 도시를 지키기 위해 이탈리아를 떠나 아프리카 해African Sea를 건넜단다. 그러나 그의 병사들은 이탈리아 마을을 불태우고 약탈하느라 너무 지쳐서 전투에서 패하고 말았어! 한니발도 도망쳐서 소아시아에서 숨어 지내는 신세가 되고 말았지.

결국 카르타고는 로마에게 항복하고 말았어. 소아시아에 있던 한니발은 이 소식을 듣자 독약을 마셨단다. 그는 자신의 위대한 도시 카르타고가 코끼리 따위를 무서워하던 로마 인들에게 무너졌다는 사실을 참을 수가 없었어.

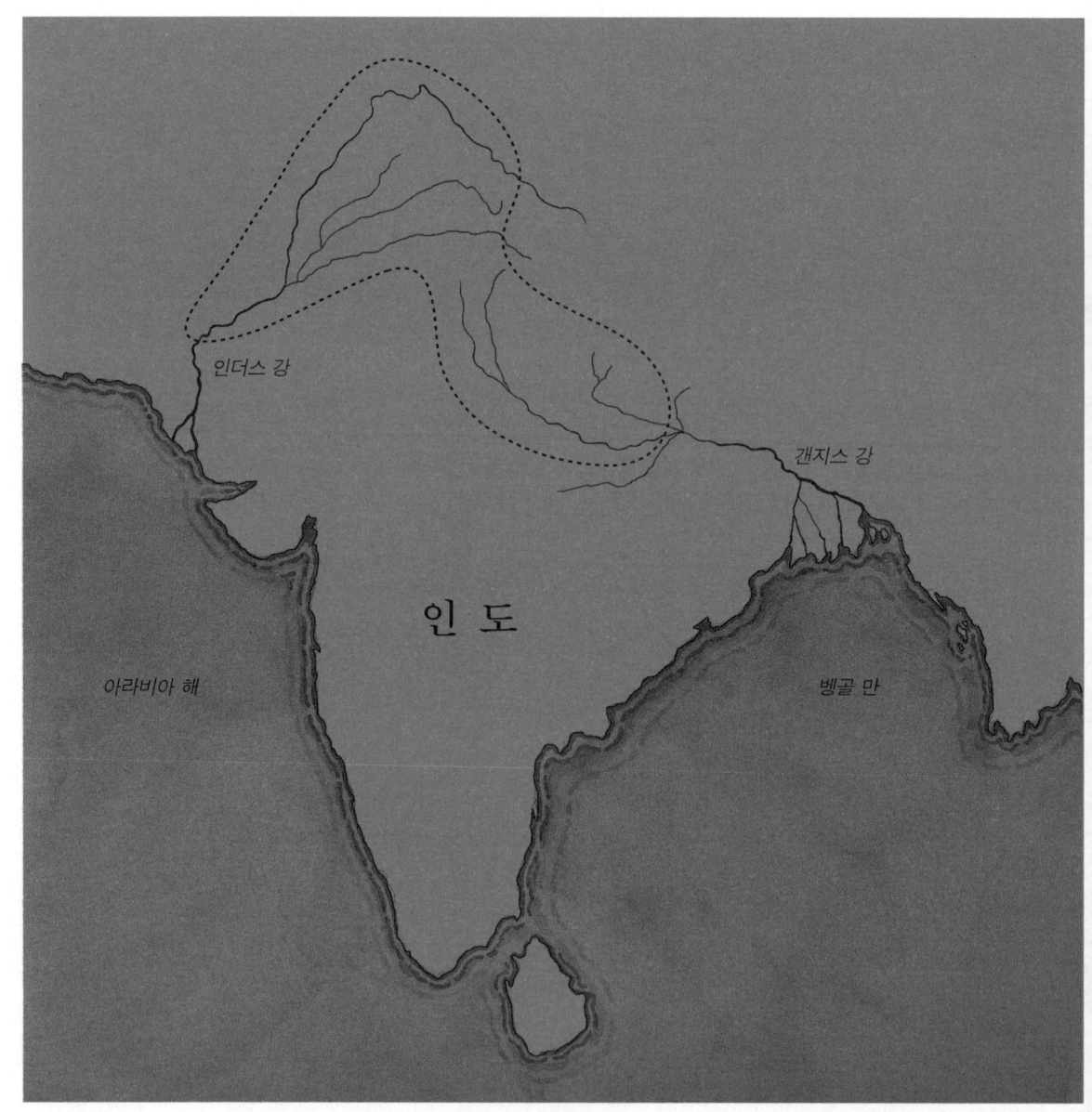

아리아 인의 제국

제30장 인도의 아리아 인들

갠지스 강의 여신

로마가 이탈리아에서 그들의 세력을 키우는 동안 세계의 또 다른 곳, 인더스 유역에서 하나의 위대한 문명이 자라나고 있었단다.

인더스 유역에 있던, 신비에 싸인 채 버려진 도시 모헨조다로 기억 나니? 인더스 유역의 성채 도시들은 아주 오래전에 버려졌단다. 왜 그렇게 됐는지는 확실히 알 수 없어. 어쩌면 도시들이 침입자의 공격을 받았는지도 몰라. 아니면 오랜 가뭄으로 농작물이 자라지 못해 사람들이 떠났는지도 모르지. 혹시 지진이 도시를 폐허로 만들어 버렸을 수도 있어. 우린 그 이유를 결코 알 수 없을 거야.

그렇다고 인도에 사람이 살지 않은 것은 아니었어. 인더스 유역의 사람들이 사라진 뒤 새로운 사람들이 인도로 들어와 살았지. 그들은 '아리아 인Aryan' 이라고 불리었어. 그들은 북쪽, 즉 '아시아' 지역에서 내려온 사람들이었단다.

아리아 사람들도 메소포타미아 최초의 마을에 살았던 사람들처럼 농사를 지었어. 그들은 식량을 얻기 위해 농작물을 재배했지. 또한 그들도 고대 메소포타미아 사람들처럼 가축을 키웠단다. 특히 말과 소를 키웠어. 그들은 농사를 짓고 가축을 키우기 위해 물이 필요했어. 그래서 인도에 있는 두 개의 큰 강인 인더스 강과 갠지스 강Ganges River 가까이에 자리를 잡았지.

갠지스 강은 해마다 범람해 주변의 농경지에 질 좋은 흙을 실어다 놓았어. 마치 이집트의 나일 강처럼 말이야. 고대 인도 사람들은 범람한 갠지스 강이 남겨 놓은 흙에서 훌륭한 농작물을 재배했단다. 그들은 메소포타미아 사람들처럼 밀을 재배했고, 중국 사람들처럼 벼를 재배했어. 갠지스 강이 없었다면 인도 사람은 살아남지 못했을 거야. 그들은 강을 최고의 신이자 생명의 신인 시바Shiva가 준 최고의 선물이라고 믿었단다. 시바와 갠지스 강에 대해 전해 내려오는 고대 인도 사람들의 이야기를 들려줄게.

옛날 강의 여신 강가Ganga가 하늘에서 살고 있었다. 그녀는 인간 세상에 내려오는 법이 없었다. 강가는 하늘에서 춤추고 돌아다니면서 구름 속에 살고 있는 것들에게만 물을 주었다. 저 아래 세상에 대해서는 전혀 신경 쓰지 않았다.

인도의 어진 왕 브하지라타Bhagiratha는 점점 더 걱정이 되었다. 물 없이 백성들이 어떻게 살 수 있을까? 강가가 하늘에서 내려와 땅에 살고 있는 사람에게 물을 가져다 주면 좋을 텐데. 하지만 강가는 내려오려 하지 않았다. 그녀는 물을 가지고 하늘에 머물러 있었고, 인도 사람들은 목이 말라 고통스러워했다.

그래서 브하지라타 왕은 생명의 신 시바에게 간청했다. "시바님이시여!" 그는 울부짖었다. "사람들이 목이 말라 죽어 가고 있습니다! 제발, 제발 강가님을 이 세상에 내려 보내 주십시오."

시바는 브하지라타 왕의 애원을 듣고 강가를 불러 말했다. "강가, 사람들이 목이 마르다는구나. 네가 땅으로 내려가 그들에게 물을 주도록 해라!"

하지만 강가는 시바의 청을 거절했다. "싫어요!" 그녀가 말했다. "저는 제가 제일 좋아하는 이곳 하늘에 그대로 머물러 있을 거예요. 세상 사람 일은 제가 알 바 아니에요."

그러자 시바가 위엄 있는 목소리로 다시 말했다. "너에게 명하노니, 너는 내게 복종해야 한다."

강가는 화가 나서 소리쳤다. "땅으로 가라고요? 그래요, 바로 땅으로 내려가지요. 그래서 사람들을 모두 물에 빠져 죽게 만들 거예요!" 그녀는 구름 위에서 균형을 잡고 땅을 향해 몸을 내던질 준비를 했는데, 그 기세가 어찌나 격렬했던지 물이 넘쳐 땅 표면을 온통 뒤덮을 것만 같았다.

그러나 강가가 무슨 짓을 하려는지 눈치 챈 시바가 그녀보다 먼저 땅으로 뛰어내렸다. 땅으로 내려오던 강가는 시바의 머리 위로 떨어졌다. 그녀의 몸은 땅 위의 불쌍한 사람들이 아니라 시바 위로 떨어진 것이었다. 물은 시바의 머리 위에서 일곱 줄기로 흘러내려 목마른 땅으로 흘러갔다. 일곱 줄기의 물은 합해져서 하나의 거대한 강인 갠지스 강이 되었다. 그리고 갠지스 강은 강둑을 따라 살고 있는 사람들에게 생명과 풍요를 가져다 주었다.

시바와 강가를 비롯하여 많은 여러 신들을 믿었던 사람들을 힌두 인Hindu(힌두교도)이라고 불러. 그들의 종교는 힌두교Hinduism라고 불렸지. 고대 이집트 사람처럼 힌두 인들도 여러 신들을 받들기는 했지만, 힌두교 신자라면 누구나 갠지스 강을 숭배했어. 오늘날에도 힌두교 순례자들은 여전히 갠지스 강으로 간단다. 해질 무렵이 되면 그들은 강물에 촛불을 띄우고 강의 여신 강가에게 기도를 해.

고대 인도의 카스트 제도

고대 인도 사람들은 시바와 강가를 비롯한 여러 신들을 숭배했어. '힌두교' 라는 그들의 종교는 이 신들이 세상을 창조했다고 가르치고 있어. 리그 베다Rig Veda라고 하는 힌두교의 경전은 태초에 생명이 어떻게 시작되었는지에 대해 힌두 인들에게 전하고 있단다.

리그 베다에 이렇게 쓰여 있어. 아주 오래전 우주에 거인 하나가 살고 있었단다. 그의 이름은 푸루샤Purusha였어. 그는 천 개의 머리, 천 개의 눈, 천 개의 발을 가지고 있었지. 신들이 푸루샤를 보고 말했단다. "이 거대한 인간을 이용해서 세상을 만들자!"

그래서 신들은 푸루샤의 머리를 하늘로, 눈을 태양으로, 다리는 땅으로 변하게 했어. 그의 숨결은 바람이 되었지. 그리고 그의 몸에서는 각기 다른 4종류의 사람들이 나왔어.

맨 처음 나온 사람은 가장 중요한 사람들로, 브라만 계급에 속하는 제사장들이었어. 브라만 계급은 푸루샤의 입에서 나왔단다. 그들은 영리하고 현명한 자들로, 세상에 나올 때부터 인도에서 가장 존경받는 사람이었어. 그들은 가장 맛있는 음식을 먹고, 가장 좋은 옷을 입고, 가장 큰 집에서 살았단다.

신들은 푸루샤의 팔에서 두 번째 계급의 사람을 만들어 냈어. 고귀한 무사 계급이었지. 그들은 강하고 아름다운 말을 타고 나왔단다. 그들의 일은 적으로부터 제사장을 보호하고 인도를 통치하는 것이었어. 이 때문에 그들 역시 맛있는 음식에다 좋은 옷을 누릴 수 있었지. 하지만 제사장이 누리는 것만큼 좋은 것은 아니었단다.

다음으로 신들은 푸루샤의 무릎에서 상인과 농부를 만들어 냈어. 상인들은 물건을 사고팔았고, 농부들은 농작물을 재배하고 가축을 키웠어. 그들은 매일 열심히 일했단다. 그들은 배고프지 않을 정도의 음식과 따뜻한 옷을 입었지만 볼품없는 집에서 살아야 했어. 그들의 삶은 무사와 제사장의 삶보다 더 힘들었지.

마지막으로 신들은 푸루샤의 발에 이르게 되었어. 신들은 발에서 미천한 계급인 하인을 만들어 냈어. 하인들은 읽고 쓰는 법을 배우는 것이 허락되지 않았지. 대신 그들은 일생 동안 제사장이나 무사, 상인, 농부의 시중을 들어야 했어.

이렇게 사람을 네 개의 계급으로 나눈 것을 카스트castes 제도라고 해. 너의 엄마 아빠가 농부 카스트에 속해 있다면 넌 농부가 되어야 하고, 농부로 태어난 사람하

고대 인도의 카스트 제도   313

고만 결혼할 수 있는 거지. 넌 절대로 무사나 제사장이 될 수 없어. 그리고 만약 엄마 아빠가 하인이라면 너도 하인이 되어야 할 운명인 거야. 제사장, 무사, 농부와 상인은 네가 평생 동안 자신들의 시중을 드는 것을 당연하게 생각해. 넌 읽고 쓰는 법을 절대로 배울 수 없으며, 죽을 때까지 다른 사람을 위해 요리하고 빨래하고 청소해야 해.

그러나 인도에서 가장 불쌍한 사람은 카스트 제도 어디에도 전혀 속하지 못하는 사람이었어. 그들은 '불가촉 천민Untouchable'이라 불리었지. '불가촉'이란 말은 접촉할 수 없다는 뜻이야. 그들은 제사장이나 무사, 농부나 상인은 물론 하인조차도 될 수 없었지. 그들은 인도에서 가장 불쌍하고 가장 비참한 부류에 속했어. 그래서 '불가촉 천민'은 고대 인도에서 가장 지저분한 일을 했어. 동물 시체 묻기, 거리 청소하기, 들판에서 일하기, 쓰레기 줍기와 같은 일 말이야. 그들은 공중 우물에서 물을 마실 수도 없었으며, 네 계급의 사람들과 같은 접시를 사용할 수도 없었어. 힌두 인들은 이 천민 계급과 접촉하면 더러워진다고 믿었지. 그들은 더러운 일을 하는 불가촉 천민을 쳐다보는 것도 꺼렸어. 그래서 그들은 밤에만 일을 해야 했단다.

불가촉 천민으로 태어난다는 것은 끔찍한 일이었어. 불가촉 천민은 가난할 뿐만 아니라 끔찍한 대접을 받았지. 아플 때 의사에게 갈 수도 없었고, 아이들은 학교에 갈 수 없었으며, 커서도 그들이 하고 싶은 일을 할 수도 없었어. 그들은 자신들의 부모처럼 쓰레기를 줍고 들판에서 일해야 했지. 고대 인도에서는 수천 명의 사람이 이 천민 계급에 속했단다. 그들은 다른 계급이 될 기회조차 없었지.

왕이 되기를 포기한 싯다르타

제사장이나 무사를 비롯해 고대 인도의 지배자들은 부유한 삶을 살았어. 그들은 좋은 음식과 음료수를 먹고 부드러운 침대에서 잠을 자고 아름다운 옷을 입었단다. 게다가 원하는 것은 뭐든지 해 주는 하인들도 있었지. 상인과 농부는 그리 잘 살지는 못했지만 그래도 먹고 살 음식도 있었고 살 만한 집도 있었어. 게다가 자신과 가족이 살아가는 데 필요한 돈도 있었지.

그러나 인도 카스트 제도의 가장 하층 계급인 하인은 아주 적은 돈을 받고 고된 일을 했단다. 그들은 제사장이나 무사, 농부, 상인이 하기 싫어하는 일을 해야 했어. 하인은 좋은 집이나 옷을 가질 수 없었고, 글을 읽는 법도 배울 수 없었지. 그리고 천민은 하인보다 더 불쌍하게 살았어. 천민은 하인과 친구라도 될 수 없었어! 그저 서로에게 말을 건네는 정도만 겨우 허락되었지. 그들은 하루 종일 더럽고 지저분한 일만 했어. 그리고 하루가 끝나 일을 마쳐도 배불리 먹거나 따뜻한 옷을 살 수 있을 만큼의 돈도 받지 못했지.

먼 옛날, 인도에 싯다르타Siddhartha라고 하는 왕자가 살고 있었어. 그는 태어나면서부터 아름답고 화려한 것들에 둘러싸여 지냈기 때문에 하인과 천민이 얼마나 비참하게 사는지 알지 못했어. 그의 자랑스러운 아버지 슈도다나 왕King Suddhodana(정반왕)은 아들을 위해 세 개의 궁전을 짓게 하고, 1,000명의 하인이 싯다르타의 손발이 되어 시중을 들도록 했어. 또한 최고의 스승을 불러들여 아들에게 시 쓰는 법, 악기 연주하는 법, 검술, 씨름을 가르치게 했지. 밤이면 싯다르타는 아름다운 자장가 연주를 들으며 푹신하고 부드러운 침대에서 잠이 들었어. 아침이 되면 하인들이 침대로 식사를 가져왔지. 시인들이 그를 위해 시를 읊는 동안 다른 하인들은 그의 방에서 좋은 향기가 나도록 향을 피웠단다.

그러나 싯다르타는 자라면서 바깥 세상에 대해 호기심을 가지게 되었어. "성벽 밖에는 무엇이 있습니까?" 그가 아버지에게 물었어. "나가서 도시를 구경하고 싶습니다."

"그곳에는 네가 보아야 할 게 아무것도 없단다." 왕이 말했어. "그냥 궁전 안에 머물면서 내가 주는 좋은 음식을 누리도록 해라. 음악과 시를 즐기면서 말이다!"

하지만 싯다르타는 밖에 나가게 해 달라고 왕을 계속 졸랐단다. 결국 슈도다나 왕은 아들의 청을 들어주었지. 하지만 왕은 싯다르타의 수레를 끄는 사람에게 궁전 근처의 거리에만 머물라고 미리 일러두었어. 왕은 거리를 깨끗이 청소하고 건물 앞쪽을 다시 칠하도록 명령했지. 그리고 병들고 가난한 사람들을 모두 도시의 구석으로 몰아냈단다. 그런 뒤에야 왕은 아들이 나갈 수 있도록 허락했어.

처음에 싯다르타는 기뻤단다. "도시가 내 궁전만큼이나 아름답구나!" 그는 소리 질렀어. "이런 도시에서 살면 얼마나 멋질까! 그리고 이 도시 사람들은 얼마나 운이 좋은가!"

그러나 그의 수레가 모퉁이를 돌았을 때, 싯다르타는 매우 늙은 노인 하나를 보았

설법하는 부처

이 불상은 인도 굽타 시대의 부처 상인데 이 시대는 인도의 불교가 가장 발달했던 때래. 그래서 불상도 아주 이상적인 형태로 만들어졌다고 해. 깊은 명상에 잠긴 듯 눈은 반쯤 감겨 있고 평화로운 표정을 짓고 있으며, 신체는 부드럽고 균형이 잘 잡혀 있지. 우리나라 경주 석굴암의 본존불도 이 불상과 같은 굽타 양식이라고 한단다. 이 모습은 부처가 깨달음을 얻은 뒤 처음으로 설법을 하는 모습이라고 해.

어. 그 노인은 두 개의 지팡이에 의지하여 발을 질질 끌며 걸어가고 있었단다.
"저 사람은 누구냐?" 그는 수레꾼에게 물었어. "저 사람이 왜 저러지?"
"저 사람은 늙고 가난한 노인입니다." 수레꾼이 대답했어. "앞도 잘 안 보이고 제대로 걷지도 못하지요. 지나가는 마음씨 좋은 사람들에게 구걸해서 겨우 먹고살고 있습니다. 하지만 사람은 누구나 늙고 힘이 없어지는 법입니다. 싯다르타 왕자님도 예외는 아니지요."
싯다르타는 그때까지 노인을 본 적이 없었어. 그는 소름이 끼쳤단다. 그러나 몇 분 뒤에 싯다르타는 훨씬 더 고통스러워졌어. 길거리에 앉아서 등을 구부린 채 고통스러워하며 도움을 청하는 한 남자를 보았을 때였지. "저 사람은 왜 저러느냐?" 싯다르타가 물었어.
"병이 들었습니다." 수레꾼이 대답했어. "하지만 저 사람은 불가촉 천민이기 때문에 아무도 도와주는 사람이 없어서 곧 죽을 것입니다."
"죽는다는 게 뭐지?" 싯타르타가 물었어.
"죽는다는 것은 삶이 끝나는 거지요." 수레꾼이 말했어. "우리는 모두 죽게 된답니다. 싯다르타 왕자님도 예외는 아니지요!"
성으로 돌아온 싯다르타는 슬픔과 고통에 잠겼어. 그는 사람들이 아픔과 고통 속에서 살고 있다는 것, 그리고 모든 사람은 죽게 된다는 사실을 전혀 몰랐지. 그는 자신의 주변을 둘러싸고 있는 화려함이 모두 거짓이고 잘못된 것처럼 느껴졌어. 그래서 좋은 옷을 벗어 버리고 거지처럼 초라한 옷을 입고 세상으로 나갔단다.

몇 년 동안 싯다르타는 거지처럼 살았어. 그는 왜 사람이 늙고 병들고 마침내는 죽는지 깨달으려고 애썼단다.

어느 날, 싯다르타는 보리수 나무 밑에 앉아 삶의 비밀에 대해 생각하고 있었어. 갑자기 그는 외쳤어. "알았다! 가난한 사람이든 병들고 불쌍한 사람이든 상관없이 모든 사람들은 선량한 삶을 영위함으로써 행복을 구할 수 있는 것이다!"

그때부터 싯다르타는 부처Buddah(붓다)로 알려지게 되었단다. 그는 자신을 따르는 사람들에게 정직하고 적과 화해하고 폭력을 피하라고 가르쳤어. 부처를 따르는 사람을 불교도Buddhists라고 불러. 고대 인도의 많은 사람들이 금세 불교도가 되었어. 오늘날 인도는 물론 세계 여러 나라의 수많은 사람들이 불교를 따르고 있단다.

제31장 인도의 마우리아 제국

자비로운 왕 아소카

이집트에 대해 읽을 때, 우리는 이집트가 상이집트와 하이집트 두 지역으로 나뉘어져 있었다는 것을 알았어. 그리고 상이집트 사람과 하이집트 사람이 서로 싸움만 하다가 나르메르 왕이 하나로 통일한 뒤, 싸움을 그만두고 곧 부유하고 강한 나라가 되었다는 사실도 말이야.

우리가 앞에서 사르곤 대왕의 아카드 제국에 대해 살펴보았을 때, 수메르가 여러 독립 도시로 이루어져 있었다는 사실을 알았어. 도시들마다 군대와 왕이 있었고 도시를 운영하는 방법도 각자 달랐지. 그러나 아카드의 위대한 첫 번째 왕 사르곤이 이 도시들을 하나의 왕과 법을 가진 단일 제국으로 통일했어. 사르곤과 나르메르 왕은 똑같은 업적을 이룬 것이지. 그들은 으르렁거리고 싸움만 하는 사람들을 서로 친구와 동맹 관계로 만든 거야.

우리는 또 서로 동맹 맺기를 거부한 두 도시에 대해서도 읽었지. 그리스의 큰 도시 아테네와 스파르타는 오랜 기간 서로 싸움을 하다가 두 도시 모두 힘이 약해졌어. 두 도시가 서로 싸우기를 멈춘 뒤 마케도니아 사람들이 내려와 두 도시를 정

자비로운 왕 아소카 321

복해 버렸어! 아테네와 스파르타는 저항할 힘조차 없을 만큼 지쳐 있었지.

이들 나라들은 나뉘어 있을 때는 약했고 통합되어 있을 때는 강했어. 그리고 인도도 이와 다르지 않았지. 인도에 정착한 아리아 사람은 많은 도시들을 건설했고, 각각의 도시들은 서로 다른 작은 왕국들의 지배를 받았어. 그리고 각 왕국은 독립적이었지. 그러나 인도의 왕들은 인도를 통일된 강한 나라로 만들고 싶어 했어. 그들은 인도의 여러 도시들을 하나의 제국으로 통일했지. 바로 마우리아 제국 Mauryan Empire이야. 마우리아 제국은 인도의 북쪽 지방 전체를 지배했단다.

가장 유명한 마우리아의 황제는 아소카Asoka야. 아소카는 수천 명의 사람이 죽어 나가는 전쟁을 통해 인도 전역의 도시들을 정복했어. 그러나 승리를 거둔 뒤 정복한 도시들을 찾아갔을 때, 아소카는 자신의 병사들이 저지른 고통의 현장을 보았어.

"더 이상 전쟁을 하지 않겠다." 그가 선언했어. "그 대신 정직과 진실과 자비를 통해 이 제국의 백성들을 다스리도록 하겠다. 나는 부처의 가르침을 따를 것이며 지금부터 폭력은 그만두겠다!"

아소카는 자신의 이런 생각을 돌로 된 기념비와 기둥에 새겨 제국 곳곳에 세워 두도록 했지. 이 기념비와 기둥은 오늘날까지도 남아 있단다. 그는 백성들에게 엄격하고 가혹한 명령을 내리기보다는 대화를 하려고 애썼어. 그는 백성들에게 친절하고 자비롭게 대하려고 노력했지. 그는 거리에 나무를 심게 해서 길을 가는 사람들이 그늘 아래로 다닐 수 있게 했으며, 아픈 사람은 물론 병든 동물을 위해 병원을 지었단다. 그는 동물 학대를 막는 법까지 만들었고, 스스로가 고기를 먹지 않는 채식주의자가 되어서 어느 동물도 그의 밥상에 오르기 위해 죽지 않아도 되었단다. 아소카는 그런 생각과 공정하고 자비로운 통치 덕분에 유명해졌지.

자카타 이야기

아소카 왕은 부처의 가르침에 따라 싸움을 포기하고 고기도 먹지 않았어. 부처의 수많은 가르침은 《대장경大藏經》에 씌어 있어. 이 책은 인도에서 가장 유명한 책으로 온갖 종류의 이야기들이 실려 있단다. 그 중 가장 널리 알려진 것이 바로 자카타 이야기Jakata Tales(전생에 관한 이야기)야. 전설에 따르면, 이 이야기들은 고대 인도 사람들이 어떻게 살아야 하는지 보여 주기 위해 부처가 직접 말했다고 해. 이 이야기들은 선과 인내, 자비, 정직과 우정이 우리에게 행복을 가져다 준다고 말하고 있지. 그 중 '산토끼'라고 하는 이야기는 '관대함은 보답을 받는다'는 교훈을 주고 있어. 이야기는 다음과 같아.

> 옛날에 토끼와 수달, 자칼과 원숭이가 마을 근처의 숲 속에서 살았다. 어두운 숲 속에는 길고 구불구불한 길이 나 있었고, 이 길을 따라 가면 숲의 끝에 있는 마을에 이를 수 있었다.
> 어느 날 밤, 토끼와 수달, 자칼과 원숭이가 저녁을 먹기 위해 모여 앉았다. "내일은 숲 끝에 있는 마을에 특별한 날이야." 토끼가 말했다. "우린 그 마

을로 가는 사람들에게 먹을 것을 주어야 해. 먹을 것을 달라고 하는 사람에게 넓은 마음으로 최선을 다하도록 하자."

수달과 자칼, 원숭이는 토끼의 말에 동의했다. 다음 날 아침, 수달은 먹이를 사냥하러 근처의 강으로 나갔다. 때마침 어부 하나가 7마리의 연어를 잡아 신선하게 보관하려고 축축한 모래 속에 묻었다. 그러고는 더 많은 물고기를 잡으려고 강 하류로 내려갔다.

수달은 물고기 냄새를 맡고 모래를 파헤쳤다. "이게 누구 거지?" 그는 주위를 둘러보며 말했다. "주인이 보이지 않는군. 그렇다면 집으로 가져가서 내가 먹어야겠다."

자칼은 숲의 반대쪽에 있는 마을 변두리에 있는 가난한 사람의 오두막집 주위를 쿵쿵거리며 다녔다. 그는 오두막집 부엌에서 고기 두 조각과 우유 단지 하나를 발견했다. "음, 이 오두막에는 주인이 없는 모양이지!" 자칼이 중얼거렸다. "그렇다면 이것들을 집에 가져가서 나 혼자 먹어야겠다."

한편 원숭이는 나무 위로 올라가서 혼자 망고를 땄다. 그는 재빨리 나무에서 내려와 망고를 자기 침대 안에 감추어 놓았다. "나중에 나 혼자 다 먹어야지."

토끼는 들판으로 나가 풀을 뜯기 시작했다. 풀은 토끼가 아주 좋아하는 음식이었다. 토끼는 풀을 뜯다가 잠시 멈추더니 혼자 중얼거렸다. "사람들이 풀을 좋아하지 않을지도 몰라! 배고픈 사람들에게 줄 다른 음식이 없을까?

하지만 달리 줄 것이 있어야 말이지……. 그래! 누군가 내게 먹을 것을 달라고 하면 나를 잡아먹으라고 해야겠군."

높은 곳에서 세상을 내려다보던 사카Sakka 신이 토끼가 하는 말을 들었다. "저 약속이 정말일까?" 사카 신은 혼자 중얼거렸다. "저 토끼가 정말로 자기 생명을 내줄 만큼 그렇게 관대하고 헌신적일까? 세상으로 내려가서 한번 시험해 봐야겠다."

그래서 사카 신은 사제로 변장해 땅으로 내려갔다. 그는 숲길을 따라 걸었다. 곧 원숭이가 나타났다. "원숭이야, 원숭이야, 배가 너무 고프구나! 나에게 먹을 것을 좀 주겠니?" 사카가 말했다.

"망고 한두 개는 줄 수 있어요." 원숭이가 대답했다.

"고맙구나, 내일 망고를 가지러 다시 오마."

길을 따라 걷던 사카는 잠시 뒤 자칼을 만났다. "자칼아, 자칼아!" 그가 큰 소리로 불렀다. "배가 몹시 고프구나! 먹을 것을 좀 줄 수 있겠니?"

"음, 고기 한 덩어리와 우유 한 컵 정도는 줄 수 있어요." 자칼이 말했다.

"고맙구나." 사카가 말했다. "내일 그것을 가지러 다시 오마."

그리고 사카는 조금 더 길을 가다가 수달을 만났다. "수달아, 수달아. 배가 너무 고프구나! 먹을 것을 좀 주겠니?"

"물고기 두세 마리는 줄 수 있어요." 수달이 대답했다.

"고맙구나." 사카가 말했다. "내일 그것을 가지러 다시 오마."

마지막으로 사카는 토끼를 만났다. "토끼야, 토끼야." 그가 불렀다. "내가 배가 무척 고프단다. 먹을 것을 좀 주겠니?"

"제가 가지고 있는 것이라고는 제 자신뿐이에요." 토끼가 대답했다. "하지만 당신에게 기꺼이 저를 드리도록 하지요."

"하지만 나는 부처를 따르는 사람이란다." 사카가 곤란한 표정을 지었다. "그러니 먹기 위해 동물을 죽일 수는 없어."

"그러면 불을 피우세요. 제가 알아서 불 속으로 뛰어들게요. 그렇게 하면 당신이 먹을 수 있도록 제가 구워질 테고, 당신은 저를 죽일 필요가 없잖아요." 토끼가 말했다.

사카는 곧 불을 피웠다. 토끼는 덜덜 떨리는 몸을 한껏 웅크리고는 불 속으로 뛰어들었다. 하지만 불길이 털에 닿았는데도 토끼는 전혀 뜨겁지가 않았다.

"왜 뜨겁지가 않지요?" 토끼가 사카에게 물었다. "제가 구워지지 않으면 당신이 먹을 수가 없잖아요!"

"나는 사제가 아니란다." 사카가 말했다. "나는 사카 신이다. 네가 결심한 것을 실천하는지 보려고 직접 땅으로 내려왔단다. 착하고 마음 넓은 토끼야, 이제 너는 나의 축복으로 행복한 여생을 살게 될 것이다." 사카는 이렇게 말하고 나서 토끼에게 부드러운 풀로 된 보금자리를 만들어 주고는 하늘로 돌아갔다.

토끼는 세상을 떠날 때까지 자신이 베푼 친절에 대한 보상을 받으며 행복하게 살았다.

제32장 중국 – 서예와 진시황

한자를 쓰는 방법

아리아 인은 아시아에서 인도로 갔지. 지도 위의 인도에 손가락을 놓고 위쪽으로 움직이면 아시아에 이르게 돼. 거기에서 손가락을 오른쪽으로 조금 움직이면 아시아의 동쪽인 중국에 이르게 되지.

우리는 앞에서 이미 고대 중국에서 살았던 농부들과 그들이 사용했던 상형 문자에 대해 읽었어. 상형 문자란 물체의 모양을 본떠서 만든 글자를 말해.

그러나 중국 문자가 계속 발전해 감에 따라 상형 문자는 처음 본뜬 모양과 점점 달라졌어. 지금의 중국 글자를 보면 아직도 그림이 연상되는 문자를 볼 수 있지만 그림을 찾기는 점점 어려워. 중국 글씨 쓰는 방법을 서예라고 하고 중국 글자는 한자라고 하지. 다음은 현대의 한자들이란다. 한자가 그것이 뜻하는 단어와 닮은 것 같니?

뫼 산 (산꼭대기가 보이니?)

불 화 (타오르는 불꽃의 모양이 보이니?)

남자 부 (남자가 두 쌍의 팔을 가지고 있구나!)

말 마 (이 모양이 말처럼 보이니?)

한자를 쓰는 것은 글자를 쓰는 것이라기보다는 그림을 그리는 쪽에 더 가까워. 오랜 세월 한자 쓰는 법을 익힌 중국의 서예가들은 한자를 쓰는 데 7가지 모양의 선을 사용했단다. 이 선들을 '7가지 기법'이라고 해. 처음의 세 가지 선는 아주 쉽단다.

수평선

점

수직선

이 선들을 그릴 수 있겠니?

하지만 '7가지 기법'에 속하는 다음 세 개의 선은 좀 어려워.

아래쪽을 향한 획 1

이 선은 산비탈처럼 생겼어.

한자를 쓰는 방법

아래쪽을 향한 획 2

이 선은 아래쪽에 작은 갈고리가 있단다.

뻗치면서 아래로 향하는 획

이 선은 다른 방향으로 향하고 있어.

마지막 선은 고리 모양이야.

이렇게 쓸 수도 있어. 영어의 대문자 L처럼.

ㄴ

중국 서예가들은 이 선들을 이용하여 한자를 구성한단다. 다음은 '밭'이라는 뜻의 한자 '전' 자야. 세 개의 '수평선'과 세 개의 '수직선'으로 이루어졌지. 밭에서 이런 선들을 볼 수 있지?

수직선 하나와 수평선 하나, 아래로 향한 획 하나와 뻗치면서 아래로 향하는 획 하나를 이용한 한자도 있어. 무슨 글자 같니?

'나무'라는 뜻의 '목' 자야. '숲'을 뜻하는 한자 '삼'은 이 '나무 목' 자를 세 개 모아 놓았단다.

한자를 쓰는 방법 333

다음이 마지막 한자야. 수평선 하나와 고리와 뻗치면서 아래로 향하는 획으로 이루어져 있어.

이 글자는 '여자'라는 뜻의 '여' 자란다. 무릎에 아기를 안고 있는 엄마의 모습처럼 생겼어. 아기처럼 생긴 부분이 보이니? 한 가지 기억해 둘 것은, 한자는 그림과 똑같은 것이 아니라는 거야. 그래서 한자에서 그림을 보는 일이 무척 어려울 때도 있어.

고대 중국에서 서예를 할 때는 동물의 털로 만든, 끝이 뾰족한 붓을 이용했단다. 서예가들은 자신들 각자의 붓을 만들었지. 털을 비단실로 단단히 묶은 뒤 가느다란 대나무 관 끝에 풀을 바르고 털을 붙였어. 작고 가는 선을 그리기 위해서는 쥐의 털로 작은 붓을 만들었고, 보통의 선을 그리기 위해서는 토끼털로 붓을 만들었지. 그리고 크고 굵은 선을 그리기 위해서는 양털이나 늑대의 털로 붓을 만들었단다.

한자를 한 자 한 자 쓰는 데에는 시간이 아주 많이 걸려. 그런 식으로 책 한 권을 쓴다고 상상해 봐! 결국 중국 사람들은 책을 쓰는 더 빠른 방식을 찾아야 했어. 그들은 나무토막에 글자를 새기는 방법을 생각해 냈단다. 먼저 서예가가 나무토막에 글자를 써. 그리고 기술자가 글자 주위의 나무를 파내면 글자가 도드라져 나오게 돼. 다음으로 도드라져 나온 글자 부분에 먹물을 칠하고 나무토막을 뒤집어 종이에 찍어. 나무토막에 먹물을 발라 찍기만 하면 되었기 때문에 서예가는 더 이상 고생스럽게 모든 책을 일일이 붓으로 쓰지 않아도 되었지.

이러한 과정을 '인쇄'라고 해. 인쇄 기술 덕분에 빠르면서도 싸게 책을 만들 수 있었어. 중국 사람은 인쇄 기술을 사용한 최초의 고대 사람이었지. 목판 인쇄를 이용한 가장 오래된 책은 ≪금강경≫이라고 하는 불교 경전이야. 그 책은 천여 년 전에 인쇄되었지만 오늘날에도 여전히 읽을 수 있단다.

*이 책에서는 목판 인쇄를 최초로 사용한 사람을 중국 사람이라고 했는데, 사실 목판 인쇄는 우리나라가 세계에서 가장 앞섭니다. 경주 불국사 석가탑에서 나온 ≪무구정광대다라니경≫이 751년에 목판으로 찍은 인쇄물로 밝혀짐으로써, 868년에 인쇄된 중국의 ≪금강경≫보다 117년이나 앞선 것으로 판명되었습니다.
-편집자 주

중국 최초의 통일

우리는 여러 나라가 한 사람의 강력한 왕에 의해 통일된 경우를 이미 여러 번 보아 왔어. 나르메르 왕은 상 이집트와 하 이집트를 하나의 나라로 통일했으며, 사르곤 대왕은 싸움만 일삼던 여러 수메르 도시들을 하나의 나라로 통합했어. 인도에서도 도시들이 모두 독립적으로 존재했지만, 마우리아 제국이 하나의 나라로 통합했지.

중국은 어땠을 것 같아? 그래, 중국에서도 똑같은 일이 일어났단다. 강한 무사 출신의 '제후'들이 중국을 나누어 지배했어. 제후들은 제각기 자신의 독립된 나라와 군대를 가지고 있었지. 제후들은 서로 끝도 한도 없이 치열하게 싸움을 벌였어. 그 결과 7명의 강한 제후가 다스리는 일곱 나라로 줄었단다. 이 일곱 개의 나라도 서로 끊임없이 싸웠지. 그렇지만 결국엔 이집트, 수메르, 인도처럼 중국도 하나로 통일되었단다.

일곱 개의 나라 중 서쪽에 자리 잡은 진(秦)이라는 나라가 있었어. 진의 군주 정(政)은 백만 대군을 가지고 있었지. 다른 여섯 나라는 이런 진을 별로 좋아하지 않았어. 그들은 진의 백성들이 예술은 물론 읽고 쓸 줄도 모르는 야만족이라고 생각했지. 그러나 진의 군대는 중국에서 가장 강했어. 정은 다른 나라들을 하나씩 정복하고, 마침내 중국 전체를 지배하게 되었단다.

이렇게 해서 정은 중국 전체의 첫 번째 황제인 시황제(始皇帝)가 되었어. 새로 통일된 나라의 이름을 자신의 부족의 이름을 따서 진(秦, 영어로는 Qin)이라고 지었지. 중국을 뜻하는 '차이나(China)'라는 말은 바로 이 '진(Qin)'이라는 말에서 유래한 것이란다.

시황제는 정복당한 제후들이 그에게 반항하려 한다는 것을 알고 있었어. 그래서 정복한 나라의 모든 제후와 지배자들을 수도로 데려오도록 명령했단다. 그들을 가까이 두면 계속 감시할 수 있을 뿐만 아니라, 황제를 배반하려는 음모를 꾸밀 수 없을 거라고 확신한 거지. 진시황은 그들의 무기를 모두 빼앗아 녹여서 12개의 거대한 금속 상을 만들었어. 그리고 자신의 궁전에 진열해 놓았지. 그는 자신에게 반기를 드는 사람이 있으면 병사들을 재빨리 이동시켜 무찌를 수 있도록 넓고 똑바른 길을 만들었단다. 그는 반역을 꾀한 사람은 누구를 막론하고 죽였어. 그리고 학자들이 백성들을 부추겨 자신에게 반역을 일으키게 할까 봐 두려워하여 수천, 수만 권이나 되는 책을 태워 버리라고 명령했단다.

그 책 중에는 인쇄된 것도 있었지만 직접 손으로 쓴 책도 많았어. 서예가들이 오랜 세월에 걸쳐 이루어 낸 노력의 결과였지. 그러나 시황제는 개의치 않았어. 그는 그 책들을 없애 버리고 싶었지. 그러면 어떤 사람도 자신에게 반항할 생각을 하지 못할 거라 생각했거든.

진시황은 태우고 파괴하고 죽이는 방법으로 자신의 새로운 제국을 건설하려고 했어. 그는 중국을 통일해서 진이라는 나라를 세웠지만, 너무 잔인했기 때문에 많은 중국 사람들의 미움을 받았단다.

시황제와 만리장성

정은 중국의 황제가 되자 스스로 자신의 이름을 바꿨지. '첫 번째 황제'라는 뜻의 '시황제'로 말이야. 시황제는 백성들이 자신의 이름을 말할 때마다 자신의 힘이 얼마나 막강한지 기억해 주기를 바랐어.

어느 날, 시황제가 왕좌에 앉아서 나라의 장래에 대해 생각하고 있었어. 그는 나라 안에서 일어나는 반란을 진압하는 데 온 힘을 쏟았어. 시황제는 반란을 일으킬 만한 자들을 모두 그의 궁전 근처에서 살게 하고 병사를 두어 감시하게 했지. 또 백성들이 반란을 일으키게 만들지도 모르는 책들은 모두 불태웠어. 이제 그는 반란에 대해 걱정할 필요가 없어졌단다.

그러나 그의 나라는 그리 안전하지만은 않았어. 중국 국경 밖에 흉노라고 하는 사나운 부족이 북쪽의 거친 산맥과 광야를 떠돌아다니고 있었지. 흉노는 전국시대 때의 일곱 나라를 차지하려고 몇 년 동안 공격했어. 그들은 매우 잔인한 적들이었어. 날쌘 말을 타고 다녔고, 말 위에서 쏜 화살은 백발백중이었지. 그래서 어떤 나라는 흉노를 몰아내기 위해 성벽을 쌓았단다. 그 성벽은 그대로 계속 쌓여 있었지만 허물어지기도 했지. 성벽 사이가 끊긴 곳도 있었고.

'흉노가 성벽이 끊긴 곳으로 언제든지 쳐들어올 수 있어.' 시황제는 생각했어. '그놈들이 나의 제국으로 휩쓸고 내려와 차지해 버릴 수도 있지. 그놈들로부터 이 중국을 어떻게 지켜 낸담? 이 제국의 북쪽 경계선을 따라 성벽을 쌓을 수만 있다면 좋을 텐데……'

그때 시황제는 엄청나기도 하고 말도 안 되는 생각을 해낸 거야. "북쪽 경계선을 따라 성벽을 쌓지 못하란 법도 없지!" 그는 큰 소리로 외쳤어. "수만 리에 달하는 성벽을 쌓는 거야! 만리장성(萬里長城)을 말이지!"

시황제는 곧 만리장성을 설계하고 건축할 사람들을 불러들였단다. "이 나라의 북쪽 지방에 세워져 있는 낡은 성벽들이 무너지고 있다. 그 성벽들을 다시 고치고 싶구나. 그리고 그 낡은 성벽들을 서로 연결해서, 흉노의 침략을 막을 거대한 하나의 새 장벽으로 만들고 싶도다."

"하지만 폐하!" 설계사와 건축가 들은 반대했어. "이 나라에는 만리장성을 쌓을 만한 돌이 별로 없습니다!"

"그러면 성벽을 쌓을 다른 방법을 생각해 봐라." 시황제가 다시 명령했어.

그들은 몇 날 며칠을 돌이 부족한 지역에 어떻게 성벽을 쌓을 수 있을까 생각했어. 마침내 그들은 방법을 찾아냈단다. 그들은, 높이는 사람의 허리 정도 되고 넓이는 성벽 넓이 정도 되는 나무 틀을 만들었어. 그리고 땅에 이 나무 틀을 세우고 푸석푸석한 흙을 채워 넣었지. 그 다음, 일꾼들이 틀 속의 흙을 높이가 10센티미터쯤 될 때까지, 콘크리트처럼 단단해질 때까지 계속 밟고 다졌단다. 그러고 나면 틀을 들어올려 그것을 먼저 만든 것 위에 놓은 뒤 다시 나무 틀에 흙을 채워 넣었어. 그들은 돌처럼 단단한 흙벽을 한 번에 10센티미터씩 만들 수 있었단다.

시황제는 흙벽을 보고 아주 기뻐했어. "이제 성벽을 쌓는 일만 남았다." 그가 말했어. 그러고는 만리장성을 쌓는 데 수만 명의 사람을 동원했단다. 농부들은 동원 명령에 복종하는 것 외에는 선택의 여지가 없었지. 적과 포로들도 동원되어 밤낮으로 일했어. 중국에 살고 있는 어른은 모두 1년에 한 달은 만리장성 쌓는 일을 해야 했어. 시황제는 만리장성을 쌓는 일꾼들을 보호하기 위해 군대를 보냈단다.

중국 사람들은 몇 년에 걸쳐 만리장성 쌓는 일을 해야 했어. 그들은 산 위로, 계곡 아래로 벽을 쌓아 나갔어. 벽이 점점 높아지자 작은 바구니에 흙을 담아 위로 끌어 올려야 했지. 만리장성의 한 부분을 완성하는 데 며칠이 걸린 경우도 있었단다.

시황제가 죽을 때까지도 만리장성은 완성되지 못했어. 그 뒤 몇 백 년 동안, 왕위에 오른 중국 황제들은 성벽 쌓는 일에 사람을 동원했단다. 성벽에는 일정한 간격을 두고 감시탑이 세워졌어. 그 위에서 감시병들이 흉노가 성벽에 다가오는지 볼

수 있었지. 벽돌, 바위와 같은 보강재를 흙에 같이 넣어 성벽을 만들었어. 마침내 만리장성은 2,000킬로미터 이상에 달하는 길이가 되었단다. 미국의 동쪽 해안에서 서쪽 해안까지 이르는 엄청난 길이지.

오늘날까지 중국의 만리장성은 길게 뻗은 채 서 있어. 파손된 부분이 있기는 하지만 그 위에서 산책을 할 수 있을 만큼 여전히 튼튼하단다. 만리장성을 보기 위해 전 세계의 많은 사람들이 중국을 찾아가고 있지. 중국의 만리장성the Great Wall of China은 인간이 만든 건축물 중 유일하게 달에서 볼 수 있는 건축물이란다!

궁전 같은 시황제의 무덤

30년 전쯤 두 남자가 우물을 파고 있었어. 그들은 중국 중부의 시안(西安)이라고 하는 도시 근처에 사는 농부들이었어. 아침부터 태양 빛이 뜨겁게 내리쬐고 있었기 때문에 두 사람은 땀이 나고 목도 말랐어.

"물 찾는 일을 그만두자고." 한 사람이 친구에게 말했어.

"휴, 조금만 더 파 보세." 친구가 대답했어. "틀림없이 곧 물을 발견하게 될 거야."

그래서 그들은 계속 땅을 팠어. 땅은 딱딱했고, 그들이 뒤집어엎은 흙은 붉고 바위 투성이였지. 그런데 그들의 삽에 깨진 도자기 조각들이 걸려 나오기 시작했단다.

"누가 여기서 항아리를 깬 모양이야." 처음에 말했던 사람이 말했어.

"하지만 항아리라고 하기에는 너무 큰데! 이것 봐. 이 조각들은 마치…… 팔 같아!"

의아하게 생각한 두 농부는 계속해서 파 내려갔어. 그리고 그들은 진흙으로 만들어진 부러진 팔과 다리를 찾아냈고, 투구를 쓰고 있는 머리 모양의 진흙 덩어리도 찾아냈어. 그들이 발견한 것에 대한 소문이 시안 전체에 퍼져 나갔지. 고고학자들이 부랴부랴 모여들었고, 그들은 깊이 더 깊이 파 내려갔어.

마침내 그들은 진흙을 딱딱하게 구워 만든 6천 명의 병사들이 가득 차 있는 커다란 지하 구덩이를 발견했어. 병사들은 실제 사람 크기만 했지. 날카로워 보이는 무기들, 진흙으로 만들어진 실물 크기의 말, 나무로 된 전차 들이 병사들과 함께 묻혀 있었어. 말은 진흙으로 만든 안장과 금과 청동으로 만든 마구를 매고 있었단다. 고고학자들은 그 많은 병사들 얼굴이 각각 다르다는 것을 발견했어. 그 얼굴들은 진짜 사람의 얼굴 모양을 본뜬 것처럼 보였고, 같은 얼굴을 가진 병사가 하나도 없었지. 병사들은 모두 자신들 뒤에 있는 무언가를 지키고 있는 듯 일제히 동쪽을 향하고 있었어. 그들이 지키려는 것이 과연 무엇이었을까?

그래, 병사들은 시황제의 무덤을 지키고 있었던 거야.

알다시피 중국의 시황제는 영원히 살기를 원했어. 그는 자신의 말년을 불로장생의 약을 찾는 일에 바쳤단다. 불로장생의 약이란 늙지 않고 오래오래 살 수 있는 전설 속의 약을 말해. 시황제는 이 약을 찾기 위해 다섯 무리의 탐사단을 만들어 중국 각지에 흩어져 있는 유명한 산으로 보내기도 했단다.

그러나 시황제는 전설의 약을 찾을 수가 없었어. 그는 자신의 죽음이 가까이 와 있다는 것을 느꼈지. 그래서 그는 둘레가 6킬로미터에 이르고, 높이가 40미터나 되는 거대한 지하 도시를 자신의 무덤으로 건설하도록 명령했단다. 그는 자신의 육체가 그 도시에 영원히 머무르기를 바랐어. 시황제는 무덤 속 방 하나에 자신이 쓰던 왕관과 옷, 침대를 놓아두라고 명령했어. 그리고 신하들에게 자신이 죽은 뒤에도 매일 그 방에 들러 침대를 정리하고 물과 음식을 갖다 바치라고 명령했단다. 마치 자신이 여전히 살아 있는 것처럼 말이야.

지금까지 고고학자들은 진흙 병사들로 가득 차 있는 구덩이를 3개 발견했단다. 지하 도시의 한가운데에는 거대한 흙무덤이 솟아 있지. 고고학자들은 그 흙무덤 아래에서 시황제의 시신이 나오기를 기대한단다. 하지만 무덤은 아직까지 파내지 않고 있어. 시황제의 지하 도시를 묘사하고 있는 고대 중국의 학자들은 무덤 자체는 흙무덤에서 한참 내려간 아래쪽, 땅 표면으로부터 30미터 밑에 있다고 말해. 또한 무덤은 물이 새는 것을 막기 위해 청동을 녹여 씌운 돌로 만들어졌다고 해.

무덤 안에 무엇이 있을까? 확실히는 몰라. 하지만 시황제가 죽고 난 뒤 바로 기록을 남긴 고대 중국의 역사학자들은 그곳에 대해 이렇게 묘사하고 있단다.

무덤은 여러 궁전과 탑, 방에서 옮겨 온 희귀한 보물과 보석 들로 가득 채웠다. 기술자들은 자동으로 발사되는 활에 화살을 메워 놓았는데, 침입자가 누구든 자동으로 쏘아 맞히기 위한 것이다. 축소해서 만든 강과 바다의 모형에는 수은이 가득 채워졌고, 기계 장치를 이용해 수은이 흐르도록 만들었

진시황릉병마용갱의 병사들
진흙으로 만들어진 실물 크기의 병사들로 6,000개 정도 되는 병사들의 얼굴과 머리 모양이 모두 달랐고 각자 무기를 들고 있었다고 하지. 각 인형마다 그것을 만들어 구운 도예공의 이름이 새겨져 있다고 해. 발굴이 전부 끝나려면 몇 십 년이 걸릴지, 몇 백 년이 걸릴지 모른다고 한단다. 진시황은 죽어서도 그 힘이 대단하지? 그러니 살아 있었을 때는 어땠을까?

다. 천장에는 별과 행성들의 모양을 그대로 옮겨 놓았다. 곳곳에 물고기 기름을 태우고 있는 촛불이 빛나고 있었다. 이 촛불은 오랫동안 무덤 속 방들을 밝혀 줄지도 모른다.

무덤에 정말로 이런 신기한 것들이 들어 있을까? 글쎄, 고고학자들은 흙무덤 주변의 땅에 물처럼 흐르는 은빛 금속인 수은 성분이 들어 있다는 것을 이미 밝혀냈어. 이 수은은 흙무덤의 안쪽에서 흘러나온 것임에 틀림없어!
언젠가는 고고학자들이 흙무덤을 열고 그 안을 들여다볼 거야. 그때 그들이 자동으로 발사되는 활에 맞지 않도록 주의하기를 다 같이 기원하자꾸나.

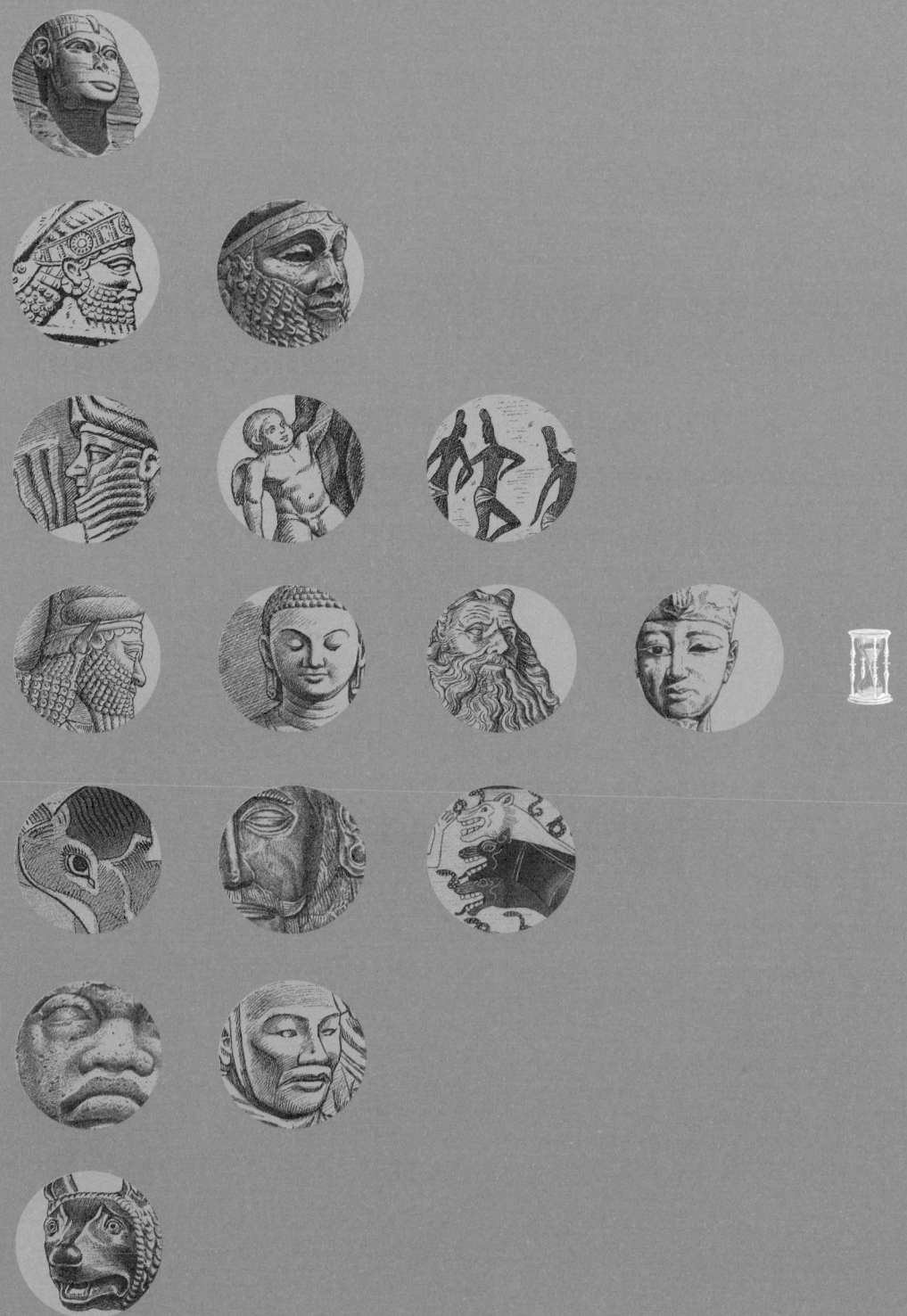

제33장 **공자**

인도에 대해서 알아보았을 때, 우리는 자신의 궁전을 떠나 행복의 비밀을 찾아 세상을 떠돌았던 왕자에 대해 읽었어. 그의 이름은 싯다르타였고 우리에게는 부처로 널리 알려져 있지. 그리고 그를 따르는 사람을 불교도라고 불렀고.

부처는 가난해도 착하고 덕이 높은 사람은 행복하게 될 수 있다고 가르쳤어. 또 평화를 사랑하고 정직하고 친절하라고 가르쳤으며, 폭력은 어떤 것이든 피해야 한다고 가르쳤단다. 하다못해 동물이나 곤충에게도 폭력을 가해서는 안 된다고 했어.

부처가 인도에서 사람들에게 가르침을 주던 바로 그 시기에, 중국에서도 한 사람이 나타나 사람들에게 가르침을 주고 있었지. 그는 사람들에게 가난해도 행복해지는 법을 배울 수 있다고 가르쳤어. 그가 바로 공자야.

공자는 진나라가 중국을 하나로 통일하기 전인 전국시대에 한 귀족 집안에서 태어났어. 그는 학교에 다니면서 음악과 활쏘기를 배울 수 있었지. 하지만 그의 집안은 가난했단다. 그리고 그의 주변은 온통 전쟁과 혼란뿐이었어. 그가 진나라가 중국을 통일하기 전인 전국시대에 살았기 때문이지. 공자는 전쟁이 싫었어. 그는

공자 347

중국 사람들 모두가 평화롭게 살기를 원했단다.

공자는 나라의 관리로 일했어. 그는 자기 나라의 제후가 주변의 다른 제후들과 평화롭게 지내길 바랐단다. 하지만 제후는 그의 충고를 듣지 않았어. 그래서 공자는 선생이 되었지. 그는 자신의 주장이 평화와 행복을 가져올 수 있다고 주변 사람들에게 가르쳤어. 점점 더 많은 사람들이 그의 가르침에 귀를 기울이게 되었단다.

공자는, 사람은 자기보다 더 윗사람의 권위를 존중해야 한다고 가르쳤어. 아이는 부모의 말에 귀 기울이고 복종해야 하고, 여자는 남편에게 복종해야 하며, 남자는 통치자가 시키는 일은 무엇이나 해야 한다고 가르쳤지. 그리고 통치자는 신의 법에 복종해야 한다고 가르쳤단다.

그는 또한 권력자는 자기 아래 있는 사람에게 친절해야 한다고 가르쳤어. 통치자는 남자에게 친절해야 하고, 남자는 마찬가지로 아내에게 친절해야 하며, 부모는 아이를 잘 보살펴 주어야 한다고 가르쳤지.

공자는 사람들이 예절 바르게 행동한다면 삶이 평화로울 것이라고 말했어. 그의 가르침을 책으로 엮어 놓은 것이 바로 ≪논어≫야. 이 책에서 가장 유명한 가르침 몇 가지를 살펴볼까?

"다른 사람이 너에게 하기 바라지 않는 일을 다른 사람에게 하지 말라."

네가 하고 싶지 않은 일이 무엇인지 생각해 봐. 네가 하고 싶지 않은 일이라면 다른 사람도 하고 싶지 않을 거야. 여기 또 다른 가르침이 있어.

"한 번 잘못을 한 뒤 바로잡지 않으면 그것은 잘못이다."

이것은 네가 잘못을 할 때마다 그것을 바로잡아야 한다는 말이야. 그러지 않으면 너는 사실 두 가지 잘못을 한 거지! 최근에 저지른 잘못에 대해 생각해 봐. 그것을 바로잡으려고 했니?

"받는 사람보다 주는 사람이 더 현명한 사람이다."

주는 일이 받는 일보다 더 재미있어. 네가 준 선물을 친구가 열어 보는 모습을 상상해 보렴.

"완벽한 미덕을 추구하는 사람은 먹을 것을 탐하지 않는다."

선한 사람은 탐욕스럽지 않지. 먹고 싶은 것을 아무 때나 먹는 사람은 스스로를 통제하지 못하고 있다는 걸 보여 주는 거란다.

공자 349

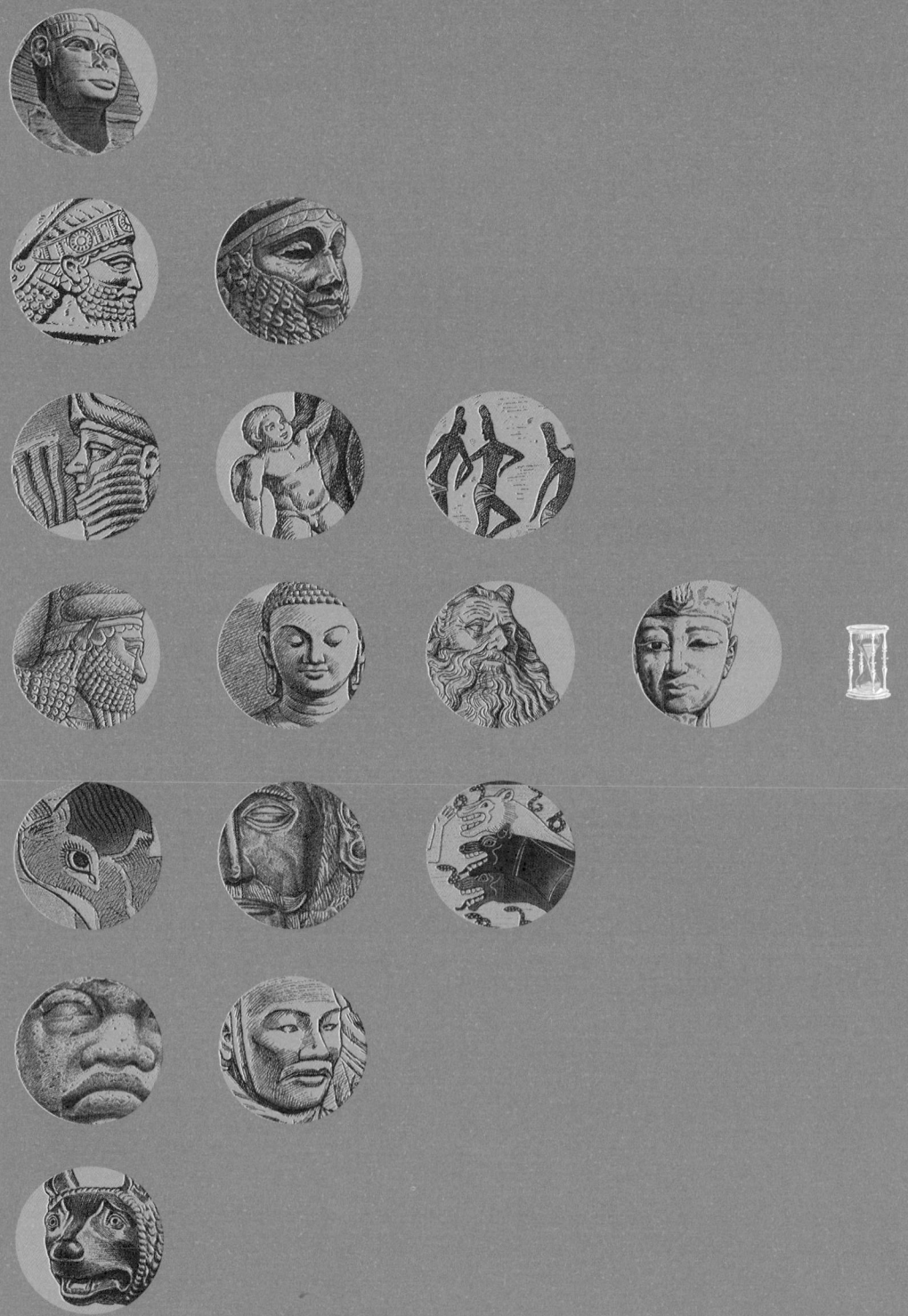

제34장 줄리어스 시저의 성장

해적에게 유괴된 시저

로마에 대해 앞에서 읽었던 이야기를 기억하니? 로마는 작은 마을에서 시작하여 부유하고 강력한 도시로 성장했지. 로마의 건축가들은 사람들이 더 빨리 오갈 수 있도록 길을 만들었고, 도시로 물을 끌어 오기 위해 수도교를 만들었으며, 많은 사람들이 도시의 성벽 내에서 살 수 있는 아파트를 지었어. 로마는 또한 강한 군대도 가지고 있었지. 그들은 카르타고의 장군 한니발을 무찔렀으며, 배를 타고 지중해를 건너 한니발의 고향인 카르타고의 수도를 공격하기도 했어.

로마 제국의 수도인 로마는 세계에서 가장 부유하고 강한 도시가 되었어. 로마에 대해 모르는 사람은 거의 없었고, 사람들은 로마의 아름다운 건물과 멋진 도로를 부러워했단다. 로마에서 장사를 하고, 검투사 경기를 구경하고, 로마의 예술을 감상하기 위해 각지에서 사람들이 몰려들었어. 로마 사람들은 어디에서나 가장 힘 있고 부유한 사람들에 속했단다.

어느 날, 로마의 한 부유한 집안에 남자 아이가 하나 태어났어. 부모는 그에게 줄리어스 시저Julius Caesar(율리우스 카이사르라고도 함)라는 이름을 지어 주었지. 시저

집안사람들은 권력 있는 사람들이었어. 그들은 자신들이 로마를 세운 로물루스의 후손이라고 주장하기까지 했단다! 줄리어스의 아버지는 로마의 법을 만드는 일을 돕는 부유한 귀족이었고, 그의 삼촌은 로마를 통치하는 사람인 두 집정관 중 한 사람이었단다. "내 아들은 큰일을 할 것이다! 그는 로마에서 가장 유명한 인물이 될 것이다." 줄리어스의 아버지는 이렇게 입버릇처럼 말하곤 했어.

줄리어스가 공부할 나이가 되자 그의 아버지는 읽기와 쓰기, 수학과 웅변술을 가르치는 학교에 그를 보냈단다. 줄리어스 시저는 많은 대중 앞에서 연설하는 웅변술에 재능을 보였어. 그는 강렬한 검은 눈과 깊고도 힘 있는 목소리를 가진 멋진 젊은이로 성장했지. 그가 연설을 할 때마다 군중들이 그의 말을 듣기 위해 몰려들었단다. 곧 줄리어스는 로마를 다스리는 일을 하고 싶었지. 그는 자기 쪽에 투표를 할 만한 사람들을 위한 성대한 파티를 열었어. 그는 점점 더 인기가 높아졌지. 하지만 줄리어스는 이에 만족하지 않고 좀 더 효과적인 웅변술을 배워야겠다고 마음먹었어. 그래야만 훨씬 더 많은 로마 사람들이 그에게 표를 던져 줄 것이라고 생각했지. 그는 로마에서 가장 유명한 웅변술의 대가가 지중해의 한 외딴 섬에 살고 있다는 얘기를 들었어. 줄리어스 시저는 그 섬으로 가기 위해 배를 한 척 빌렸단다. "돈을 더 주셔야 되겠는데요." 배의 선장이 말했어. "지중해에는 해적들이 워낙 많아서요. 해적선은 아주 빠르답니다. 물건을 훔치기도 하고 지위가 높은 사람을 납치하기도 하지요. 해적을 당할 자는 아무도 없어요. 그런데도 가시겠습니까?"

"해적 따위는 무섭지 않소!" 줄리어스는 선장에게 돈을 지불한 뒤 배에 올랐단다. 그러나 항해를 시작한 지 얼마 지나지 않아 수상한 배 한 척이 뒤에서 모습을 나타냈어. 그 배는 미끄러지듯이 빠르게 달려오고 있었지. "해적이다!" 선장이 겁먹은 목소리로 소리쳤어. 그는 속도를 높이려고 했지만 해적선은 금세 줄리어스의 배를 따라잡았단다. 선원들이 모두 싸울 각오로 갑판 위로 올라갔지만, 이미 해적들이 배를 점령해 버린 상태였어. 닥치는 대로 물건을 훔치던 그들은 사람들 틈에 있는 줄리어스 시저를 발견했단다. 그가 입고 있는 옷을 통해 그가 부자이고 지체 높은 가문의 사람이라는 것을 알 수 있었지.

"너를 데려가서 몸값을 받아야겠다." 해적 선장이 말했어. "네 부모가 누구냐? 네 몸값으로 1억 원을 요구해야겠다!"

줄리어스 시저가 갑자기 웃음을 터뜨렸어. "그것밖에 안 된다고? 나는 최소한 2억 5천만 원의 가치가 있는 사람이다!"

"네가 그렇게 중요한 사람이라고?" 해적이 말했어. "좋아, 그렇다면 너를 데려가서 얼마를 받아 낼 수 있는지 보겠다!"

"경고하겠다. 나는 풀려 나자마자 다시 돌아와 너희들 모두를 죽여 버릴 것이다." 시저가 말했어.

해적들은 비웃었어. 그들은 시저의 위협을 심각하게 받아들이지 않았지. 그들은 시저를 해적선으로 끌고 가서 한 달 이상을 잡아 두었단다. 하지만 시저는 해적들을 마치 자기가 붙잡은 포로인 것처럼 취급했어. "이봐! 야만인들아!" 그가 큰 소리로 말했어. "조용히 해라! 내가 지금 낮잠 중이니. 그리고 저녁밥은 점심에 먹었던 것보다 더 맛있는 걸로 준비해야 한다!"

해적들은 시저가 아주 웃기는 녀석이라고 생각했단다. 마침내 로마 정부가 시저의 몸값을 보내왔어. 그들은 돈을 받자 시저에게 작별을 고했지. "로마로 돌아가거라, 꼬마야!" 그들은 시저를 놀려 댔어. "안전한 곳으로 돌아가려무나! 바다는 우리 것이다."

그러나 시저는 로마로 돌아가자마자 로마 해군 7개 부대의 병사들을 전함 3척에 나누어 태우고 지중해로 다시 나갔어. 예상한 대로 전함이 육지를 떠나자마자 해적선이 나타나 뒤쫓아 왔지.

시저는 이때를 기다리고 있었어. 시저는 병사들에게 명령했어. "전투 준비!" 그는 전함을 해적선 주변을 둥글게 돌게 하다가 해적선의 앞머리와 부딪치게 했어. 병사들과 해적들은 서로의 배에 올라타 격렬하게 싸웠지. 그리고 마침내 해적들이 항복했어.

"이제 이 바다가 누구의 것이지?" 시저가 해적 선장에게 말했어. 그는 해적들을 로마로 데려와서 모두 처형시켜 버렸단다.

이 일이 있은 뒤 시저는 로마에서 모르는 사람이 없을 정도로 유명해졌어. 사람들은 시저를 강한 지도자인 동시에 용감한 전사라고 생각했지. 줄리어스 시저라는 이름은 모든 사람들의 입에 오르내리게 되었어. 로마의 시민들은 시저에게 표를 던질 준비가 되어 있었지.

집정관이 된 시저

로마로 되돌아오자마자 줄리어스 시저는 로마의 집정관이 되겠다고 결심했어. 집정관이 무엇을 하는 사람인지 기억하고 있니? 이전의 역사를 살펴보면 대부분의 왕들이 자기 멋대로 권력을 휘둘러 독재자의 길을 걸었단다. 그런 이유로 로마는 왕을 두는 대신 집정관이라고 하는 2명의 통치자를 선출하여 나라를 다스리게 했지. 두 명의 통치자는 다른 한쪽이 너무 많은 권력을 갖지 못하도록 견제해야만 했어.

그러나 문제가 있었어. 로마에 이미 두 명의 집정관이 있었기 때문에 시저는 집정관의 자리에 오를 수가 없었지.

대신 시저에게 스페인으로 이주한 로마 사람들을 통치하는 일이 주어졌어. 많은 로마 사람들이 스페인에서 살고 있었기 때문에 그곳을 통치할 로마의 지도자가 필요했던 거지.

시저는 스페인을 통치하는 일은 대단한 일이 아니라고 생각했어. 하지만 아직은 자신이 로마의 집정관이 될 수 없다는 사실을 잘 알고 있었지. 그래서 시저는 자신을 따르는 사람들과 함께 스페인으로 떠났어. 그는 이탈리아를 지나 알프스를 넘었단다.

알프스로 가는 길에 시저와 친구들은 산속 깊은 곳에 있는 작고 초라한 오두막에 이르렀어. 길은 진흙투성이였고 염소들이 집 주위를 뛰어다니고 있었지. 사람들은 넝마 같은 옷을 입고 있었고, 아이들은 흙 속에서 맨발로 놀고 있었단다.

"정말 지저분한 곳이군!" 시저의 친구가 큰 소리로 말했어. "자네, 인생을 이런 곳에서 보낸다고 상상해 본 적 있나?"

시저는 친구를 돌아보았어. "로마에서 2인자로 있을 바에는 여기서 최고의 자리에 오르는 것이 더 나아." 시저는 딱 잘라 말했단다.

그들은 스페인을 향해 계속 갔어. 스페인에서 시저는 열심히 일했고 사람들에게 많은 신임을 얻었지. 스페인에 있는 로마 사람들의 도시를 약탈하던 산적 무리들을 몰아내기도 했어. 그러나 시저는 로마로 돌아가야 한다는 생각을 한시도 잊은 적이 없었고, 자신의 고향인 로마에서 권력을 얻고 싶었단다.

어느 날 그는 서재에서 알렉산더 대왕의 전기를 읽고 있었어. 친구들은 그의 옆에 앉아서 스페인에서의 생활과 언제쯤 로마로 돌아갈 수 있을지에 대해 이야기하고 있었지. 그런데 친구들은 곧 시저가 책을 읽고 있지 않다는 것을 알아챘어. 그는 무릎에 책을 펼쳐 놓은 채 창밖을 내다보고 있었지.

책의 펼쳐진 부분은 전투에서 환호하는 수백 명의 병사들을 뒤로하고 군마 부세팔라스를 타고 있는 알렉산더 대왕의 그림이었단다. 갑자기 시저의 눈에서 눈물이 흘렀어.

그의 친구들은 이제까지 한 번도 그가 우는 모습을 본 적이 없었단다. "시저! 왜 그래?" 친구들이 물었어.

"내가 슬퍼하는 이유를 모르겠나?" 시저가 친구들에게 되물었어. "알렉산더 대왕은 내 나이였을 때 이미 대여섯 개의 나라를 통합한 왕이 되었단 말일세! 그런데 나는 아직 이렇다 할 만한 아무것도 이루지 못하고 있으니 슬퍼서 눈물을 흘릴 수밖에! 언제쯤 이름을 떨칠 기회가 올까?"

마침내 시저는 로마로 돌아갈 수 있게 되었어. 그는 로마를 다스리는 두 집정관에게 자신도 집정관이 되어야 한다고 주장했던 거야. 이제 유력한 3인의 통치자가 로마를 지배하게 되었단다. 시저도 그 중 한 사람이었지. 3명의 통치자에 의한 정치를 삼두 정치라고 부른단다. '삼두(三頭)'란 세 사람을 뜻하지.

그런데 시저는 로마 사람들에게 점점 더 인기를 얻어 갔어. 그들은 시저가 훌륭한 지도자이자 강한 전사라는 것을 잘 알고 있었지. 사람들은 시저가 자신들을 지켜 줄 것이라고 생각했단다. 얼마 지나지 않아 다른 두 명의 집정관은 관심의 대상에서 밀려났어. 시저만이 유일한 관심 대상이었지.

원로원의 걱정거리 시저

줄리어스 시저는 로마 사람들에게는 인기가 좋았지만 원로원에게는 그렇지 못했단다.

원로원은 로마 권력의 대부분을 차지하고 있는 부유하고 힘 있는 사람들의 집단이었어. 원로원은 로마를 다스리는 데 커다란 영향력을 행사했지. 집정관은 원로원이 하는 말에 귀를 기울여야 했어. 그런데 시저는 원로원의 말에 귀를 기울이지 않고 자기가 하고 싶은 대로 했단다.

원로원은 시저의 이러한 행동을 아주 불쾌하게 여겼지. 그들은 시저를 의심했어. "그가 왕이 되고 싶어 하면 어쩌지?" 그들은 자기들끼리 수군거렸단다. "로마는 어찌 될 것 같나? 우리는 또 어찌 될까? 한 사람이 로마를 통치하게 해서는 안 돼! 우리가 함께 로마를 다스려서 어느 누구도 로마의 권력을 몽땅 갖게 해서는 안 돼! 시저가 킨키나투스Cincinnatus 같은 사람이라면 좋을 텐데……."
킨키나투스가 누구냐고? 그는 로마의 이상 정치를 주장했던 전설적인 인물이야. 다음은 그에 관한 이야기란다.

킨키나투스는 로마의 집정관이었다. 하지만 그는 자신의 부를 버리고 높은 지위에서 은퇴한 뒤 농부가 되었다. 그는 밀을 심고 포도를 가꾸며 세월을 보냈다. 하지만 그는 매우 현명하고 자애로워 수많은 로마 사람들이 그의 조언을 들으려고 몰려들었다.
로마는 어느새 세계에서 가장 강한 도시가 되었다. 그러던 어느 날, 로마에 불길한 소식이 들려왔다. 야만족이 그들이 지나는 길목에 있는 모든 것들을 불태우고 약탈하며 로마로 오고 있다는 소식이었다. 그들은 로마를 정복하고 로마 사람들을 전부 죽이겠다고 공언하고 있었다.
그러나 로마 사람들은 두려워하지 않았다. 어쨌든 로마 군대가 세계 최고였기 때문이었다. 그들은 야만족을 막기 위해 가장 잘 훈련된 병사들을 선발해서 출전시켰다. 번쩍이는 갑옷과 자주색 망토로 화려하게 무장한 로마 병사들은 말을 타고 로마를 떠났다. 여자와 아이들은 환호하며 손을 흔들었다. "영광과 승리를 안고 돌아오세요!" 그들은 큰 소리로 외쳤다. "승리를 거두고 돌아오세요!"

사람들은 승리의 소식이 오기를 학수고대하며 기다렸다. 드디어 저 멀리 먼지가 이는 것이 보였다. 말을 탄 사람들이었다. 로마 병사들에게 무슨 일이 일어난 것일까? 겨우 5명의 병사가 먼지와 피투성이가 된 채 돌아오고 있었다. 그들은 성문을 지나 도시 한가운데로 갔다. 그들은 참을 수 없는 고통으로 숨을 헐떡거리며 겨우 입을 열었다. "야만인들은 우리가 상대하기에 너무 강합니다! 그들은 좁은 산길에서 우리를 공격했어요. 그리고 동에 번쩍 서에 번쩍 나타났다가 산 위에서 바위를 굴려 떨어뜨렸습니다. 즉시 지원병을 보내야 합니다. 그러지 않으면 로마는 함락될 것입니다!"

원로원은 겁에 질렸다. "최강의 우리 병사들은 이미 전부 보냈소!" 원로들은 서로 말했다. "남은 건 어린 소년들뿐이오. 누가 그 아이들을 데리고 전쟁터에 나갈 수 있겠소?"

순간 원로 한 명이 무릎을 치며 말했다. "킨키나투스가 있잖소! 그에게 도움을 청합시다. 그는 우리의 유일한 희망이오!"

원로들이 그의 집에 도착했을 때 킨키나투스는 들에 나가 일을 하고 있었다. 그는 손을 씻고 원로들의 말에 귀 기울였다. "당신이 지원병을 이끌고 전쟁터에 나간다면 당신을 로마의 왕으로 삼겠소!" 원로들은 이렇게 약속했다.

그래서 킨키나투스는 원로들과 함께 도시로 돌아와 지원병의 대장이 되었다. 그는 소년들을 무장시키고 싸우는 법을 가르쳤다. 그리고 나서 로마 군대를 구하기 위해 소년병들을 산으로 이끌고 갔다. 킨키나투스는 매우 현명하고 전쟁에 능한 사람이었다. 그는 소년들과 함께 야만족을 격퇴시켜 산으로 몰아내고 로마 군대와 함께 고향으로 돌아왔다. 그들은 트럼펫 소리와 사람들의 환호 속에 로마에 들어섰다.

"킨키나투스여, 우리의 왕이 되어 주시오!" 로마 시민들은 애원하다시피 말했다. "당신에게 모든 권력을 주겠소! 당신이 원하는 것은 무엇이나 할 수 있소!"

그러나 킨키나투스는 갑옷을 벗고 원로원에게 깃발을 건네주면서 사람들에게 말했다. "아니오. 로마에는 왕이 필요 없소. 내 모든 권력을 원로원에 다시 돌려주겠소. 그들이 여러분의 법을 만들 것이오!" 그는 원로원에 로마를 맡기고 자신의 포도밭으로 돌아갔다.

킨키나투스는 이상적인 로마 인이었어. 그는 도시가 자신을 필요로 할 때 도시를 위해 일했단다. 하지만 그러고 나서는 모든 권력을 원로원에 돌려주었지. 그러나 시저는 킨키나투스처럼 할 것 같지 않았어. 그는 계속 힘을 모으고 있었고 인기는 시들 줄 몰랐거든.

"언젠가는 시저가 로마의 왕이 되려고 할 거요. 그때가 되면 우리는 어떻게 될 것 같소?" 원로들은 걱정스런 얼굴로 서로에게 말했단다.

로마의 발전

제35장 영웅 시저

켈트 족과 싸우는 시저

시저는 킨키나투스처럼 자신의 포도밭으로 돌아갈 마음이 전혀 없었단다. 그러나 아직은 로마 사람들이 자신을 왕으로 삼지 않으리라는 것을 잘 알고 있었어. 로마 사람들이 그를 한층 더 사랑하고 믿어야 그는 왕이 될 수 있었지.

그래서 시저는 가장 위대한 전쟁 영웅이 되기로 했어. 많은 전쟁을 승리로 이끌고 로마를 위해 많은 영토를 정복하면, 로마 시민에게 자신이 훌륭한 왕이 될 수 있음을 확신시킬 수 있다고 생각했던 거야.

시저는 군대를 잘 정비하는 한편 전투에 대비하여 병사들에게 많은 훈련을 시켰어. 그는 병사들에게 봉급을 넉넉하게 주고 먹을 것도 충분히 주었어. 병사들은 지금껏 그렇게 좋은 대우를 받아 본 적이 없었지. 병사들은 곧 시저에게 절대적인 충성을 바치게 되었단다. 그들은 시저를 따라 주변 나라들과의 싸움에 나섰어. 물론 시저가 전투에서 항상 승리를 거두었던 것은 아니야. 하지만 시저는 로마 시민들에게 오직 승리의 소식만을 전하게 했단다. 시저는 적어도 로마 시민들에게만은 싸움에 져 본 적이 없는 영웅이었지.

시저가 가장 정복하고 싶었던 나라는 브리튼(브리타니아라고도 함. 지금의 영국)이었어. 시저는 브리튼을 쉽게 정복할 수 있을 거라고 생각했지. 그러나 브리튼으로 가기 위해서는 먼저 배를 만들어 바다를 건너야 했어.

그는 배를 만들고 병사들을 태워 브리튼을 향해 출발했어. 그러나 그 중 일부는 가는 도중 길을 잃었고, 곧 다른 병사들도 춥고 바닷물에 젖고 지쳐 갔어. 그들은 바다를 헤매는 일에 신물이 났고 하루라도 빨리 육지로 돌아가고 싶었단다.

"저것 봐!" 갑자기 병사 하나가 소리쳤어. "육지다! 육지야!"

병사들은 서로 먼저 브리튼을 보려고 배 한쪽으로 몰려들었단다. 그들은 안개에 싸인 초록의 섬을 보았어. 그리고 섬 바닷가에서 그들을 기다리고 있는 브리튼의 군대도 보았단다.

브리튼에 살고 있던 사람들을 켈트 족Celts이라 불렀어. 켈트 족은 키가 크고 근육질에 전쟁을 좋아하는 민족이야. 그들은 자신들의 키와 강함을 자랑스럽게 생각한 나머지 벌거벗고 전투에 나갈 정도였단다! 켈트 족은 금속 목걸이만 걸고, 자신들을 훨씬 더 커 보이게 하는 높은 금속 투구를 썼어. 그리고 무거운 철로 된 칼과 나무 곤봉을 가지고 다녔지. 몸에는 온통 파란색 칠을 했는데, 파란색이 마술처럼 적의 칼과 활을 막아 줄 거라 믿었기 때문이야.

로마 병사들은 파란색으로 온몸을 칠한 그 거대한 전사들을 바라보았어. 그들은 겁에 질린 채 자기들끼리 수군거리기 시작했지. "우린 저들을 이길 수 없어! 저들은 너무 크고 사나워!"

그때 배 위에 있던 소년 병사 하나가 자기네 병사들이 그렇게 중얼거리는 소리를 듣고는 용감하게 바닷가의 얕은 물로 뛰어내렸단다. 그리고 시저의 깃발을 높이 들고 바닷가까지 걷기 시작했어. 병사들은 시저의 깃발을 켈트 족에게 빼앗기는 것을 차마 볼 수가 없었지. 그래서 소년의 뒤를 따라 바닷가로 달려 나갔어. 켈트 족도 공격해 왔지. 그들은 발목 깊이의 바닷물에서 몇 시간 동안 싸우고 또 싸웠단다. 드디어 켈트 족이 물러나기 시작했어. 로마 군대는 성공적으로 브리튼 바닷가에 상륙했지.

하지만 로마 군대는 브리튼에 겨우 3주밖에 머물지 못했어. 커다란 폭풍이 불어와 많은 배가 난파되었고, 많은 로마 병사들이 켈트 족의 습격에 패했기 때문이야. 마침내 시저는 브리튼에서 철수해서 더 많은 군대를 이끌고 돌아와야겠다고 결심했단다.

그리고 1년 뒤, 그는 더 많은 병사들을 데리고 다시 브리튼으로 돌아왔어. 이번에는 더 오랫동안 머물 수 있었지. 그는 몇몇 켈트 족에게 공물로 로마 군에게 돈을 지불할 것을 명령했어. 그러나 많은 브리튼 부족들이 로마의 통제를 받지 않았단다.

정확히 말해 시저는 브리튼을 정복한 것이 아니었던 거야. 그러나 그는 자신의 패배에 대해 로마 사람들에게 말하지 않았어! 대신 승리의 소식을 로마에 계속 전했지. 그는 '갈리아 전기The Gallic Wars' 라는 제목으로 갈리아(지금의 프랑스)와 브리튼 전쟁에 대한 이야기를 쓰기도 했어. 이 책에서 시저는 자신이 패배한 이야기는 언급조차 하지 않고 오직 승리한 전투에 대해서만 이야기하고 있단다. 거짓말을 한 것은 아니었지만, 확실히 그는 자신의 전투에 대해 실제보다 훨씬 더 성공적이고 승리한 것처럼 과장해서 말했지.

루비콘 강을 건넌 시저

승리의 소식을 들은 로마의 시민들에게 시저는 영웅이었어. 그러나 원로원은 시저를 두려워했단다.

"지금 시저가 로마로 돌아온다면 사람들이 그를 로마의 왕으로 앉힐지도 모른다. 그러면 우리는 어떻게 되지? 우리는 더 이상 로마를 다스리지 못하게 될 거야!" 원로원은 이렇게 입을 모았어.

원로원은 마침내 2명의 집정관 중 한 사람인 폼페이우스Pompeius를 시저의 맞수로 만들기로 결정했지. 하지만 폼페이우스는 시저의 딸과 결혼했기 때문에 이것은 현실적으로 어려운 일이었단다. 그러나 폼페이우스는 시저를 질투하고 있었어. 그는 시저가 자신보다 훨씬 더 인기가 많다는 것을 잘 알고 있었기 때문이지. 그래서 폼페이우스는 일단 원로원의 말을 들어 보기로 했어. "이보게, 폼페이우스. 시저가 반역자라고 로마 시민들에게 말하게. 그가 로마에 충성하지 않았다고 말하란 말이야. 시저가 로마로 돌아오기 전에 그의 집정관 자리를 빼앗아 버리게. 그렇게만 한다면 자네가 이 도시에서 가장 강한 사람이 될 걸세!"

결국 폼페이우스는 원로원들과 뜻을 같이하기로 했단다. 그는 시저에게 로마로 돌아오면 체포될지도 모른다는 소식을 보내고, 군대 통솔권을 포기하라고 말했어. 그리고 로마의 시민들 사이에 시저가 반역자라는 소문을 퍼뜨렸지.

멀리 떨어진 브리튼에서 이 소식을 들은 시저는 놀랐어. 그의 도시가 그를 범죄자에다 반역자라고 부르고 있는 거야! 게다가 원로원은 반역죄로 그를 체포하려 하고 있었지! 시저는 어떻게 해야 할까?

시저는 원로원이 자신을 좋아하지 않는다는 것을 잘 알고 있었어. 그러나 로마의 시민들이라면 여전히 자신을 위대한 영웅으로 여길 것이라 확신했어. 그래서 그는 군대를 이끌고 로마를 향해 진군했단다.

시저는 곧 루비콘 강Rubicon River에 이르렀어. 루비콘 강은 로마 영토의 경계야. 시저는 자신이 루비콘 강을 건너면 바로 원로원이 지배하는 영토에 이르게 된다는 것을 알고 있었어. 원로원은 자신을 체포하려 할 것이고 그렇게 되면 그는 원로원과 싸워야 할 것이었지. 그의 군대는 결국 같은 로마 사람과 싸우게 될 것이 분명했어. 그가 루비콘 강을 건넌다면 내전이 시작되는 것이었지. 과연 그것이 옳은 일일까?

그는 다리를 응시하면서 오랫동안 강 앞에 서 있었단다. 그리고 무겁게 입을 열었어. "이제라도……." 그는 군대 지휘관들에게 말했어. "돌아가야 할까? 일단 저 작은 다리를 건너게 되면…… 우리는 칼로 문제를 해결해야 할 걸세."

마침내 시저는 칼을 뽑아 들고 다리 위로 발을 내딛었단다. "나의 적들이 나에게 이런 짓을 하도록 만들었다!" 그가 큰 소리로 말했어. "우리는 로마로 행군할 것

루비콘 강을 건넌 시저 367

이다. 주사위는 던져졌다!" 그가 루비콘 강을 건너자 그의 군대도 그 뒤를 따라 강을 건넜어.

로마에서는 폼페이우스와 원로원이 군대를 일으키려 하고 있었어. 그러나 누구도 시저의 병사들과 싸우고 싶어 하지 않았단다. 시저의 병사들은 많은 전투를 하면서 단련된 병사들이었어. 그들은 거칠고, 강하고, 싸울 준비가 되어 있는 병사들이었지. 시저와 그의 군대가 로마에 나타나자 폼페이우스의 병사들은 모두 줄행랑치고 말았단다. 결국 시저가 도시로 들어오기도 전에 폼페이우스마저 도망쳤지.

시저는 의기양양하게 로마로 들어섰어. 누구도 그를 체포할 수 없었단다. 이제 원로원은 시저를 몰아낼 수 없다는 것을 인정해야 했어. 시저는 로마의 왕이 되지 않았지만 로마에서 가장 강한 사람이 되었지.

오늘날에도 어떤 중요한 결정을 내려야 할 때 '너는 루비콘 강을 건너려 한다' 라는 말을 해. '루비콘 강을 건너다' 라는 말은 어려운 일을 하려고 한다는 의미란다. 우리는 이 표현을 줄리어스 시저가 로마로 돌아온 이야기에서 얻었지.

클레오파트라와 사랑에 빠진 시저

시저는 이제 전 로마와 로마의 모든 영토를 다스렸어. 군대는 그에게 복종했고 사람들은 그를 사랑했어. 원로원은 그를 쫓아낼 수 없었지.

그러나 시저는 여전히 폼페이우스를 제거하고 싶었어. 그는 폼페이우스가 이집트로 달아났다는 것을 알고 있었어. 이집트로 달아난 폼페이우스는 이집트 사람들을 설득해 그들의 도움을 받아 시저를 공격하고 로마를 되찾으려 하고 있었지. '그놈을 그곳에 그냥 내버려 둘 수 없어!' 시저는 이렇게 생각했어. '그놈은 이집트 군대를 이끌고 이곳으로 돌아와 나를 다시 공격하겠지. 폼페이우스가 활개 치고 있는 한 로마의 내란은 끝나지 않을 거야. 내가 이집트로 내려가서 폼페이우스를 붙잡아 감옥에 처넣어야겠어. 그래야 마음이 놓이겠어.'

그래서 시저는 이집트를 공격하기 위해 출발했단다. 그러나 이집트는 내부 문제를 가지고 있었어. 그들에게는 두 명의 파라오가 있었지. 바로 클레오파트라 Cleopatra 여왕과 그녀의 남동생이야. 클레오파트라와 남동생은 함께 이집트를 통치하기로 되어 있었어. 그러나 그들은 서로 화합하지 않았지. 그들은 서로 이집트를 통치하기 위해 오랫동안 싸우고 있었어.

그러나 클레오파트라와 남동생은 시저가 오고 있다는 소식을 듣고 잠시 싸움을 멈추었어. 그들은 겁이 났지. 시저에 대해 모르는 사람이 없었거든. 이집트 사람들은 시저가 이집트를 정복하러 온다고 생각했어. "어떻게 하지?" 클레오파트라와 남동생은 서로에게 물었어. "시저와 빨리 화해해야겠어. 그러지 않으면 무적의 군대가 우리를 공격할 거야!"

"알았다." 클레오파트라의 남동생이 갑자기 큰 소리로 말했어. "시저의 오랜 적인 폼페이우스가 이집트에 살고 있어. 그를 잡아서 시저에게 포로로 주는 거야. 그러면 시저는 우리가 그의 적이 아니라는 것을 알게 될 거야."

클레오파트라와 사랑에 빠진 시저

"내게 더 좋은 생각이 있어." 클레오파트라가 대답했어. "폼페이우스의 목을 잘라서 시저에게 바치는 거야."

그들은 그 생각을 곧 실행에 옮겼어. 그러나 시저는 막상 자루에 들어 있는 폼페이우스의 머리를 보자 슬펐어. 그와 폼페이우스는 한때 친구 사이였고, 몇 년 동안 함께 로마를 위해 집정관 직을 수행하기도 했었지. 게다가 폼페이우스는 자신의 사위였거든. 사실 시저는 폼페이우스를 죽일 생각은 없었어. 단지 더 이상 문제를 일으키지 못하도록 감옥에 가두려고 했을 뿐이었지.

시저는 자신이 얼마나 슬픈지 파라오들에게 말할 생각으로 궁전을 향해 행군했단다. 그러나 그 사이에 클레오파트라는 한 가지 꾀를 생각해 냈어. "시저가 나를 좋아하게 만들 수만 있다면 동생을 없애는 일이 수월하게 풀릴지도 몰라! 그렇게 되면 내가 이집트의 유일한 파라오가 되는 거지."

그래서 그녀는 혼자서 시저를 만나기로 했어. 그녀는 가장 예쁜 옷을 차려입고 온갖 아름다운 이집트의 보물로 치장을 했단다. 클레오파트라의 방에 들어선 시저는 그녀의 아름다움과 그녀를 둘러싸고 있는 화려함에 그만 넋을 잃고 말았어.

"시저!" 클레오파트라가 부드럽게 그의 이름을 불렀어. "당신이 내 동생을 없애만 준다면, 그래서 나 혼자 이집트를 통치할 수 있게 해 준다면 이집트의 부를 당신과 함께 나누겠어요."

시저는 클레오파트라에게 흠뻑 매료되었어. 그는 클레오파트라와 미친 듯이 사랑에 빠졌고, 그녀가 원하는 것이라면 무엇이든 들어주었단다. 그는 자신의 군대에게 클레오파트라의 남동생을 따르는 이집트 군대와 싸우도록 명령했어. 로마의 병사들은 시저의 명령대로 했지. 클레오파트라의 동생은 전투에서 죽음을 당했고, 이제 클레오파트라는 이집트의 유일한 통치자가 되었어.

시저는 로마로 돌아가야 할 때가 되었지만 돌아가지 않았단다. 그는 클레오파트라와 헤어지고 싶지 않았어. 이집트에 계속 머물면서 새로운 사랑을 지속하고 싶었지.

하지만 그건 현명한 행동이 아니었어. 로마에는 아직도 시저를 없애고 싶어 하는 원로원이 있었으니까. 시저가 그러고 있을 때 로마에서는 원로들이 모여 의논을 하고 있었어. "이게 마지막 기회요. 원로원에게 충성하고 있는 로마의 군대를 일으켜 시저를 몰아내도록 합시다!"

그들은 군대를 모아 시저를 공격할 준비를 갖추고 이집트를 향해 진군했어. 하지만 시저는 자신의 병사들을 정비하여 원로원의 군대를 무찔렀어. 그는 순식간에 승리를 거두었지. 그의 친구가 전투에 대해 물었을 때 그는 이렇게 대답했어. "딱 세 마디로 말해 주겠네. Veni, Vidi, Vici." 로마의 언어인 라틴 어로 된 이 말의 뜻은 '왔노라! 보았노라! 이겼노라!' 란다.

윽, 브루투스 너마저

시저는 마침내 이집트를 떠나 로마로 돌아왔어. 로마에는 이제 그에게 대항할 자가 더 이상 없었지. 그리고 시민들은 그를 사랑했어. 시저는 로마로 돌아온 뒤 죽을 때까지 독재자로서 로마를 다스렸단다.

독재자는 자기가 원하는 것을 무엇이든 할 수 있었어. 그는 무엇보다도 먼저 원로원의 힘을 모두 빼앗아 버렸어. 이제 시저만이 전쟁을 선포하고 법을 통과시키고 세금을 올릴 수 있게 되었지. 그는 자신의 모습이 새겨진 돈을 만들었어. 또한 로마 시민들이 즐길 수 있도록 검투사 경기와 전차 경기를 열었단다. 모든 것이 그가 원하는 대로 되는 것 같았어.

그러나 시저는 사람들의 노여움을 사는 말을 두 가지 했어. 시저는 원로원을 소집하여 다음과 같이 말했단다. "나는 로마의 절대 군주요." 그가 말했어. "하지만 원로원 여러분이 나를 '시저 왕'이라고 불러 줘야 다른 나라 왕들도 나를 존경할 거요. 그러니 이제부터 나를 왕이라고 불러 주길 바라오. 그리고 또 하나, 내 조카 옥타비아누스Octavianus가 내 뒤를 이어 왕이 되었으면 좋겠소. 그 아이를 내 양자로 삼을 생각이오! 그 애가 내 권력을 이어받았으면 하오."

원로원은 경악했어. 그들은 로마의 다음 지도자를 새롭게 뽑고 싶었지. 그들은 시저 같은 사람이 왕이 되는 걸 바라지 않았단다.

"시저를 즉각 처단해 버려야 합니다." 원로 중 브루투스Brutus라고 하는 자가 말했어. 그는 시저의 친구였지만 로마를 좌지우지하는 시저의 절대 권력에 그 또한 분노하고 있었지. "내일은 3월 15일이오. 시저가 원로원으로 들어올 때 공격해서 없애 버립시다!"

브루투스는 뜻을 같이하는 다른 원로들과 함께 계획을 세웠어. 시저의 운명이 결정된 거였지.

시저는 자신을 죽일 음모가 있을 것이라고는 꿈에도 생각지 못했단다. 그러나 수에토니우스Suetonius라고 하는 로마의 작가는 시저가 죽기 전에 이상한 일이 많이 일어났다고 전하고 있어.

한번은 시저가 평소 아끼는 말들이 아무것도 먹지 않고 울기만 하는 일이 일어났어. 이를 이상하게 여긴 시저는 말들이 왜 그렇게 슬퍼하는지 신들에게 물어보기 위해 신전으로 갔어. 그가 신전에 도착하자 한 점쟁이가 다가와서 작은 소리로 말했어. "시저님! 시저님! 3월 15일을 조심하세요!"

시저는 집으로 돌아와서 아내에게 그날 있었던 이상한 일들에 대해 들려주었지. 그날 밤, 아내는 무서운 꿈을 꾸었어. 남편을 품에 안고 있는 꿈이었는데 시저가 칼을 맞아 죽어 있었지. 그녀는 "시저! 시저!"하고 소리를 지르며 깨어났어. 다음 날 시저가 일어나자 아내는 "오늘은 원로원에 나가지 마세요! 3월 15일이잖아요. 안전하게 집에 있도록 하세요!" 하고 간청했단다.

"말도 안 돼! 아무 일도 일어나지 않을 거요." 시저는 아내의 말을 무시했어. 그리고 옷을 갈아입고 원로원 건물을 향해 갔어. 그는 부드러운 대리석 계단을 밟고 건물을 올라갔어. 햇빛이 하얀 돌 위에서 빛났고 머리 위의 하늘은 파랗고 평화로웠지.

'그런 일에 신경 쓰다니 나도 참 어리석군!' 그는 생각했어. '잘못될 일이 오늘 뭐가 있겠어!'

윽, 브루투스 너마저

그는 원로들을 만나기로 한 방으로 들어가 자신의 의자에 앉았단다.

"시저!" 원로 중 한 사람이 말했어. "오늘 저는 제 형을 로마로 데려오게 해 달라고 간청드리고 싶습니다. 그는 몇 년 전에 추방되었지요."

"나중에 이야기하세." 시저는 아직도 아내의 꿈을 생각하면서 말했어.

그 원로가 갑자기 일어났어. "여보게들!" 그가 소리쳤어. "지금 우리가 뭘 기다리고 있는 거지?" 그는 앞으로 나와 시저의 자주색 옷을 붙잡았어. 브루투스와 다른 두 명의 원로들이 칼을 뽑아 들고 그에게 달려들었지. 시저는 반격하려 했지만 결국 그들의 칼에 찔리고 말았어. 시저는 비틀거리며 폼페이우스 동상 아래 쓰러졌어. 자신을 죽인 사람들을 올려다본 시저는 자신의 오랜 친구인 브루투스가 음모에 가담한 것을 보고 믿을 수가 없었지.

"브루투스, 너마저?" 그는 숨을 헐떡거렸어. 그렇게 시저는 차가운 원로원 대리석 바닥에서 화려한 생을 마감했지. 그의 하인들이 와서 시신을 집으로 가져갔어. 가장 위대한 로마 인 시저는 자신의 친구들과 자신의 나라 사람에게 살해당했지.

제36장 로마의 제1시민

시저가 죽자 로마는 혼란에 휩싸였어. 이제 로마는 누가 책임지지? 사람들은 시저를 사랑했어. 그들은 시저의 죽음에 분노했단다. 원로들 중 일부도 시저의 죽음을 안타까워했지. 하지만 대부분의 원로들은 시저의 죽음을 기뻐하고 있었어. 원로들 사이에서도 내분이 일어났어. 로마 사람들은 불안했고 여기저기서 싸움이 일어나 로마는 혼란스러웠단다. 로마를 책임질 사람은 아무도 없었지.

시저가 죽었을 때 그의 조카 옥타비아누스는 겨우 19살이었어. 시저가 그를 양아들로 삼았기 때문에 그는 시저의 재산을 모두 물려받았지. 그는 시저의 재산으로 그의 죽음을 추모하는 성대한 잔치를 열었어. 잔치는 열흘 동안 계속되었단다. 로마 시민이면 누구나 잔치에 참석할 수 있었어. 옥타비아누스는 로마에 있는 가난한 사람들에게 선물과 돈을 나눠 주었지. 이 일로 인해 옥타비아누스는 갑자기 많은 인기를 얻게 되었어. 로마 시민들은 관대한 그를 사랑했고, 군대 또한 그가 시저의 양자라는 이유만으로 그에게 복종했어.

자신의 인기가 높아지자 옥타비아누스는 원로원으로 찾아가서 스스로 집정관이 되겠다고 선포했단다. 원로원은 옥타비아누스가 로마의 통치자가 되는 것을 원하지 않았어. 그는 너무 어렸지. 게다가 시저와 닮은 데가 너무 많았어. 하지만 로마 시민과 군대는 옥타비아누스가 집정관이 되기를 원했어. 사정이 이렇다 보니 원로원도 어쩔 수가 없었지.

결국 옥타비아누스는 로마의 집정관이 되었단다. 줄리어스 시저처럼 옥타비아누스도 로마를 위해 군대를 이끌고 주변 국가들을 정복해 나갔어. 줄리어스 시저처럼 그 또한 더 크고 더 부유한 로마 제국을 만들기 위해 힘썼단다.

그러나 옥타비아누스는 시저가 했던 것과 같은 실수를 반복하지 않았어. 시저가 '왕'이 되려고 했기 때문에 원로원의 분노를 샀다는 것을 잘 알고 있었지. 옥타비아누스는 킨키나투스처럼 되고 싶었어. 킨키나투스가 누구인지 기억하지? 그가 포도밭을 돌보고 있을 때 원로원이 그에게 군대 지휘를 부탁했잖아. 그러나 로마 사람들이 왕이 되어 달라고 했을 때 킨키나투스는 자신의 권력을 모두 원로원에게 돌려주고 포도밭을 돌보기 위해 돌아갔지.

어느 날 옥타비아누스는 원로원을 소집했단다. "나는 더 크고 더 부유한 로마를 만들었소." 그가 말했어. "이제 로마 제국은 다시 평화로워졌소. 싸우는 사람은 아무도 없고, 우리를 공격할 적도 더 이상 없소. 로마는 강하고 활력이 넘치고 있소. 그래서 나는 내 일을 그만두기로 결정했소. 이제 더 이상 집정관 일을 하지 않을 것이고, 군대를 통치하지도 않을 것이오. 지금부터는 여러분이 맡아 주시오."

원로원은 놀랐어. "하지만 당신이 로마를 하나가 되도록 만들지 않았소!" 그들은 이의를 제기했어. "만약 당신이 집정관을 그만둔다면 로마는 다시 흩어질 것이

아우구스투스 시저
로마의 바티칸 박물관에 있는
아우구스투스 시저의 대리석상.

오. 제발 집정관으로 그대로 있어 주시오."

"아니오." 옥타비아누스는 다시 거절했어. "로마에는 왕이 있어서는 안 되오. 내가 이대로 있으면 시민들은 나를 왕으로 앉히려 할 것이오. 나는 다른 사람들과 똑같은 로마의 시민일 뿐이오."

"그러면 당신을 왕이라 부르지 않겠소." 원로원은 약속했어. "대신 '제1 시민 First Citizen'이라고 부르겠소."

그래서 원로원 전체가 모여 투표를 해서 옥타비아누스를 로마의 '제1 시민'으로 만들었단다. 군주(君主)를 나타내는 라틴 어 'princeps'는 '제1 시민'이라는 의미를 가지고 있어. 영어의 '황태자(prince)'도 바로 라틴 어 'princeps'에서 나온 것이지. 황태자는 그 나라에서 가장 중요한 시민이야. 옥타비아누스는 '제1 시민'이라고 불렸지만 마치 황태자처럼 행세했어. 그는 로마를 다스리고 군대를 이끌었으며 로마 제국 전체에 완벽한 통치권을 행사했단다. 사실상 그는 로마의 첫 번째 황제나 다름없었지.

원로원은 옥타비아누스에게 그의 원래 이름인 '옥타비아누스 시저' 대신 '아우구스투스 시저Augustus Caesar'라는 새 이름을 지어 주기도 했단다. '아우구스투스'란 '축복받다'와 '황제'를 동시에 의미하는 말이야. 또한 그들은 아우구스투스 시저를 얼마나 존경하고 있는지 보여 주기 위해 1년의 12달 중 한 달을 그의 이름을 따서 부르기로 했단다. 1년 중 어느 달이 아우구스투스 시저의 이름을 따른 것일까? 각 달의 영어 이름이 뭔지 생각해 봐. 그래, 바로 8월(August)이야.

원로원은 그의 양아버지인 줄리어스 시저의 이름을 딴 달도 만들었어. 몇 월일까? 바로 7월(July)이란다. 줄리어스 시저와 아우구스투스 시저는 아주 오래전에 살았던 사람들이야. 하지만 오늘날 달력 속에 그들은 여전히 살아 있지.

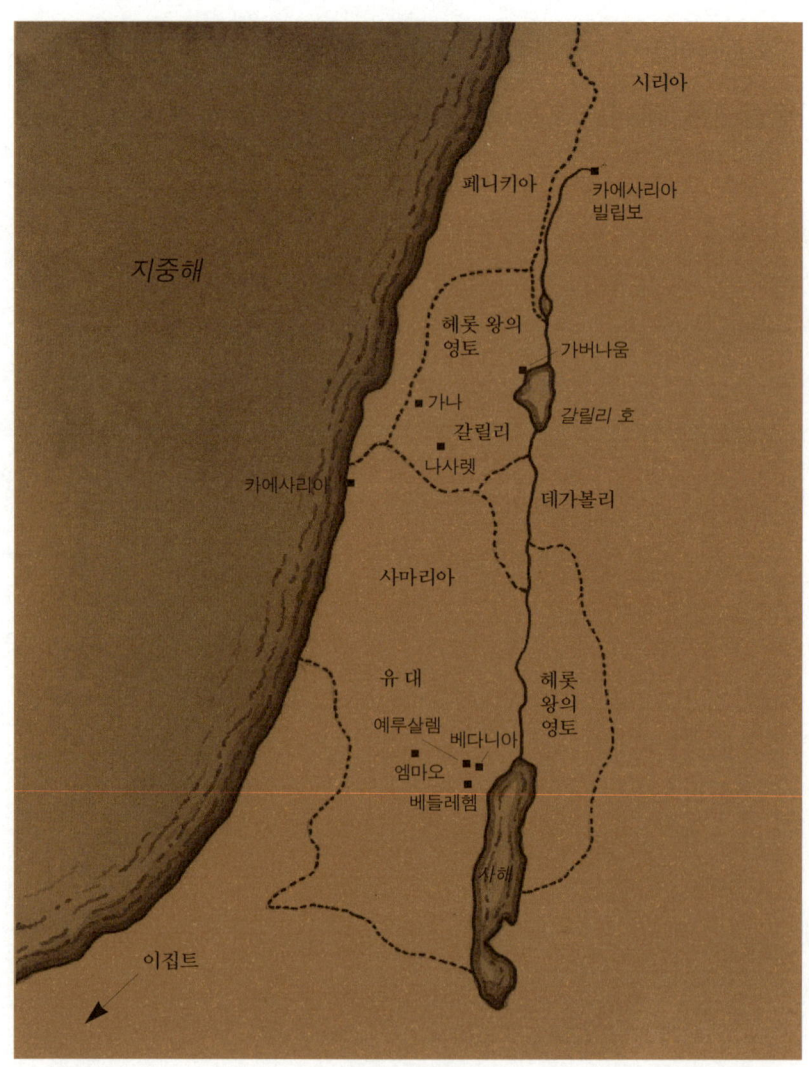

유대(가나안)

제37장 기독교의 발생

예수의 탄생

아우구스투스 시저는 '제1 시민'이라고 불리기는 했지만 사실상 황제였지. 그는 로마와 로마가 정복한 모든 땅을 통치했어. 그가 만든 법에 이의를 제기하는 사람은 아무도 없었지. 그는 모든 것을 장악했단다.

아우구스투스 시저는 로마 제국 전체에 평화를 가져다 준 왕이야. 로마 제국 구석구석 그의 법이 통하지 않는 곳이 없었어. 로마의 병사들은 적의 공격으로부터 마을과 도시를 안전하게 지켜 냈으며, 로마 제국 어디에도 더 이상 전쟁의 기미는 찾아볼 수 없었지.

이러한 평화와 안정의 시대를 '팍스 로마나Pax Romana'라고 불러. 이 말은 라틴어로 '로마의 지배에 의한 평화'라는 뜻을 가지고 있어. 로마 제국의 지배를 받는 사람들은 침략의 걱정 없이 안전하게 살 수 있었단다. 그들은 들에 나가 농사를 짓고 가축을 키웠으며, 로마의 도시는 어디든 자유롭게 왕래할 수 있었어. 심지어 그 누구의 방해나 공격을 받지 않고 지중해를 항해할 수 있게 되었지.

로마에 안정이 찾아온 이 무렵, 한때는 가나안이라고 불렸고 지금은 로마의 지배를 받고 있던 유대 지방에서 한 아기가 태어났단다. 이 아기는 자라서 새로운 종교를 창시하게 돼. 성경 중에 ≪복음서≫라고 하는 4권의 책을 보면, 이 아기에 대한 이야기가 나와 있어. 다음은 ≪누가복음≫에 나와 있는 이야기야.

아우구스투스 시저가 로마를 다스리던 시대에 마리아Maria라고 하는 여자가 나사렛Nazareth에 살고 있었다. 마리아는 아브라함의 하나님을 숭배하는 유대 인 처녀였다. 그녀는 요셉Joseph이라는 남자와 결혼을 몇 달 앞두고 있었다.

어느 날 하나님이 마리아에게 천사를 보내 계시를 전했다.

"마리아야, 하나님이 너와 함께하신다." 천사가 말했다. "너는 아기를 갖게 될 것이다. 그 아기의 이름을 예수Jesus라고 짓도록 해라!"

"하지만 저는 아기를 가질 수 없습니다." 마리아가 대답했다. "저는 아직 남자를 알지 못합니다."

"하나님이 아기를 보내실 것이다. 그는 하나님의 아들이라고 불리게 될 것이다." 천사가 말했다.

마리아가 요셉에게 천사가 찾아왔었다고 이야기하자 요셉은 깜짝 놀랐다. 하지만 요셉은 마리아와 결혼해서 그녀의 출산을 돕기로 했다.

마리아의 아기가 태어나기 얼마 전 아우구스투스 시저는 로마 제국의 인구를 조사하도록 명령했다. 왕은 인구 조사를 좀 더 쉽게 하기 위해 사람들을 각자의 고향으로 돌아가도록 했다. 요셉의 고향은 베들레헴Bethlehem이었다. 그래서 그는 출산이 얼마 남지 않은 마리아를 데리고 나사렛에서 베들레헴으로 떠나야 했다.

그들이 베들레헴에 도착했을 때 마을에는 사람들이 너무 많아서 묵을 곳을 찾을 수가 없었다. 그들은 하는 수 없이 가축을 키우는 마구간을 발견하고 그곳에 짐을 풀었다. 그리고 마리아는 한밤중에 그곳에서 아기를 낳았다. 그들은 천사가 계시한 대로 아기의 이름을 '예수'라 지었다. 요셉은 아기를 깨끗한 리넨 천에 싸서 가축의 먹이를 담는 구유에 눕혔다.

그때 베들레헴 밖에서 양치기들이 양 떼를 돌보면서 들에서 밤을 보내고 있었다. 예수가 태어나자 천사가 그들 앞에 나타났다. 밝은 빛과 함께 천사가 나타나는 것을 보고 양치기들은 겁이 났다. 그러자 천사가 말했다. "두려워 말라! 내가 온 백성에게 미칠 큰 기쁨의 소식을 너희에게 전하노라. 오늘 너희를 위하여 구주가 나셨으니, 그가 곧 주 그리스도시니라! 너희는 리넨 천에 싸여 구유에 누워 있는 아기를 보게 될 것이니라." 그리고 천사의 무리가 양치기들이 있는 들판 위의 하늘에 나타나서 찬송했다. "지극히 높은 곳에서는 하나님께 영광이요! 땅에는 기뻐하심을 입은 사람들 중에 평화로다!"

양치기들은 깜짝 놀랐다. 그들은 별을 따라서 서둘러 아기가 태어난 곳으로 갔다. 그리고는 아기를 본 뒤 밖으로 나가 그들이 보고 들은 것을 모든

예수의 탄생

사람들에게 말했다.

오늘날 많은 사람들이 12월 25일에 예수의 탄생을 기념하고 있어. 우리는 이날을 '크리스마스' 라고 부르지.

십자가에 못 박힌 예수의 부활

예수는 태어난 뒤 30년 동안 유대에서 살았어. 그리고 그 뒤에는 유대를 떠돌아다니면서 하나님이 사람들에게 원하는 것이 무엇인지 가르치기 시작했단다. 그의 가장 유명한 가르침은 산에서 이루어졌어. 그래서 오늘날 사람들은 이 가르침을 일컬어 '산상수훈' 이라고 해. 예수의 가르침 몇 가지를 보면 다음과 같아.

"가난한 자는 복이 있나니 하나님의 나라가 너희 것임이요."
"긍휼히 여기는 자는 복이 있나니 저희가 긍휼히 여김을 받을 것임이요."
"화평케 하는 자는 복이 있나니 저희가 하나님의 아들이라 일컬음을 받을 것임이요."
"누가 너의 뺨을 때리거든 대적하지 마라. 대신 다른 쪽 뺨을 대라."
"네 원수를 사랑하고 너를 미워하는 자들을 위해 기도하라."
"다른 사람을 비판하지 마라. 그러지 않으면 너희가 비판받게 될 것이다."

신약의 《복음서》에는 예수의 가르침이 많이 기록되어 있어. 예수는 유대 사람들에게 매우 인기가 좋았단다. 그의 인기가 얼마나 대단했는지 유대를 통치하는 로마 사람들은 걱정이 되기 시작했어. 예수가 유대 인의 왕이 되려고 마음먹는다면 어찌할 것인가? 유대 인에게 왕이 생기면 더 이상 아우구스투스 시저에게 복종하려 들지 않을 것이었지. 그래서 로마 사람들은 자신들의 권력을 불안하게 만드는 예수를 없애 버리고 싶었단다.

결국 로마 사람들은 유대 지도자들의 도움을 받아 예수를 붙잡았어. 예수에게는 아우구스투스의 법에 복종하지 않았다는 이유로 반역죄가 씌워졌지. 당시 반역죄는 사형에 처해지게 되어 있었어. 예수는 결국 유대의 수도 예루살렘 근처에서 사형당했단다.

복음서에는 예수가 죽은 뒤 어떤 일이 일어났는지에 대해 나와 있어. 다음은 《누가복음》에 나와 있는 이야기야.

예수가 죽은 뒤 사람들은 그의 시신을 바위를 파서 만든 동굴 무덤에 장사 지냈다. 그리고 커다란 돌로 무덤 입구를 막아 놓았다. 그를 사랑했던 추종자들과 사람들은 너무 슬퍼 애통해 하며 눈물을 흘렸다.

예수가 죽은 지 3일 뒤 그를 따르던 여인들이 그의 무덤으로 갔다. 그런데 여인들은 그곳에 도착해서 입구를 막은 커다란 돌이 옮겨져 있는 것을 발견했다. 게다가 무덤은 텅 비어 있었다.

십자가에 못 박힌 예수의 부활

"무슨 일이 일어난 거지?" 그들은 서로에게 물었다. "예수님의 시신이 어디로 간 거지?"

그때 찬란한 옷을 입은 두 천사가 그들 앞에 나타났다. "어찌하여 여기서 예수를 찾고 있느냐?" 천사 하나가 물었다. 여인들이 대답이 없자 천사가 말했다. "그는 여기 계시지 않고 다시 살아나셨느니라!"

여인들은 너무나 놀랐다. 여인들은 돌아가서 예수의 제자들과 다른 모든 사람들에게 그들이 보고 들은 것을 말했다. 그러나 그들의 말을 믿는 사람은 아무도 없었다.

제자들이 여인들에게 들은 이야기를 나누고 있을 때 예수가 몸소 제자들 앞에 나타났다. "너희에게 평화가 있을지어다! 나는 죽은 자가 아니다! 나는 부활하였느니라!" 그가 말했다. 그러고는 그들을 축복하며 말했다. "가서 너희가 본 것을 모든 민족에게 말하여라."

예수의 제자들은 예루살렘을 돌아다니며 이 이야기를 전했단다. 이 이야기는 로마에까지 퍼지게 되었지. 점점 더 많은 사람들이 예수의 부활, 즉 죽음에서 살아났다는 것을 믿었어. 그들은 예수가 하나님의 아들이라고 믿었지. 곧 이 사람들은 '기독교도Christians'라고 불렸단다.

수많은 사람들이 기독교도가 되었기 때문에 오늘날 우리는 예수가 태어난 해를 '주 후(기원 후) 1년'이라고 해. 그리고 예수의 탄생 전(Before Christ)을 'B.C.'라고 한단다. 예수의 탄생 이후는 '하나님의 해(Anno Domini)'를 나타내는 'A.D.' 라고 부르지.

*실제로 예수가 태어난 해는 기원 후 1년보다는 기원전 3년에 더 가깝다고 합니다.

제38장 고향을 잃은 유대 민족

앞에서 기독교의 창시자인 예수에 대해 알아보았어. 로마 인들은 유대 인들이 아우구스투스 시저에게 복종하지 않고 예수를 따르고 복종하게 될까 봐 겁이 나서 예수를 죽였지. 로마 사람은 자신들이 지배하는 나라들이 황제에게 반란을 일으킬까 봐 항상 걱정했단다. 유대 인들은 로마의 통치를 싫어하고 있었어. 그들은 다시 해방되고 싶어 했지.

유대 인들은 오랫동안 다른 나라의 지배를 받아 왔단다. 유대 민족의 조상이 누구인지 기억하지? 아브라함이야. 그는 하란을 떠나 가나안으로 갔지. 거기에서 이삭이라는 아들을 낳고, 이삭은 야곱이라는 아들을 낳았어. 야곱에게는 12명의 아들이 있었는데, 그들은 각자 나름대로의 집안을 이루었지. 아브라함의 후손은 하나의 민족을 이룰 만큼 많아졌지. 그들은 '이스라엘 민족' 혹은 '유대 인'이라고 불렸어.

야곱은 아들 요셉을 다른 아들보다 특히 사랑했지. 그래서 요셉을 시기한 다른 11명의 아들들이 그를 노예로 팔아 버렸어. 요셉은 이집트로 팔려 갔지만 얼마 지나지 않아 이스라엘 민족도 그가 있는 이집트로 가게 되었지. 흉년이 들어 그들에게는 먹을 것이 없었지만 이집트에는 곡식이 넉넉했기 때문이야.

이집트로 간 이스라엘 민족은 오랫동안 그곳에서 살았어. 그러나 요셉의 고마움을 모르는 파라오가 그들을 노예로 만들어 버렸어. 결국 모세가 등장해 그들을 이집트에서 해방시켜 가나안으로 돌아갔지. 유대 인은 아시리아가 쳐들어와 그들의 땅으로 잡아갈 때까지 가나안에서 살았어. 그런데 아시리아는 바빌로니아에게 정복당했어. 바빌로니아 사람들은 아시리아에 있던 유대 인을 바빌론으로 데리고 갔지. 그 뒤 페르시아와 바빌론의 어진 왕인 키루스 왕이 유대 인을 고향인 가나안으로 돌아갈 수 있도록 허락해 주었어.

이렇게 유대 인은 고대의 여러 나라를 떠돌아야 했어. 키루스 왕에 의해 고향으로 돌아간 뒤 그들은 자기 나라에 머물면서 평화롭게 살기를 바랐지.

그러나 이제 그들은 로마의 지배를 받고 있었어. 로마 사람들이 그들에게 무엇을 해야 하는지 지시했고 높은 세금을 요구했어. 유대 인들은 더 이상 복종하기를 거부하기 시작했지. 그들은 유대에 있는 로마 인 지배자의 집에 불을 질렀고, 일부 무장한 유대 인들은 로마 병사들을 공격하기도 했어. 예루살렘에 있는 유대 사람과 로마 사람들 사이의 싸움이 점점 더 격렬해졌지. 이 소식을 들은 로마 황제는 유대 인의 수도인 예루살렘을 파괴해 버리라는 명령과 함께 더 많은 병사를 보냈어.

그런데 예루살렘은 유대 인에게 매우 중요한 도시였지. 도시라기보다는 하나님을 숭배하는 성전(신전)이나 마찬가지였어. 그러나 로마 병사들의 공격으로 성전이 불타 버렸지. 성전 안에는 금과 은으로 만든 아름다운 장식들이 많이 있었어. 고대 역사학자의 말에 따르면, 성전이 불에 탈 때 녹은 금과 은이 성전의 기반 역할을 하는 거대한 돌 사이의 틈으로 흘러 들어갔는데, 이 보물을 탐낸 로마의 병사들이 쇠지레를 이용하여 돌을 쪼갰다는 거야. 이 때문에 성전은 완전히 파괴되어 버린 거지. 그리고 나서 로마 인들은 유대 인들을 예루살렘에서 쫓아냈단다. 이제 유대 인들은 신을 숭배할 성전도 없어졌고 수도는 물론 나라까지 잃게 되었어. 그들은 사방으로 흩어졌지. 유대 인들은 현대에 이르러서야 간신히 가나안 땅으로 돌아갈 수 있었단다.

로마 제국의 전성기

제39장 로마와 기독교

기독교도를 박해하는 네로 황제

아우구스투스 시저는 훌륭한 황제였어. 시민들은 그를 사랑했고 군대도 그에게 복종했단다. 그의 통치 기간은 로마의 황금 시대였지.

그러나 아우구스투스가 죽은 뒤 그의 뒤를 이은 황제들 모두가 그처럼 훌륭했던 것은 아니야. 그들은 백성을 잔인하게 다스렸어. 그들은 점점 더 부유해졌지만 나라를 다스리는 것보다는 자신을 위해 더 많은 돈을 썼지. 로마 사람들은 점점 더 가난해졌단다. 로마의 황제는 군대도 지휘해야 했지. 하지만 아우구스투스 시저 이후로 황제들의 지휘 능력은 별 볼일 없었기 때문에 군대는 황제의 명령에 복종하려 하지 않았어. 어떤 로마의 황제는 자신이 타고 다니는 말을 집정관으로 삼아, 사람들이 말의 명령을 따라야 한다고 선포하기도 했단다.

그 중에서도 가장 최악의 황제는 바로 네로Nero였어. 네로는 자신의 생각에 동의하지 않는 사람은 누구를 막론하고 살해했단다. 그가 가장 좋아하는 취미는 리라를 연주하는 것이었어. 네로의 리라 연주 실력은 별로 좋지 않았지만 누구도 감히 그렇다고 말할 수 없었지. 사람들은 모두 그 끔찍한 연주를 칭찬해 주었단다. 네로는 이렇게 말하곤 했어. "내가 죽으면 음악계에 얼마나 큰 손실이겠는가!" 로마 사람들은 어쩔 수 없이 그의 말에 맞장구를 쳤단다. 그러지 않으면 목숨이 위태롭기 때문이었지.

네로가 황제의 자리에 오른 지 10년이 지난 어느 날, 그는 로마를 떠나 휴가를 가기로 했단다. 그는 좋아하는 친구들을 초대해서 시골에 있는 별장으로 갔어. 그들은 몇 날 며칠 동안 계속 파티를 했지.

그 사이 로마는 불타고 있었단다! 불은 늦은 밤 어둡고 더러운 로마 거리에 있는 낡은 목조 건물에서 시작되었어. 불이 어떻게 난 건지 정확히 아는 사람은 없었어. 그러나 그곳에 사는 가난한 사람들이 추위를 물리치기 위해 종종 작은 모닥불을 피웠지. 어쩌면 이들 모닥불에서 석탄 덩어리 하나가 튀어나와 마른 나무 바닥에 떨어진 것인지도 몰라. 석탄에서 마루 바닥으로 불이 붙고, 불은 벽으로 번져서 건물 전체로 퍼졌지. 그리고 불길은 옆집으로까지 번져 나갔지.

로마 전체가 금세 불길에 휩싸였어. 불길은 계속 번져 가 돌 벽에까지 이르렀지. 로마의 부자들은 자신들의 잘 사는 지역으로 불이 번지는 것을 막기 위해 돌로 벽을 쌓아 놓았지. 그러나 불은 돌 벽보다 더 강했어. 불길은 벽을 뛰어넘어 계속 번져 나갔단다.

로마 사람들은 이것을 로마 역사상 최악의 화재라고 생각했어. 그들은 네로에게 화재 소식을 알리기 위해 사자를 보냈지. 사자는 급히 말을 달려 네로와 친구들이 파티를 벌이고 있는 시골에 도착했단다.

"폐하!" 사자가 큰 소리로 외쳤어. "폐하의 도시가 불타고 있습니다!"

그러나 네로는 아무 대답도 하지 않고 파티를 망치기 전에 물러가라고 명령했어. 그리고 며칠 동안 로마로 돌아오지 않았단다.

마침내 로마로 돌아온 네로는 백성들이 자신을 기다리고 있었다는 것을 알았지. 수백 가구의 사람들이 화재로 집과 재산을 잃었고 춥고 배고팠어. 그들은 네로에게 도움을 청했단다. "위대한 선조이신 아우구스투스 시저를 생각해 보십시오." 그들은 큰 소리로 말했어. "그분은 로마에 있는 모든 불쌍한 사람들에게 돈을 나눠 주었습니다. 폐하는 부자이시니 저희를 도와주실 수 있을 것입니다!"

네로는 불쌍하고 집 없는 사람들의 말을 무시하고 이렇게 말했단다. "불이 꼴사납고 낡은 집들을 깨끗이 치우고 내게 새 건물을 지을 자리를 남겨 주었구나. 집들이 있던 땅에 새 건물을 지어야겠다. 나를 위해 더 큰 궁전을 새로 짓겠다."

로마 사람들은 분노했어. 곧 네로는 자신이 실수했다는 사실을 깨달았지. 로마 사람들은 곧 반란을 일으켜 그를 왕위에서 쫓아내려 했어. 네로는 화재의 죄를 뒤집어씌울 누군가를 찾아야만 했어. 그것도 당장에 말이야.

"누가 로마에 불을 질렀는지 알겠다!" 그가 로마 사람들에게 말했어. "저 기독교도들이다! 그들이 딴마음을 품고 불을 지른 것이다!"

물론 기독교도들은 불을 지르지 않았어. 그러나 많은 사람들이 네로의 거짓말을 믿었지. 로마 사람들은 기독교도를 박해하기 시작했어. 많은 기독교도가 체포되어 처형당했단다. 검투사 경기장에서 싸워야 했던 기독교도도 있었고, 야생 동물에게 죽음을 당한 기독교도도 있었어. 기독교도에 대한 네로의 잔인함은 그 자신의 이기심에서 나온 것이었단다.

지하로 쫓겨 간 기독교도

로마 사람들은 달아난 노예, 범죄자, 기독교도들에게 야생 동물과 싸우게 하는 벌을 내렸어. 하지만 기독교도가 되는 게 무슨 잘못이지?

로마 제국에서는 기독교도가 되는 것이 하나의 범죄였어. 로마 제국은 "우리가 신이니 우리에게 복종하라!"라는 말로 사람들을 통치하고 있었지. 황제는 자신이 신들의 왕 조베Jove의 후손이라고 주장했어. 로마에서는 매년 황제를 받드는 특별한 축제가 열렸는데, 이 축제에서 모든 로마 사람이 황제를 숭배하고, 그에게만 복종을 바치겠다고 약속해야 했지.

하지만 기독교도들은 이것을 거부했단다. "우리는 오직 하나님만을 숭배한다!" 그들은 로마 사람들에게 말했어. "우리는 단지 인간에 불과한 사람에게 절대 절하지 않을 것이다! 황제는 신이 아니다. 그를 위해 기도하겠지만 그를 숭배하지는 않을 것이다."

로마의 황제들은 몹시 화가 났어. 자신들에게 복종하지 않는 기독교도를 그대로 두면 다른 로마 사람들도 똑같이 행동할지 모르는 일이었지. 그래서 황제들은 기독교도를 붙잡아 감옥에 처넣으라고 명령했어. 많은 기독교도가 감옥에 갇혔고, 사자와 싸워야 했단다.

기독교도는 이러한 박해가 두려웠어. 그래서 그들은 공개적인 모임을 삼가고 대신 로마를 비롯하여 여러 도시의 땅 밑으로 지하 통로를 팠어. 그들은 그 지하 통로에서 비밀리에 종교 모임을 가졌지. 이 지하 통로를 카타콤catacomb이라고 해. 기독교도들은 카타콤에 그들의 시체를 묻기도 했단다. 지하 통로는 어둡고 습했기 때문에 바닥에는 돌을 늘어놓았고 횃불로 불을 밝혔어. 모퉁이마다 살금살금 걸어 다니는 기독교도의 그림자가 보였어. 기독교도들은 그나마 지하에 있을 때가 안전했지.

이러한 비밀 모임은 사람들로 하여금 기독교도에 대해 더욱 의심하게 만들었어. 기독교도들이 지하에 모여 무엇을 하는 걸까? 기독교도들이 로마 제국에 홍수와 굶주림을 내려 달라고 빌고 있을 거야. 정부를 뒤엎을 계획을 세우고 있는지도 몰라. "해를 일으킬지도 모르는 이 새 종교를 없애 버려야겠소." 로마의 한 원로가 다른 원로들에게 이렇게 편지를 썼어. "그러지 않으면 로마 사람들은 더 이상 황제를 숭배하지 않게 될 것이오."

물론 기독교도들은 홍수와 굶주림을 내려 달라고 빌지도 않았고, 정부를 뒤엎으려고 계획한 적도 없었어. 그들은 단지 예수와 그의 가르침에 대해 조용히 이야기를 나누려고 모이는 것뿐이었지. 그들은 자신들에게 아무 잘못도 없다고 황제에게 항의했어.

하지만 소용없는 일이었단다. 로마의 황제들은 기독교도들을 계속 잡아들였어. 이제 기독교도들은 잘 아는 사람이 아니면 "나는 기독교도요!"라고 말하는 것조

지하로 쫓겨 간 기독교도

차 두려워하게 되었단다. 자신이 기독교도라고 말했다가 쥐도 새도 모르게 끌려가 감옥에서 죽게 될지도 몰랐기 때문이야.

그래서 그들은 물고기처럼 생긴 자신들만의 비밀 표시를 만들었어. 기독교도들은 잘 모르는 사람을 만났을 때 벽이나 발 밑의 모래, 또는 종이 끄트머리에 물고기를 그렸지. 상대방이 기독교도면 그 사람도 물고기를 그렸단다. 그러면 두 사람은 상대가 기독교도라는 것을 확인한 뒤 마음 놓고 서로 이야기를 나눌 수 있게 되는 거야.

기독교도들이 로마 제국의 도시 밑으로 파 놓은 카타콤을 오늘날에도 볼 수 있어. 고대 기독교도들의 시신이 들어 있는 카타콤도 있고, 기독교도들이 그려 놓은 예수의 모습이 있는 카타콤도 있어. 고고학자들은 기독교도들이 서로에게 보냈던 비밀 표시인 물고기가 벽에 새겨져 있는 것도 발견했단다.

기독교도가 된 황제

로마 황제들의 기독교 박해는 콘스탄티누스Constantinus가 황제가 될 때까지 계속되었단다. 콘스탄티누스는 공정한 사람이었어. 그는 로마의 신 아폴로를 숭배했지만 숭배하는 신이 다르다는 이유로 사람들을 감옥에 넣는 일은 옳지 못하다고 생각했어. 그래서 모든 박해를 멈추도록 했단다. 이제 기독교도들은 더 이상 기독교도라는 이유만으로 붙잡히지 않게 되었지.

원래 콘스탄티누스는 아폴로를 숭배했어. 그러던 그에게 뭔가 이상한 일이 생겼지. 고대의 작가들은 저마다 콘스탄티누스에 대해 서로 다른 이야기를 하고 있어. 그가 꿈을 꾸었다고 말하는 사람도 있고 환상을 봤다고 말하는 사람도 있지. 그러나 콘스탄티누스가 무엇을 보았든 사람들은 다음 사실에 동의했지. 바로 '황제가 기독교도가 되었다'는 거야.

그런데 콘스탄티누스는 무엇을 보았을까? 한 로마 작가는 콘스탄티누스의 환상에 대해 이런 이야기를 했단다.

콘스탄티누스가 그의 인생에서 가장 중요한 전투를 치르고 있을 때였다. 그는 몇 개월째 적과 싸우고 있었지만 승리를 확신할 수가 없었다. 다가오는 전투가 마지막 희망이었다. 과연 그가 이길 것인가? 로마 제국은 안전하게 남아 있을 것인가? 아니면 전투에 패하여 적에게 쫓기다 항복하고 말 것인가? 그는 내일 전투의 결과를 알고 싶었다. 내일이면 밀비안 다리Milvian Bridge에서 적과 부딪히게 될 것이 분명했다.

그는 자신의 군대를 돌아보았다. 그들은 침입자들에 맞서 열심히 싸웠고 승리를 거두었다. 그러나 지금 그들은 너무 지쳐서 걸을 힘조차 남아 있지 않았다. 병사들의 발은 상처를 입었고 발뒤꿈치는 물집투성이였으며, 어깨에 걸친 갑옷의 무게에 짓눌리고 있었다.

콘스탄티누스는 구름 낀 잿빛 하늘을 올려다보았다. 금방이라도 비가 쏟아질 것 같았다. 병사들은 지치고 용기를 잃어 갔고, 이제 비까지 온다면 더욱 의기소침해질 것은 뻔한 일이었다. 그들은 쏟아지는 빗속에서 막사를 세워야 할 것이고, 다음 날 아침에 있을 전투를 위해 제대로 쉬지도 못할 것 같았다.

그때 옆에 있던 한 병사가 말했다. "보십시오. 태양이 나오고 있습니다."

콘스탄티누스는 눈을 가늘게 뜨고 하늘을 쳐다보았다. 점점 밝아졌다.

"저건 태양이 아니다." 그가 말했다. "저게 뭐지? 저건…… 저건 십자가처럼 생겼는걸!"

콘스탄티누스와 병사들은 입을 다물지 못하고 하늘을 쳐다보았다. 그들의 머리 바로 위에 찬란한 빛을 내뿜는 십자가가 떠 있었다. 그것은 점점 더 커지고 점점 더 밝아졌다. 십자가에서 나오는 빛이 병사들의 지친 얼굴을 비추었다. 그들은 눈을 깜박이며 손으로 눈을 가려야 했다. 그들 주변의 풀이 빛을 받아 반짝거렸다.

십자가 밑으로 하늘을 가로질러 불타는 듯한 글자들이 나타났다. 콘스탄티누스는 그것을 읽었다. '이 표시로 너희는 승리할 것이다.'

"저건 기독교의 십자가다!" 콘스탄티누스는 놀라서 말했다.

"저게 무슨 뜻일까요?" 병사들이 물었다.

"우리가 하나님을 위해 싸워야 한다는 뜻이다. 기독교도들의 하나님 말이다!"

병사들이 밤에 막사를 세우자 콘스탄티누스는 명령을 내렸다. "모든 병사들은 자신의 방패에 기독교의 표시를 새기도록 하라. 그렇게 한 뒤에야 전투에 나가게 될 것이다!"

그래서 병사들은 각자 예수의 이름을 상징하는 그리스 글자를 방패에 새겼다. 전투가 시작되자 콘스탄티누스는 하나님의 이름이 새겨진 깃발 아래서 맹렬히 공격했다. 마침내 콘스탄티누스의 군대는 밀비안 다리 전투에서 승리를 거두었다. 승리한 콘스탄티누스는 다리 위에 서서 자신의 칼을 하늘로 들어 올리며 큰 소리로 말했다. "기독교의 하나님이 내게 이 승리를 주셨다! 이제부터 나는 언제나 하나님의 깃발을 들고 전투에 나갈 것이다. 그리고 나는 하나님만을 숭배할 것이다!"

콘스탄티누스는 이 전투에서 승리한 뒤 기독교도가 되었단다. 그는 기독교의 하나님이 적을 물리칠 수 있도록 자신을 도왔다고 믿었어. 그 뒤 콘스탄티누스 황제는 사람들이 교회에 나갈 수 있도록 일요일을 공휴일로 만들었지. 그리고 로마 제국의 많은 사람들이 그들의 황제를 따라서 기독교로 개종하였단다.

콘스탄티누스가 기독교도가 된 뒤, 그는 더 이상 로마가 로마 제국의 수도가 될 수 없다고 결론을 내렸어. 이제 로마는 곧 무너질 것만 같은 더럽고 낡은 도시였지. 그래서 콘스탄티누스는 로마 제국의 수도를 자신의 이름을 따서 지은 콘스탄티노플Constantinople이라는 도시로 옮겼어. 이제부터 로마가 아니라 콘스탄티노플이 로마의 힘의 중심이 된 거야. 그러나 그 힘은 오래가지 못했단다.

제40장 기울어 가는 로마

브리튼의 반란

줄리어스 시저와 아우구스투스 시저가 제국을 통치할 때 로마는 강하고 번성했지. 그러나 네로와 같은 악명 높은 황제들이 통치를 하면서 로마는 약해지기 시작했어. 설상가상으로 로마가 정복했던 나라들이 로마의 지배에서 벗어나기 위해 반란을 일으키기 시작했지. 그들은 독립을 원했어.

특히 브리튼 섬에 살고 있던 켈트 족은 로마의 지배를 너무나도 싫어했어. 로마가 브리튼 섬 전체를 통치한 것은 아니었어. 로마의 법에 복종하고 로마에 세금을 바친 켈트 족도 있었지만, 끝까지 저항한 켈트 족도 있었지.

이렇게 저항한 켈트 족 중에서 특히 로마를 화나게 했던 부족이 하나 있었단다. 그들의 지도자는 여자였어. 바로 이 점이 로마를 더욱 화나게 했지. 고대 시대에 여자란 용감하거나 강한 존재가 아니었어. 남자들은 여자한테 지는 것을 아주 수치스러운 일이라고 생각했지.

그러나 이 켈트 족의 우두머리는 평범한 여자가 아니었어. 그녀는 보디세아 Boadicea라는 이름의 힘센 여전사였단다. 그녀는 남자보다 훨씬 키가 컸고 목소리도 크고 강해서 산이 쩌렁쩌렁 울릴 정도였지. 그녀의 눈은 사납고 날카로웠고 숱 많은 갈색 머리카락은 치렁치렁 허리까지 내려왔어. 몸에는 물결치는 격자 무늬 망토와 황금 목걸이를 걸치고 있었단다.

보디세아는 자신의 부족이 로마의 일부가 되는 것을 거부했어. 그녀는 켈트 족을 이끌고 로마 인 거주지를 습격하곤 했단다. 로마 사람들은 그들의 공격을 막아 낼 힘이 없었어. 그녀는 브리튼 섬에서 가장 큰 로마 인 거주지인 론디니움 Londinium이라는 도시를 공격하기도 했어. 이 로마 인 거주지는 나중에 런던 London이라는 도시가 되었단다.

곧 브리튼에 사는 로마 사람들은 보디세아와 그녀의 전차를 무서워하게 되었어. 그러던 차에 론디니움에 살고 있는 로마 시민들 사이에 이상한 소문이 퍼지기 시작했단다. 로마가 켈트 족에게 패할 징조를 보았다는 거야. 건드리지도 않았는데 승리의 상 얼굴이 떨어져 버렸는가 하면, 어떤 여자는 바다가 피처럼 빨갛게 변하는 것을 보았다고 했어. 어떤 사람들은 론디니움 근처의 폐허에서 유령의 마을을 보았다고 했고, 어떤 사람들은 텅 빈 로마 사람들의 극장에서 이상한 비명을 들었다고 했어.

정말로 이런 이상한 일들이 일어난 것일까? 이런 일들은 실제 일어나지 않았을 수도 있어. 하지만 이 이야기들은 로마 사람들이 보디세아에 대해 얼마나 신경을 곤두세우고 있었는지를 잘 말해 주고 있지.

보디세아는 점점 더 많은 켈트 족 전사들을 모았어. 곧 10만 명의 전사들이 1만

명의 로마 병사들을 공격하기 위해 진격해 내려갔어. 이 말은 1명의 로마 병사가 상대해야 하는 브리튼 전사 수가 10명이나 된다는 뜻이야. 보디세아는 마지막 공격을 하기 전에 말을 타고 돌며 자신의 전사들을 향해 유명한 연설을 했단다. "우리 브리튼 사람은 여자의 지휘를 받는 일이 낯설지 않다!" 그녀는 큰 소리로 외쳤어. "신은 우리에게 로마의 침입자들에게 복수할 기회를 주실 것이다! 나는 이 전투를 승리로 이끌 것이다. 승리하지 못한다면 죽을 것이다. 로마 사람들 밑에서 노예처럼 살고 싶은 사람이 있다면 그렇게 해도 좋다. 하지만 나는 노예로 살기를 거부한다!"

이윽고 켈트 족의 공격이 시작되었어. 그들은 아무 계획도 없이 전투를 시작했지. 각각의 병사들은 자기 나름대로 치밀한 작전을 짜서 전속력으로 돌격했어. 그러나 로마 병사들 또한 하나로 똘똘 뭉쳐 있었어. 그들은 장군의 명령을 따라 일사분란하게 움직였지. 로마 병사들은 수적인 열세에도 불구하고 승리를 거두었단다.

그러나 브리튼에서의 승리는 오래 지속되지 못했어. 곧 로마 사람들은 모두 브리튼을 떠나야 했지. 오늘날 브리튼(영국)에 가 보면 폐허가 된 로마 사람들의 성벽과 도로를 볼 수 있어. 그 폐허들은 브리튼에 있던 로마 인 거주지에서 남겨진 것들이란다.

*보디세아의 로마에 대한 반란은 A.D. 61~63년에 일어났습니다. 로마가 약해지고 있다는 개념을 도입하기 위해 연대기 순서와 상관없이 이 이야기를 조금 소개한 것입니다.

브리튼의 반란 405

둘로 나뉜 로마

로마 제국은 영원히 지속되지 않았어. 오늘날 이탈리아에 가 보면 폐허가 된 오래된 로마 건물들과 도로를 볼 수 있어. 하지만 고대 로마의 모습은 찾아볼 수 없단다.

로마 제국에 무슨 일이 일어났던 것일까? 로마 제국은 굉장히 넓었단다. 그 국경선은 하나의 군대가 지키기에 벅찰 정도로 길었지. 로마의 병사들은 로마의 영토로 넘어 들어오는 침입자들을 모두 막아 낼 수 없었단다. 그리고 점점 더 많은 침입자들이 로마 제국을 넘보기 시작했어.

로마를 통치하는 일은 굶주린 사람들 틈에서 커다란 막대 사탕을 가지고 있는 것과 비슷했어. 모두 막대 사탕을 빼앗고 싶어 했지. 로마 황제들은 계속해서 침입자들을 상대로 싸워야 했어. 그 침입자들은 로마의 영토와 부를 원했단다. 그들은 로마의 도로를 사용하고 싶었고, 로마의 마을에서 살고 싶었어. 하지만 로마의 황제에게 복종하거나 로마 정부에 세금을 바치고 싶지는 않았지. 그래서 그들은 로마의 영토를 빼앗기 위해 군대를 이끌고 국경 지역을 공격했단다. 로마 황제들은 침입자를 막는 데 항상 신경을 써야 했어. 하지만 로마의 영토가 너무나 넓었기 때문에 모든 침입자를 막아 내는 일은 불가능했단다.

로마를 통치하는 일이 배고픈 사람들 틈에서 막대 사탕을 들고 있는 일과 같았다면, 로마 제국 전체를 통치하는 일은 자동차만큼이나 큰 막대 사탕을 가지고 있는 것과 같았어. 자동차만 한 막대 사탕을 어떻게 전부 지켜 낼 수 있겠니? 사탕의 한쪽을 지키고 있으면 그사이 배고픈 사람들이 다른 쪽으로 살금살금 다가가서 사탕을 베어 먹어. 그래서 그쪽을 지키려고 달려가면 이제는 이쪽을 지킬 수 없게 되는 거지.

그렇게 큰 막대 사탕을 어떻게 지킬 수 있을까? 뭐 생각나는 거 없니? 여기 한 가지 방법이 있어. 막대 사탕을 두 개로 나누어 나머지 한쪽을 믿을 만한 사람에게 맡기는 거야. 로마 제국에서 바로 그런 일이 일어났지. 디오클레티아누스Diocletianus라는 총명한 황제가 어떤 지배자라도 로마 전체를 안전하게 지켜 낼 수 없다는 사실을 깨달았지.

"이 제국은 한 사람이 통치하기에 너무 크오!" 그가 말했어. "나는 이 제국을 둘로 나누어서 나머지 반을 다른 사람에게 맡기겠소."

그래서 디오클레티아누스는 막시미아누스Maximianus라는 로마의 지도자에게 자신의 파트너가 되어 달라고 부탁했어. 막시미아누스는 로마 제국의 서쪽 지방을 통치했고, 디오클레티아누스는 나머지 동쪽을 지배했지.

이제 로마에는 두 명의 황제가 있는 거였어. 디오클레티아누스와 막시미아누스는 로마를 지키기 위해 열심히 노력했어. 각자 군대를 가지고 있었고, 자신의 군대를 더 크게 만들기 위해 병사들을 모집했지. 얼마 동안 로마는 침입자를 잘 막아 냈단다. 로마 제국은 잘 돌아가는 것처럼 보였지. 결국 로마는 서로마 제국 Western Roman Empire의 수도가 되었고, 콘스탄티노플이라는 도시는 동로마

둘로 나뉜 로마 407

제국Eastern Roman Empire의 수도가 되었어.

그런데 로마에 이상한 일이 생겼어. 서로마 제국은 점점 더 가난해진 반면, 동로마 제국은 점점 더 부유해졌지. 서로마 제국의 사람들은 먹을 것을 구하는 일조차 힘들게 되어 동로마에서 먹을 것을 사야 했어. 한때 세계에서 가장 크고 화려했던 로마조차 초라한 도시로 변하기 시작했지. 반대로 콘스탄티노플은 황금빛 장식을 한 대리석 건물들로 가득한 화려하고 아름다운 도시가 되었어.

서로마 제국의 황제에게는 또 다른 걱정거리가 있었단다. 침입자들이 북쪽 경계선을 넘어 자주 공격해 왔던 거야. 하지만 서로마의 군대는 너무 약해서 이 침입자들을 물리칠 수 없었어. 서로마 제국 사람들은 그 침입자들이 로마의 언어를 이해하지 못한다는 이유로 그들을 '야만인babarian'이라고 불렀단다. 그리고 닥치는 대로 정복해 버리는 그 야만인들을 무서워했어.

서로마 제국의 군대는 그들을 몰아내려고 애썼지만 야만인들은 끊임없이 침입해 왔지. 그들은 브리튼을 침략했고, 갈리아와 스페인도 침략했어. 그리고 곧 이탈리아에도 침입해 왔단다.

제41장 이민족의 로마 침입

훈 족의 왕 아틸라

훈 족Huns이라 불린 야만인들은 로마 제국을 휩쓸고 다녔어. 그들은 튼튼한 갑옷을 입고 강하고 빠른 군마를 타고 달리면서 정확한 활 솜씨를 자랑했지. 그들은 북쪽의 중앙아시아에서 내려왔단다.

그들은 승승장구했어. 로마 제국의 모든 국경 지역에 살고 있는 사람들에게 이 야만인 훈 족에 대한 무서운 소문이 들려왔지. 로마의 한 역사가는 훈 족에 대해 이렇게 썼어. "훈 족은 이 세상에서 가장 못생긴 족속이다. 그들은 들판에서 구할 수 있는 뿌리를 먹고 산다. 게다가 고기를 요리해서 먹을 줄도 모른다. 그들은 말 안장과 말 등 사이에 날고기를 넣은 채 하루 종일 말을 타고 돌아다니다가 그 날고기를 그대로 먹는다!" 훈 족은 아기가 태어나면 걷기도 전에 말 타는 법부터 가르쳤어. 훈 족의 아이들은 학교에 가지 않았지. 대신 전속력으로 달리는 말 위에서 활 쏘는 법을 배웠단다.

가장 무서운 야만인은 훈 족의 왕 아틸라Attila였어. 아틸라는 훈 족의 군대를 이끌고 서로마 제국과 동로마 제국 양쪽을 다 공격했단다. 그가 너무나도 막강했기

훈 족의 왕 아틸라

때문에 로마 사람들은 그를 '신이 내린 천벌'이라고 불렀어. 신이 훈 족의 아틸라를 보내 로마 제국을 공격하도록 함으로써 자신들을 벌하는 것이라고 생각했지.

서 로마 제국의 황제와 그의 신하들은 아틸라를 몰아낼 방법을 찾아내려고 애썼단다. 그러나 황제의 여동생 호노리아Honoria의 생각은 달랐어. 호노리아는 로마 궁전에서의 생활이 지루했지. 그녀는 훌륭한 아가씨가 되는 일을 지겹게 생각하고 있었어. 그런데 오빠인 황제는 그녀가 알지도 못하는 허약하고 못생긴 남자와 결혼하기를 바라고 있었단다. 오빠가 말했어. "네가 그 사람과 결혼하지 않는다면 너를 감옥에 집어넣겠다!"

그래서 호노리아는 훈 족의 아틸라에게 편지를 썼어. "와서 저를 구해 주세요! 그렇게만 해 준다면 당신과 결혼하겠어요!" 그녀는 하인을 시켜 가장 아끼는 반지와 함께 이 편지를 아틸라에게 전하도록 했단다.

하인은 며칠 동안 말을 달려 아틸라의 군대가 있는 곳에 이르렀어. 아틸라의 군대는 서 로마 제국의 국경선에 주둔하고 있었지. 아틸라는 호노리아의 편지를 받자 '로마를 침입할 아주 좋은 기회야!' 라고 생각했어. 그는 황제에게 전갈을 보냈단다. "황제의 누이 호노리아와 결혼하기로 약속했소. 결혼 선물로 당신 제국의 절

반을 원하오. 지금 당장 그것을 가지러 가겠소!"

아틸라와 부하들은 갈리아를 지나 마침내 이탈리아로 진군해 내려갔어. 그들은 가는 길에 만나는 도시들을 정복하고 닥치는 대로 불태웠단다. 황제는 아틸라에게 화친을 청했어. 침입하지만 않는다면 대신 거액의 돈을 지불한다는 조건이었지. 그리고 해마다 아틸라에게 돈을 보낼 것을 약속했단다.

아틸라는 더 이상 로마로 진격하지 않았어. 하지만 이탈리아를 벗어나던 아틸라는 "호노리아를 내 아내로 보내 주길 바란다. 그러지 않으면 다시 돌아올 것이다."라고 경고했지. 그는 조만간 다시 이탈리아로 돌아와 아내와 자신의 새 왕국을 요구할 것임을 내비쳤단다.

그러나 아틸라는 이탈리아로 다시 돌아가기 전에 비출혈(코피)로 죽고 말았어. 그는 황제의 여동생 호노리아와 결혼도 하지 못했지.

아틸라의 부하들은 그의 시신을 금관에 넣었어. 그들은 그 금관을 은관에 넣고, 그 은관을 다시 쇠로 된 관에 넣었지. 그리고 한밤중에 땅에 묻었단다. 그런 다음 무덤을 파는 일을 거들었던 노예들을 모두 죽여 버렸어. 그래서 아틸라가 어디에 묻혔는지 아무도 몰라. 훈 족의 왕 아틸라의 무덤은 오늘날까지도 어디에 있는지 찾지 못하고 있단다.

로마 인과 야만족 사이에서 태어난 스틸리코

훈 족은 막강한 야만족이었어. 그러나 다뉴브 강Danube River 근처에 살았던 야만족 서고트 족Visigoths도 만만치 않았단다. 서로마 제국의 군대는 서고트 족, 훈 족 외에도 여러 야만족들과 오랫동안 싸웠어. 어떤 야만족들은 로마의 생활 방식을 좋아하게 되었지. 그들은 싸움을 그만두고 로마 인 마을에 정착하거나, 때로는 편을 바꾸어 로마를 위해 싸우기도 했단다.

한 야만족 우두머리도 로마 편이 되어 로마 여자와 결혼하여 정착했지. 로마 인 여자의 이름은 잘 모르지만 그녀의 아들 스틸리코Stilicho에 대해서는 잘 알려져 있어.

스틸리코는 야만인 아버지와 로마 인 어머니 사이에서 자랐어. 하지만 스틸리코는 자신을 완전한 로마 인이라고 생각했지. 그는 야만족의 침입으로부터 로마의 영토를 지키기 위해 싸우길 원했던 애국자였어. 그는 청년이 되었을 때 로마 도시를 여행하다가 로마 군대에 들어갔단다. 스틸리코는 용감한 군인이었고 황제의 충실한 신하였어.

곧 스틸리코는 황제의 관심을 받게 되었지. 황제는 스틸리코를 다른 나라에 특사로 보내기도 했어. 그러던 중 스틸리코는 황제의 딸 세레나Serena와 사랑에 빠지게 되었단다. 마침내 그들은 결혼했고, 야만족의 피가 흐르는 스틸리코는 황실의 가족이 되었어.

황제는 로마 군대 전체의 통치권을 스틸리코에게 주었어. 어느 날 황제가 그를 불러 말했어. "스틸리코! 서고트 족이 로마에 침입하려 하고 있다. 그들을 쫓아내라. 가서 서고트 족을 없애 버리고 로마를 안전하게 지키도록 해라!"

스틸리코는 그 일을 받아들였어. 그는 서고트 족의 침입을 막기 위해 군대를 이끌고 나갔단다. 서고트 족과 로마 군대는 몇 번이고 전투를 되풀이했어. 로마의 병사들은 매번 서고트 족에게 승리했지만 서고트 족을 완전히 없앨 수는 없었지. 서고트 족이 전투가 끝나면 물러가서 휴식을 취한 뒤 새로운 말과 사람을 이끌고 다시 싸움을 하러 돌아왔기 때문이야. 로마 군대는 슬슬 지치기 시작했어.

스틸리코는 로마로 돌아왔어. "서고트 족을 완전히 격퇴시키지 못했습니다." 그가 로마 시민들에게 말했어. "하지만 4천 파운드의 금을 보내면 그들은 더 이상 침입하지 않을 것입니다."

"4천 파운드라고!" 사람들은 어처구니없어 했어. "그 돈을 주면 우린 더 가난해지겠군."

스틸리코가 말했어. "하지만 그 돈을 보내지 않으면 서고트 족은 계속 우리를 공격할 것이고, 로마는 마침내 그들의 손에 넘어가게 될 것입니다."

결국 로마 사람들은 스틸리코의 말에 따랐어. 서고트 족은 금을 받고 곧 로마 영토를 떠났지. 하지만 이제 로마 사람들은 더 가난하고 더 배고프게 되었어. 사람들은 스틸리코가 서고트 족을 무찌르지 못한 것에 대해 원망하기 시작했지. 서고트 족에게 금을 주자고 한 사람이 그였기 때문에 그를 괘씸하게 생각했단다.

곧 사람들은 스틸리코에 대해 수군거리기 시작했어. "스틸리코는 야만족을 정복하려고 별로 노력하지 않았다던데!" 사람들은 중얼거렸어. "그는 야만족들에게 도망갈 길을 터 주었어. 그가 정말 열의가 있었다면 그깟 야만족 물리치기는 식은 죽 먹기였을 거야. 스틸리코는 자기한테도 야만족의 피가 흐르고 있으니까 놈들을 살려 준 거야! 그는 로마의 반역자야! 우리가 금을 놈들에게 보내야 했던 건 그놈 잘못이라고!"

스틸리코는 변명하려고 애썼단다. "나는 최선을 다했습니다! 나는 로마의 성실하고 충실한 신하입니다! 하지만 우리 군대는 옛날만큼 강하지 않습니다. 어떤 장군도 서고트 족을 물리칠 수 없을 것입니다. 그들에게 금을 보내는 것이 유일한 방법이었습니다!"

그러나 로마 사람들은 그의 말에 귀를 기울이지 않았어. 그들은 스틸리코를 몰아세우고 그의 처형을 요구했지. 심지어 스틸리코가 거느리고 있던 군대마저 반란을 일으켰어. 스틸리코는 죽게 될까 봐 겁이 났어. 그는 근처의 교회로 도망쳐 숨었단다.

"이리 나오시오! 당신을 죽이지 않을 것을 약속하겠소!" 그의 군대가 말했어.

스틸리코는 교회에서 나왔어. 그런데 그가 나오자마자 병사들이 그를 붙잡았단다. "황제께서 당신을 처형하라고 명령하셨소."

스틸리코의 신하들은 스틸리코가 그 지경이 되었는데도 그에게 충성을 바쳤단다. "우리가 장군을 위해 싸우겠소!" 하지만 스틸리코는 신하들을 막았어. "더 이상 피를 흘리지 마시오. 나는 황제의 명령에 따를 것이오."

결국 스틸리코는 목이 베어졌어. 그가 죽고 나자 많은 로마 사람들이 그의 죽음을 슬퍼했지. "그는 로마에 충실한 사람이었어. 야만족을 막아 내는 데 최고의 장군이었지."

서고트 족의 침입

반은 야만족의 피가 흐르고, 반은 로마 인의 피가 흘렀던 장군 스틸리코는 야만족의 침입으로부터 로마를 지키기 위해 최선을 다했어. 그는 여러 해 동안 서고트 족과 싸웠지. 하지만 로마 사람들은 스틸리코가 로마를 위해 최선을 다하지 않았다고 생각했기 때문에 그를 처형했어.

로마는 그를 처형하지 말았어야 했단다. 스틸리코는 서고트 족에게서 로마를 지켜 낼 수 있었던 유일한 장군이었지. 스틸리코를 처형하고 2년 뒤, 마침내 서고트 족은 이탈리아를 지나 로마로 진군해 들어왔어.

황제와 신하들은 서고트 족이 오고 있다는 소식을 듣자 재산을 꾸려서 로마 시를 떠나 버렸어. 그들은 늪 한가운데에 있는 아주 작은 도시로 갔단다. 서고트 족은 질척거리는 진흙투성이의 늪지까지 말을 타고 따라갈 수가 없었어. 덕분에 황제와 그 일행은 무사할 수 있었어. 그때부터 이 작고 지저분하고 습한 도시가 서로마 제국의 수도가 되었단다.

로마에 머물러 있던 사람들은 겁에 질렸어. 지난 8백 년 동안 로마 시는 한 번도 공격을 받아 본 적이 없었지. 두꺼운 성벽과 세계적으로 이름난 군대가 적의 침입을 모조리 막아 냈거든. 하지만 이제 군대는 나약하고 겁을 집어먹은 상태였고, 성벽도 적을 막아 낼 정도로 튼튼하지 못했어. 로마 사람들은 동로마 제국에 절

망적인 메시지를 보냈단다. "서고트 족이 오고 있소! 제발 우리를 도와주시오!"
그러나 동로마 제국의 군대도 서고트 족과 전투를 치를까 봐 겁을 먹은 상태였지. 동로마 제국의 황제는 로마로 군대를 보내지 않았단다. 그가 로마로 군대를 보낸다면 콘스탄티노플이 무방비 상태가 되어 다른 야만족들이 동로마의 도시를 공격할 것이 분명했거든.

그래서 로마를 도와주러 오는 이는 아무도 없었단다. 서고트 족은 성벽을 넘어 도시 방비를 위해 남아 있던 로마 병사들의 사기를 단숨에 꺾어 놓았지. 서고트 족의 지휘자인 알라리크Alaric가 명령했어. "금이란 금은 있는 대로 모아 와라! 로마의 보물들을 가져와라! 이제 그 보물들은 우리 것이다!"

서고트 족은 그 명령을 기쁘게 받아들였지. 그들은 로마의 아름다운 금 조각상을 깨뜨리고 녹여 버렸단다. 그리고 돈과 보석을 훔쳤어.

하지만 서고트 족은 무장하지 않은 로마 사람들은 죽이지 않았어. 그리고 많은 서고트 족이 기독교도였기 때문에 로마의 교회도 부수지 않았지. 그들은 손에 닿는 값진 것들만 모두 가지고 떠나가 버렸어.

그 소식을 들은 사람들은 슬퍼했단다. 동로마 제국에 있던 제롬Jerome이라고 하는 수도승은 이렇게 기록해 놓았어. "끔찍한 소식이 서로마에서 들려왔다. 로마가 습격을 당했다. 목이 메어 말을 할 수도 없다. 한때 전 세계를 지배했던 도시가 정복되고 말았다."

로마는 그 뒤 두 번 다시 세계적인 강대국이 되지 못했단다. 그러나 여전히 로마

시에는 로마 사람들이 살았어. 하지만 서고트 족의 공격이 있고 나서 45년 뒤, 다른 야만족이 또 공격해 왔지. 반달 족Vandals이라고 하는 이 부족은 서고트 족이 미처 가져가지 못한 값진 것들을 몽땅 가져가 버렸어. 그들은 서고트 족보다 더 지독한 야만족이었지. 그들은 겁에 질린 로마 사람들을 잡아서 노예와 볼모로 끌고 갔어. 그들은 나무로 된 건물들을 불태우고, 불에 타지 않는 돌로 된 벽은 부숴 버렸단다. 그들은 로마 사원의 지붕에 있는 금장식까지 벗겨 가 버렸어. 오늘날에도 물건을 잘 부수는 사람을 '반달' 이라고 부른단다. 로마 시에 남아 있던 모든 것을 부숴 버린 반달 족의 이름을 따서 그렇게 지은 것이지.

그러나 서로마 제국은 여전히 존재했어. 그러나 겨우 명맥만 유지하고 있었지. 하지만 수도도 사라졌고 황제는 늪지 한가운데서 서로마를 지배했어. 이제 서로마 제국은 영원히 사라지게 될 것이었어.

제42장 로마의 멸망

로마의 마지막 황제

로마 제국에 무슨 일이 일어난 것일까?

로마 제국은 몇 십 개의 다른 나라들을 통치했었어. 그들은 세계에서 가장 강한 민족이었지. 하지만 로마 제국은 분리되었고 야만족이 침입했어. 서로마 제국은 점점 더 약해졌고, 동로마 제국도 서로마 제국을 도울 형편이 못 되었어. 사실 동로마 제국은 더 이상 '로마'라고 불리지도 않았지. 대신 '비잔틴 제국the Byzantine Empire'이라고 알려지게 되었단다.

서로마 제국은 여전히 존재했지만 야만족이 그 영토의 대부분을 차지했어. 황제 또한 여전히 존재하고 있었지만 로마가 다 파괴되어 버려 로마에 살지 않았어. 야만족을 피해서 작고 질척질척한 늪 지대의 도시에서 살았지.

그런데 오레스테스Orestes라고 하는 침입자가 로마 황제를 은신처에서 몰아내기로 했어. 그는 군대를 모아 황제가 살고 있는 작고 습한 도시를 향해 진군해 나갔단다. 황제는 오레스테스와 그의 군대가 오고 있다는 소식을 듣고 도망쳤어. 오레스테스가 도착했을 때는 이미 황제가 멀리 사라진 뒤였지.

오레스테스는 자신의 아들을 황제로 만들기로 했어. 그런데 한 가지 문제가 있었단다. 아들이 겨우 6살이었던 거야.

그러나 오레스테스의 결심은 확고했지. 그는 모든 부하들에게 6살짜리 황제에게 복종하라고 명령했단다. 그리고 아들에게 로물루스 아우구스툴루스Romulus Augustulus라는 새 이름을 붙여 주었어. 로물루스라는 이름은 그 이름을 가진 사람이 아주 오래전 로마의 첫 번째 왕이 되었던 옛 전설에서 따와 붙인 거야. 아우구스툴루스라는 이름은 로마의 가장 유명한 황제 아우구스투스 시저의 이름에서 따온 것이지.

그건 어린 소년에게 벅찬 이름이었어. 그리고 서로마 제국에 남아 있던 사람들이 그 소리를 듣고 비웃으며 말했단다. "로물루스 아우구스툴루스라고! 어린아이한테 말도 안 되는 이름이군! 우린 그 아이를 로물루스라고 부르지 않고 모밀루스라고 부를 테다!"

'모밀루스Momyllus' 란 '작은 망신거리' 라는 뜻이야. 로마 사람들은 야만인의 아이에게 복종해야 했기 때문에 모욕감을 느꼈지. 하지만 '모밀루스' 는 그리 오래 황제 자리에 있지 못했어. 또 다른 야만족이 모밀루스와 그의 아버지 오레스테스를 붙잡아 갔지. 7살이 된 모밀루스는 다른 도시로 쫓겨났어. 그는 먹고 입는 데 충분한 돈은 받았지만 통치권은 더 이상 없었단다. 그의 왕관과 왕권은 콘스탄티노플이 모두 가져갔어.

그리고 그것이 서로마 제국의 종말이었단다.

새로 정착한 야만인들은 여전히 넓고 아름다운 로마의 도로를 사용했어. 로마의 거대한 건물들은 많이 부서지기는 했지만 여전히 버티고 있었고, 많은 사람들이 여전히 로마의 언어인 라틴 어를 사용했단다. 게다가 야만인들은 로마의 생활 방식과 관습을 배우기 시작했어. 그러나 로마 제국 자체는 영원히 사라져 버렸단다. 동로마 제국에서 이제 '비잔틴 제국'이라고 불리는 사람들은 한탄했어. 로마는 아름답고 위대한 도시였지만 이젠 폐허가 되었지. 황제가 계속 지배하는 한 로마는 다시 위대해질 수 있다는 희망이 있었어. 하지만 어린아이였던 로마의 마지막 황제가 쫓겨남으로써 그런 희망도 사라졌지. 로마는 두 번 다시 세계를 지배하지 못했단다.

로마가 남겨 준 선물

로마 황제는 사라졌어. 고대의 로마 도시도 파괴되었어. 그리고 로마 제국도 사라져 버렸단다. 그러나 로마는 우리가 매일 매일 사용하고 있는 낱말과 발명품을 전해 주었어. 넌 바로 지금 그들의 유물 중 하나를 사용하고 있는 거야. 너희 집에는 책이 얼마나 있니? 넌 책을 자주 읽니?

로마 사람들은 페이지로 된 책을 사용한 최초의 사람이야. 그들은 페이지 한쪽을 꿰매는 방법을 고안해 냈지. 그래서 넌 페이지를 넘겨 가며 각 페이지의 앞면과 뒷면을 모두 읽을 수 있게 된 거야. 로마 시대 전에는 종이나 동물 가죽으로 된 길고 긴 두루마리를 펴면서 읽다가 다 읽은 뒤에는 다시 말아 올려야 했어. 두루마리 책을 이부자리에서 읽는다고 생각해 봐. 차 안에서는 어떨까? 책을 읽을 때마다 넌 로마의 발명품을 사용하고 있는 거지.

네가 배우고 있는 영어도 역시 로마에서 나온 거야. 영어 단어를 쓰기 위해 로마의 알파벳을 사용하고 있는 거지. 네가 알파벳 노래를 부르거나 영어 단어를 쓸 때마다 로마 사람들이 사용했던 글자를 사용하고 있는 거란다.

일 년의 열두 달이 영어로 뭔지 아니? 열두 달의 대부분이 로마 사람의 이름을 딴 거란다. 1월(January)은 로마의 신 야누스Janus의 이름을 딴 것이고, 3월(March)은 전쟁의 신 마르스Mars의 이름을 땄어. 6월(June)은 가장 중요한 로마의 여신 주노Juno의 이름을 딴 것이며, 7월(July)과 8월(August)은 로마의 영웅 이름을 딴 것이지. 7월인 July는 로마의 유명한 장군 줄리어스 시저Julius Caesar의 이름을, 8월인 August는 로마의 첫 번째 황제인 아우구스투스Augustus의 이름을 딴 것이란다.

수영장에서 수영하는 거 좋아하지? 그렇다면 로마 사람들에게 감사해야 해. 로마 사람들은 한꺼번에 20~30명의 사람이 들어갈 수 있는 커다란 목욕탕을 만들었는데, 이 목욕탕이 최초의 수영장이란다.

그리고 사람의 얼굴이 새겨진 동전을 본 적 있지? 이처럼 위대한 사람의 얼굴을 동전에 새겨 넣는 관습도 바로 로마 사람들에게서 시작된 것이란다. 그들은 황제의 초상을 동전에 새겨 넣었지.

10센트짜리 미국 동전을 살펴볼까? 동전의 한쪽 면을 보면 'E pluribus unum'이라는 글씨가 작게 씌어져 있어. 이 말은 고대 로마 사람들이 사용했던 라틴 어야.

'많은 것 중의 하나' 란 뜻이지. 미국은 많은 주(州)로 이루어져 있지만, 그 주들은 모두 하나의 나라로 통합되어 있다는 의미야. 동전에 글자를 새겨 넣는 것도 로마 사람들에게 물려받은 관습이지.

우리는 지구에서 살고 있지만 태양계에는 수성(Mercury), 금성(Venus), 화성(Mars), 목성(Jupiter), 토성(Saturn), 천왕성(Uranus), 해왕성(Neptune), 명왕성(Pluto)이라는 8개의 다른 행성들이 있어.

이 행성들도 모두 로마 이름이란다. 로마 신들의 이름을 딴 거지. 주피터Jupiter는 신들의 왕이었어. 그는 크고 중요한 신이었고 목성 주피터도 아주 큰 행성이지. 화성은 전쟁의 신 마르스Mars의 이름을 딴 것이고, 수성은 신들의 사자 머큐리Mercury의 이름을 땄으며, 금성은 사랑과 미의 여신 비너스Venus의 이름을 딴 거야. 토성인 새턴Saturn은 주피터의 아버지이며, 해왕성 넵튠Neptune은 바다의 신이야. 천왕성 우라노스Uranus는 하늘의 신이란다.

마지막으로, 영어도 로마에서 나온 말이야. 많은 영어 단어가 로마의 언어인 라틴어에서 빌려 온 것이란다.

frigidarium(냉욕장)은 차가운 물이 있던 방을 가리켜. 로마 사람들은 목욕하다가 냉욕장의 차가운 물로 뛰어들었지. 냉욕장과 발음이 비슷하고 물건을 찬 온도로 유지시키는 게 무엇일까? 그래, 바로 refrigerator(냉장고)야.

어머니, 아버지, 여자 형제, 남자 형제들과 함께 familia를 이루고 살고 있던 로마인 꼬마가 있었어. familia가 뭐지? 바로 family(가족)이야!

로마가 남겨 준 선물 423

라틴 어로 배(ship)는 나비스(navis)야. 이 나비스에서 나온 영어 단어가 뭐 없을까? 힌트를 주자면, '여러 척의 배가 같이 항해를 하다' 란 뜻의 말인데. 그래! 바로 해군을 가리키는 네이비(navy)지!

편지의 끝에 'P.S.' 란 걸 써 본 적 있지? 그렇다면 넌 라틴 어를 사용한 거야. 'P.S.' 는 'post scriptum' 또는 '편지를 다 쓰고 난 뒤(after the writing)' 라는 의미야. 'P.S.' 는 편지의 주요 내용을 다 쓰고 난 뒤에 쓰지.

로마에서 floris는 좋은 냄새가 나는 아름다운 식물이었지. 좋은 냄새가 나는 아름다운 식물인데 이와 비슷한 발음이 나는 것이 무엇인지 알겠니? 바로 flower(꽃)이야. 꽃이란 영어 단어 flower는 라틴 어 floris에서 나온 말이란다.

고대 로마 제국은 사라졌지만 우리는 항상 로마 사람들의 말과 발명품, 아이디어를 사용하고 있어. 그러므로 이런 식으로 생각하면 로마는 결코 완전히 사라지지 않은 거야. 로마 사람들이 우리에게 준 선물은 오늘날까지 여전히 우리 곁에 있단다.

〈2권 중세 편으로 계속〉

연 표

B.C. 6000년경	유목민이 메소포타미아 유역을 이동하며 생활 [제1장]
B.C. 3200년경	수메르 인이 설형 문자를 만들어 사용 [제3장]
B.C. 3000년경	상 이집트 왕국과 하 이집트 왕국이 통일됨 [제2장]
	길가메시 서사시가 만들어짐(~B.C. 1200년경) [제8장]
B.C. 2550년경	대피라미드가 완성되었다고 짐작됨 [제4장]
B.C. 2335년경	사르곤이 정권을 잡음 [제5장]
B.C. 2200년경	미노아 문명이 번성(~B.C. 1450년경) [제18장]
B.C. 2040년	이집트의 중왕국 시대가 시작됨(~B.C. 1720년) [제12장]
B.C. 2000년경	인도의 도시 국가 모헨조다로가 번성함 [제9장]
B.C. 1920년경	아메네메트가 이집트 중왕국을 다스림(~B.C. 1926년경) [제12장]
B.C. 1813년경	샴시아다드가 정권을 잡음 [제8장]
B.C. 1780년경	함무라비가 바빌로니아를 다스림(~B.C. 1750년경) [제7장]
B.C. 1766년경	은 왕조가 중국을 다스림(~B.C. 1122년경) [제10장]
B.C. 1567년경	아모세가 힉소스 족을 몰아냄 [제12장]
B.C. 1500년경	아리아 인이 인도로 옮겨 감 [제30장]
B.C. 1493년	투트모세가 이집트를 다스림(~B.C. 1481년) [제13장]
B.C. 1473년	하트셉수트가 이집트를 다스림(~B.C. 1458년) [제13장]

B.C. 1450년경	미케네 인들이 크레타 섬에 정착함 [제19장]
B.C. 1357년경	투탕카멘이 태어남(~B.C. 1339년경) [제13장]
B.C. 1200년경	그리스의 암흑 시대(~B.C. 700년경) [제19장]
B.C. 1200년경	올메크 족 문명이 번성함(~B.C. 900년경) [제26장]
	페니키아 문명이 번성함(~B.C. 700년경) [제15장]
B.C. 850년경	카르타고라는 도시 국가가 생겨남 [제15장]
B.C. 800년대	호메로스가 활동함(~B.C. 750년경) [제20장]
	에트루리아 문명이 생겨난 것으로 짐작됨 [제27장]
	그리스의 도시 국가들이 생겨남 [제22장]
B.C. 753년	로마가 세워짐 [제27장]
B.C. 668년	아슈르바니팔이 아시리아를 다스림(~B.C. 627년) [제16장]
B.C. 604년경	네부카드네자르가 신바빌로니아 제국을 다스림(~B.C. 561년경) [제17장]
B.C. 563년	고타마 싯다르타가 태어남(~B.C. 483년) [제30장]
B.C. 559년경	키루스 왕이 페르시아를 다스림(~B.C. 525년경) [제21장]
B.C. 551년	공자가 태어남(~B.C. 479년) [제33장]
B.C. 500년경	중국의 전국 시대가 시작됨 [제32장]
	인도의 아리아 인 문명이 번성 [제30장]
B.C. 431년	펠로폰네소스 전쟁이 일어남(~B.C. 404년) [제24장]
B.C. 336년	알렉산더 대왕이 제국을 다스림(~B.C. 323년) [제25장]
B.C. 330년경	필립이 그리스 도시 국가를 정복함 [제25장]

B.C. 321년	인도의 마우리아 제국이 지속됨(~B.C. 233년) [제31장]
B.C. 268년	아소카 왕이 마우리아 제국을 다스림(~B.C. 233년) [제31장]
B.C. 264년	첫 번째 포에니 전쟁이 일어남(~B.C. 241년) [제29장]
B.C. 221년	시황제가 처음으로 중국을 통일 [제32장]
B.C. 218년	두 번째 포에니 전쟁이 일어남(~B.C. 202년) [제29장]
B.C. 214년	시황제가 여러 성을 이어 만리장성을 쌓음 [제32장]
B.C. 212년	시황제가 자신을 반대하는 모든 책을 불태움 [제32장]
B.C. 200년경	나스카 문명이 번성함 [제26장]
B.C. 100년경	시저가 태어남 [제34장]
B.C. 69년경	클레오파트라가 태어남 [제35장]
B.C. 55	시저가 바다 건너 브리튼 섬을 공격함(~B.C. 54년) [제35장]
B.C. 49년	시저가 루비콘 강을 건너 로마로 진격 [제35장]
B.C. 48년	시저가 이집트에 도착 [제35장]
B.C. 44년	시저가 살해됨 [제35장]
B.C. 43년	옥타비아누스가 집정관이 됨 [제36장]
B.C. 27년	옥타비아누스가 아우구스투스라는 이름을 얻고 로마 최초로 황제가 됨 [제36장]
A.D. 58년	네로가 로마를 다스림(~64년) [제39장]
A.D. 70년	예루살렘이 파괴됨(~71년) [제38장]
A.D. 284년	디오클레티아누스가 로마 황제가 됨(~308년) [제40장]
A.D. 286년	디오클레티아누스와 막시미아누스가 로마를 둘로 나누어 다

	스림(~305년) [제40장]
A.D. 312년	콘스탄티누스가 로마를 다스림(~337년) [제39장]
A.D. 313년	콘스탄티누스가 기독교를 인정 [제39장]
A.D. 395년	스틸리코가 황제를 대신해 서로마 제국을 다스림 [제41장]
A.D. 408년	스틸리코가 처형됨 [제41장]
A.D. 410년	서고트 족이 로마에 쳐들어와 약탈함 [제41장]
A.D. 453년	아틸라가 죽음 [제41장]
A.D. 475년	로물루스 아우구스툴루스가 로마를 다스림(~476년) [제42장]
A.D. 476년	서로마 제국의 멸망 [제42장]

찾아보기

ㄱ

가나안 (지도) 380

검투사 291~300

고고학의 뜻 9~13

공자 347~349

그리스

    고대 그리스(지도) 194

    그리스 문자 201~204

    그리스의 신들 235~242

    그리스의 암흑 시대 197~199

    미케네 문명 195~199

    스파르타 227~229

    아테네 227~234

    올림픽 213~216

    페르시아와의 전쟁 245~248

    펠로폰네소스 전쟁 248~251

    호메로스 205~213

기독교

    기독교 공인 398~401

    기독교 박해 396~398

십자가에 못 박힌 예수의 부활 384~387
　　　예수의 탄생 381~384
길가메시 82~87
　　　길가메시와 사자(그림) 83

● ㄴ ●

나르메르 왕 33
나스카의 그림 261~264
나일 강 31~33
네로 393~396
네부카드네자르 173~180
누조 98~100
니네베 도서관 165~170

● ㄹ ●

로마의 기원 273~281
　　　로마의 위치(지도) 272
　　　로물루스와 레무스 273~278
　　　집정관 278~281
로마 제국
　　　검투사 291~300
　　　기독교 박해 396~398
　　　네로 393~396

430

찾아보기

로마의 건축가 287~291

로마의 멸망 419~421

로마의 신들 283~287

로마 제국의 전성기(지도) 392

로물루스 아우구스툴루스 419~421

브리튼의 반란 403~405

서고트족의 침입 415~417

스틸리코 411~415

아우구스투스 시저 375~379

아틸라의 로마 공격 409~411

줄리어스 시저

    루비콘 강을 건넘 366~368

    브리튼과 루비콘(지도) 362

    시저가 유괴됨 351~354

    원로원과 시저 357~361

    죽음 371~374

    집정관이 됨 355~357

    켈트 족과의 싸움 363~366

    클레오파트라와의 사랑 368~371

콘스탄티누스 398~401

카르타고와의 전쟁(→ 포에니 전쟁)

포에니 전쟁 303~306

로물루스 아우구스툴루스 419~421

● ㅁ ●

마우리아 제국 321~327

만리장성 337~341

메디아 사람 220~225

메소포타미아의 뜻 40

모세 145~152

모헨조다로 92~95

미노아(→ 크레타/미노아 인)

미노아 왕 181~191

미라 45~48

미케네 문명 195~199

● ㅂ ●

바빌로니아
    네부카드네자르 173~180
    바빌론의 공중 정원 177~180
    신(新)바빌로니아 173~180
    신(新)바빌로니아(지도) 172
    아미티스 178~180
    함무라비 법전 74~78
    함무라비 왕 73~78

보디세아 403~405

부처 315~319

붉은색 왕관의 왕 33

찾아보기

브리튼의 반란 403~405

비단 97~100

비옥한 초승달 지역 21~28

    농사 24~28

    비옥한 초승달 지역(지도) 20

● ㅅ ●

사르곤 대왕 55~58

상형문자 101~104

샴시아다드 79~82

서고트 족 415~417

성채 92

    모헨조다로 92~95

수메르 41~43, 55~58

    사르곤 대왕 55~58

    수메르(지도) 38

스틸리코 411~415

스파르타 227~229

스핑크스 48~53

시저 (→ 줄리어스 시저 또는 아우구스투스 시저)

시황제 335~341

    시황제의 무덤 341~345

싯다르타 (→ 부처)

● ○ ●

아리아 인 309~319
    아리아 인의 제국(지도) 308

아메네메트 125~127

아메리카
    나스카 그림 261~264
    올메크 264~267

아멘호테프 135~138

아모세 129

아미티스 178~180

아브라함 59~63

아슈르바니팔 161~170

아시리아
    고대 아시리아의 유적(지도) 72
    니네베 도서관 165~170
    샴시아다드 79~82
    아슈르바니팔 161~170
    아시리아 제국(지도) 160

아우구스투스 시저 375~379

아테네 227~234

아프리카 109~122

알렉산더 대왕
    알렉산더 제국(지도) 252

어린 시절 253~256

　　　정복 활동 256~258

　　　죽음 258~260

양쯔 강 97

역사의 뜻 5~9

예수

　　　십자가에 못 박힌 예수의 부활 384~387

　　　탄생 381~384

오디세우스 205~213

옥타비아누스 시저(→ 아우구스투스 시저)

올림픽 경기 213~216

올메크 264~267

요셉 64~71

유대 (→ 가나안/지도)

유대 인

　　　아브라함 59~63

　　　유대 인들의 시련 389~391

유목민(→ 비옥한 초승달 지역)

　　　유목민의 뜻 21

유프라테스 강 40

이스라엘 사람(→ 유대 인)

　　　이집트를 떠남 145~152

이집트

고대 이집트(지도) 30
　　고대 이집트의 신들 33~37
　　나르메르 왕 33
　　미라 만들기 45~48
　　붉은색 왕관의 왕 33
　　상 이집트 33
　　스핑크스 48~53
　　파라오 33
　　　　아메네메트 125~127
　　　　아멘호테프 135~138
　　　　아모세 129
　　　　쿠푸 45~53
　　　　투탕카멘 138~143
　　　　투트모세 131~132
　　　　하트셉수트 133~135
　　피라미드 48~53
　　하 이집트 33
　　흰색 왕관의 왕 33
　　힉소스의 이집트 침입 127~129
인더스 강 91
인도
　　갠지스 강 309~312
　　마우리아 제국 321~327

찾아보기

  부처 315~319

  성채 92

  아리아 인 309~319

  인더스 강 91

  인도의 고대 도시(지도) 88

  카스트 제도 312~315

  힌두교 312

● ㅈ ●

줄리어스 시저

  루비콘 강을 건넘 366~368

  브리튼과 루비콘(지도) 362

  시저가 유괴됨 351~354

  원로원과 시저 357~361

  죽음 371~374

  집정관이 됨 355~357

  켈트 족과의 싸움 363~366

  클레오파트라와의 사랑 368~371

중국

  공자 347~349

  누조 97~100

  만리장성 337~341

  비단 97~100

  상형 문자 101~104

서예 329~335
    시황제 335~341
        시황제 무덤 341~345
    양쯔 강 97
    정(政)(→ 시황제)
    중국(지도) 96
    천하 통일 335~337
    황제(黃帝) 98~100
    황허 강 97

● ㅋ ●

카르타고 157~159
    로마와의 전쟁 303~306
        로마와 카르타고(지도) 302
켈트 족 403~405
콘스탄티누스 398~401
쿠푸 45~53
크레타
    미노아 왕 181~192
      미노아 인 181~192
      미노아 인의 종말 190~192
      테세우스 186~192
클레오파트라 366~371

찾아보기

키루스 223~225
    바빌론과 가나안의 정복 223~225
    어린 시절 219~223
키클롭스(그림) 207

● ㅌ ●

테세우스 186~191
투탕카멘 138~143
투트모세 131~132
티그리스 강 31

● ㅍ ●

파라오(→ 이집트/파라오)
파피루스 42
페니키아 155~159
    카르타고 157~159
    지중해 무역(지도) 154
페르시아 제국 219~225
    그리스와의 전쟁 245~248
    키루스 219~225
        바빌론과 가나안의 정복 223~225
        어린 시절 219~223
    페르시아 제국(지도) 218
펠로폰네소스 전쟁 248~251

포에니 전쟁 303~306
피라미드 48~53

● ㅎ ●

하워드 카터 139~143
하트셉수트 133~135
한니발 305~306
함무라비 왕 73~78
    함무라비 법전 74~78
    아시리아 정복 81~82
호메로스 205~213
황제(黃帝) 97~100
황허 강 97
훈 족 409~411
흰색 왕관의 왕 33
힉소스 127~129
힌두교 312